郭丽君◎著

现代职业教育体系中的中等职业学校发展研究

STUDY ON THE DEVELOPMENT OF
SECONDARY VOCATIONAL SCHOOLS IN THE MODERN
VOCATIONAL EDUCATION SYSTEM

经济管理出版社
ECONOMY & MANAGEMENT PUBLISHING HOUSE

图书在版编目（CIP）数据

现代职业教育体系中的中等职业学校发展研究/郭丽君著 . —北京：经济管理出版社，2023.10

ISBN 978-7-5096-9366-7

Ⅰ.①现…　Ⅱ.①郭…　Ⅲ.①中等专业学校—发展—研究—中国　Ⅳ.①G718.3

中国国家版本馆 CIP 数据核字（2023）第 204063 号

组稿编辑：郭丽娟
责任编辑：赵亚荣
责任印制：黄章平
责任校对：王淑卿

出版发行：经济管理出版社
　　　　　（北京市海淀区北蜂窝 8 号中雅大厦 A 座 11 层　100038）
网　　　址：www. E-mp. com. cn
电　　　话：(010) 51915602
印　　　刷：唐山昊达印刷有限公司
经　　　销：新华书店
开　　　本：720mm×1000mm/16
印　　　张：19
字　　　数：352 千字
版　　　次：2023 年 12 月第 1 版　　2023 年 12 月第 1 次印刷
书　　　号：ISBN 978-7-5096-9366-7
定　　　价：98.00 元

前　言

中华人民共和国成立 70 多年来，我国职业教育取得了历史性成就。从新中国成立初期的百废待兴、探索式发展，到改革开放后的规模化、质量化发展，再到 21 世纪的科学化、现代化发展，我国职业教育走过了一个浴火重生的历史阶段，迎来新的历史发展机遇期。以 1985 年中共中央发布的《关于教育体制改革的决定》为起点，我国开始探索构建职业技术教育体系，1996 年的《中华人民共和国职业教育法》以法律的形式明确了职业教育体系建设，突出了国家对职业教育体系建设的重视。进入 21 世纪，国务院于 2002 年在《国务院关于大力推进职业教育改革与发展的决定》中首次提出"现代职业教育体系"概念，标志着现代职业教育体系建设登上历史舞台。2010 年国务院常务会议审议并通过的《国家中长期教育改革和发展规划纲要（2010-2020 年）》提出，到 2020 年，形成适应经济发展方式转变和产业结构调整要求、体现终身教育的理念、中等职业教育和高等职业教育协调发展的现代职业教育体系，明确现代职业教育体系包含的外部适应社会经济要求、内部适应个体终身发展理念、中高职贯通协调发展三大内涵。2022 年 12 月，中共中央办公厅、国务院办公厅联合印发的《关于深化现代职业教育体系建设改革的意见》进一步提出职业教育体系建设改革推进落实的具体要求，强调从提升职业学校关键办学能力、加强"双师型"教师队伍建设、建设开放型区域产教融合实践中心、拓宽学生成长成才通道、创新国际交流与合作机制等多个方面深化体系建设，标志着现代职业教育体系建设从"有没有"到"优不优"的关键性转变。而这一系列政策的背后，是党和国家对职业教育发展的高度重视与着力破解职业教育改革发展突出矛盾和问题的战略性部署。

现代职业教育的基本架构包括中等职业教育、高等职业教育和本科职业教育，其中中等职业教育起着基础性作用。过去，中等职业教育常被视为终结性教育，与我国教育体系内更高级别的教育层级缺乏有效衔接。随着现代职业教育体系的发展与完善，中等职业教育逐渐成为现代职业教育体系的基础性存在，不仅构成中等职业教育、高等职业教育、本科职业教育纵向贯通的基础部分，也成为影响普职横向融通的关键性要素。在纵向职业教育体系中，作为职业教育人才培养的基础阶段，中等职业教育为更高层次的职业教育提供生源，其培养的学生质量影响着后续职业教育人才培养的知识与能力基础；在横向普职融通的教育体系中，中等职业教育质量是影响融通实现的关键性因素，只有优质的中等职业教育，才能从实践层面实现普职之间的等值发展，推动普职教育的类型化融通。同时，随着职业教育改革发展的推进，社会对职业教育的认识处于变革的关键节点，中等职业教育功能定位面临历史性转变。由于社会对高层次应用型技能人才的外部需求，以及现代职业教育体系建设的内在要求，中等职业教育功能定位开始从以就业为主转向就业升学并重。在这一历史性转变的关键阶段，中等职业学校作为中等职业教育实践的主要阵地，面临着诸多挑战。培养质量如何提升、教学目标如何转向、课程设计如何调整、专业教师如何培养、班级学生如何管理乃至学校治理如何改进都需要中职学校进行更多的思考。变化中带着机遇，中职学校如何抓住这一历史性机遇，优化自身的运行模式，满足现代职业教育体系对中等职业教育基础性地位的规范性要求，实现中等职业教育的高质量发展，成为中职学校变革与发展的时代挑战。

在这样的时代背景下，本书以某中等职业学校作为典型案例和研究对象，同时结合调研获得的若干中等职业学校的经验素材以及文献研究的支撑，深入调查中等职业学校的运行情况，探索如何更好地优化中等职业学校内部各要素运行，推动中等职业学校不断发展与完善，这对于提升中等职业教育的质量、夯实职业教育基础、推动现代职业教育体系的发展与完善具有重要的现实意义与时代价值。以往研究多从整体层面介绍学校建设经验，对学校内部各要素建设经验的深入思考散落于学生、教师、课程、班级管理等要素的单独论述文献与著作中，缺少要素与所在学校的相关性，分离了作为系统的学校中各要素的联系，将要素的分析思考与实际环境分离，降低了研究的外部推广性，对其他中职学校的发展与转型缺少实践性参考意义。事实上，优秀的学校并非仅仅因为某一要素优秀而成为典型，更多是在各要素的协同作用下，呈现为整体的优秀。也正是在这一意义上，本书在对30余所中职学校调研形成整体性认知的基础上，通过对一所典型中职学校内部各要素的深入调查，保证了各要素从同一所学校提取，进而确保了各要素的内在相关性以及对其进行系统分析的有效性，让这一分析具有更好的实践参考意义与研究效度。此外，本书对中职学校的系统性研究，也可以为后续中职学校的研究范式提供一种新的思路，进而为中职学校的变革和发展提供实践经验与参考，以便更好地把握现代职业教育体系发展的时代机遇。

本书的形成经历了两个阶段。第一个阶段源于工作关系。笔者所在的教育学院有着深厚的职业技术师范教育渊源与历史，1986 年率先在省内开始从中职学校对口招生，为中职学校培养专业课教师，1999 年设立了全国首批重点建设职教师资培训基地，2015 年获批"省内首批农村中职专业课公费师范生培养专项计划"，2019 年举办第二届全省中职学校校长论坛。笔者在工作中经常到中职学校走访调研，与中职学校的校长、管理人员、教师与学生密切接触，深入了解中职学校的现实情况，对中职学校的相关问题有了切身的感性认知和零星思考。第二个阶段，笔者将平日的思考上升为研究问题，聚焦于时代变革背景下中职学校如何变革和如何发展，开始着手在 30 多所中职学校调研，收集研究素材和数据。如何将中等职业教育面上的整体状况与中职学校内部的实际运行结合起来，做到以点带面真实呈现中等职业学校办学的时代境遇与办学图景是笔者力图实现的目标。2019 年，笔者利用与案例学校共建省研究生实践创新基地的机会，带领团队进入案例学校进行长时间的实地调研和深入访谈。笔者在这一阶段的工作中积累了大量的数据和信息，包括规章制度，课堂观察记录，学生的档案材料和学习信息，实践基地的实习材料，校领导、管理人员、教师、学生和家长的访谈记录等调查资料。丰富的素材和一手的数据使笔者能够将对中职学校的感性认知和理性思考转化为鲜活的具象并不断反思追问。在对相关研究文献的分析以及对案例学校全方位了解的基础上，笔者将中等职业学校发展问题纳入系统视角，综合考虑系统内的课程、教师、学生等学校运行过程中各个组成要素的现实情况以及内在联系，进而对案例学校的发展情况展开全面剖析，提出现代职业教育体系中的中等职业学校变革与发展思路。

本书共分为三个部分。第一部分为第一章，从历史变迁的视角，基于发展规模、发展目标、经费投入、师资队伍建设等维度对中等职业教育 70 余年的发展历程进行深入分析。同时，结合《全国教育事业发展统计公报》与《中国教育经费统计年鉴》等官方数据，从规模、条件与制度三个方面描绘了当前中等职业教育发展的整体轮廓，并指出未来继续发展的可能方向。在此基础上，论述了中等职业教育发展对于推动普职融通发展、奠定现代职业教育体系基础、推动区域经济发展、提升产业竞争力、实现个体发展、追求教育公平等多方面的重要意义。第二部分包括第二至第六章，聚焦于中等职业学校内部，从校内课程、校外实习、班级管理、教师队伍建设等多个微观实践维度进行了系统性研究，通过系统性的理论研究与针对性的实证研究，提出具体的优化建议。第三部分为第七章，在前两部分对中等职业教育价值内涵、演进谱系以及中等职业学校在发展过程中遇到的问题进行深入探讨的基础上，结合系统观，探讨了课程建设、班级管理、教师队伍建设对中等职业学校发展的重要意义与优化路径，并依据现代职业教育体系建设内涵，提出内部多要素协调、外部各部分衔接与融通的发展思路，推动中等职业学校变革与发展，不断完善现代职业教育体系。

本书在成稿过程中得到很多人的关心与帮助。感谢湖南省教育厅王仁祥厅长以及余伟良、崔书芳、周韶锋、彭文科、殷邵、王宇等领导的大力支持，他们工作的闯劲、拼劲和干劲让笔者心生敬意。感谢长沙财经学校陈全宝校长、彭建成书记、汤灵副校长和杨威主任的鼎力帮助，笔者调研期间得到他们无微不至的关心和资源支持。对调研期间接受我们访谈的中职学校校长、管理人员、老师、学生、家长以及企业管理人员与专业技术人员一并表示由衷的感谢！

随着职业教育的蓬勃发展，中等职业教育的基础性地位越发重要，中等职业学校的发展研究将引起更多学者的关注。作为一次系统性探索的尝试，本书还存在许多不足与疏漏之处，希望能得到学界与教育实践领域专家的批评与指正！

目　录

第一章　我国中等职业教育发展概述

中等职业教育的发展历程与中华人民共和国成立 70 多年来的经济社会发展紧密关联。从历史的角度来看，中等职业教育的发展历程可以分为以下几个阶段：曲折恢复阶段（1949~1978 年），中等职业教育在社会经济复苏和人才培养需求下逐步恢复，政策逐渐明确了其地位和培养目标；规范与扩展阶段（1979~1998 年），中等职业教育经历"文化大革命"冲击后，开始与普通教育并行发展，为经济建设提供了人才支持；加速发展阶段（1999~2019 年），政策改革、经济压力和社会需求推动了职业教育的快速发展，培养方向逐渐与职业能力需求相协调，中等职业教育与企业和政府的合作也日益紧密；创新阶段（2019 年至今），中等职业教育面临新的历史使命，致力于适应时代需求，推动教育体系和人才培养模式的创新，以支持经济社会发展和创新型人才的培养。

70 余年的发展历程中，中等职业教育在现代经济生活中占据着极为重要的地位，其发展对我国的经济、社会和个体发展产生了深远的影响。它的作用不仅体现在促进区域经济蓬勃发展、提升产业竞争力、推动教育公平化以及支持个体全面发展等多方面，还为我国现代教育格局塑造提供了关键支持。作为职业教育体系中的基础阶段，中等职业教育在现代职业教育体系中扮演着至关重要的角色；同时，作为普职融通中的关键一环，它也在类型教育的确立与实践中承担着重要责任。近年来，党中央和国务院高度重视中等职业教育，不断出台相关政策文件并修订《职业教育法》，旨在推动职业教育的改革和发展。在职业教育改革稳步推进的背景下，中等职业教育正面临着历史使命转变的时代机遇和挑战，这为其未来的发展提供了更加广阔的前景。在当前和未来的发展中，中等职业教育需要充分认识历史使命的变迁，紧抓时代机遇，应对各种挑战，以更加创新的思维和更高的标准，持续推动自身的发展，为我国经济社会的高质量发展和创新型人才的培养贡献更大力量。

第一节　我国中等职业教育发展的历史

中华人民共和国成立 70 多年来，中等职业教育作为职业教育的基础阶段，在我国区域经济发展、人才培养、产业体系建设等方面发挥了重要作用。不同学者从各自的视角对中等职业教育发展历程进行了不同阶段划分。如张文龙和谢颖（2019）依据中职相关政策，把中华人民共和国成立后的 70 多年中职教育改革发展分为五个阶段：扩大规模阶段（1949~1980 年）、调整结构阶段（1980~1991年）、健全规范阶段（1991~2002 年）、建设体系阶段（2002~2015 年）、逐步开放阶段（2015 年至今）。[①] 王垚芝（2019）将中职人才培养目标的发展历程划分为曲折探索（1949~1976 年）、逐渐明确（1977~1999 年）、不断完善（2000~2012 年）、立足创新（2012 年至今）四个阶段。[②] 刘文全和马君（2019）基于中等职业教育政策文本分析了中等职业教育的历史使命变迁：中等职业教育为社会主义制度的筹建服务（1949~1957 年）、中等职业教育生存于社会主义制度的曲折发展中（1958~1977 年）、中等职业教育为社会主义市场经济体制探索服务（1978~1998 年）、中等职业教育推动 21 世纪经济社会的转型发展（1999~2009年）、中等职业教育为新时代现代化经济体系服务（2010 年至今）。[③] 张兆诚和曹晔（2019）依据中等职业教育的成就将我国中等职业教育发展历程分为整顿发展时期（1949~1957 年）、扩张调整时期（1958~1965 年）、改革创新时期（1978~1998 年）、全面发展时期（1999~2010 年）和高质量发展时期（2014 年至今）。[④] 总体来看，虽然学者们的分析视角不同，时间段的划分存在细微差异，但其研究都表明，我国中等职业教育的发展与中华人民共和国成立以来的国情、国家政策、资源投入密切相关，是符合我国国情、适合我国经济社会发展规律

---

① 张文龙，谢颖. 新中国成立 70 年中职改革发展回顾与展望——基于中职相关政策梳理的视角 [J]. 教育科学论坛，2019（12）：17-23.

② 王垚芝. 新中国成立 70 年中职人才培养目标的发展历程与特征 [J]. 教育科学论坛，2019（12）：24-30.

③ 刘文全，马君. 新中国成立 70 年中等职业教育的历史使命与变迁——基于中等职业教育政策文本分析 [J]. 中国职业技术教育，2019（24）：28-35.

④ 张兆诚，曹晔. 新中国成立 70 年来我国中等职业教育发展历程与成就 [J]. 职教通讯，2019（23）：16-22.

的。在已有研究成果的基础上，本节利用以国家统计局为代表的有关权威机构发布的教育统计年鉴数据，从人才培养的视角来划分中等职业教育的历史，清晰阐述我国中等职业教育在人才培养规模、人才培养目标、经费投入、师资队伍建设方面的发展变迁，以历史经验为参照，明确我国中等职业教育的未来发展重心，促进我国中等职业教育内涵式发展。

一、中等职业教育曲折恢复阶段（1949~1978年）

中华人民共和国成立后，百废待兴，各行各业急需大量的一线人才参与经济恢复与建设。在旧中国，多年的战争动乱使劳动人民没有接受文化教育的机会与权利，全国5.5亿人口，文盲率高达80%。为尽快提升劳动人民素质，助力经济复苏，我国政府采取各种措施，加大各级各类学校招生规模，通过中小学基础教育培养初级、中级技术工人，在劳动人民中组织扫除文盲行动。1949年12月，中华人民共和国成立后第一次全国教育工作会议召开，会议确定了全国教育工作的总方针，标志着我国从半殖民地半封建教育向新民主主义教育转变。[①] 1951年，新中国第一个学制文件《关于改革学制的决定》颁布，其中特别提到"技术学校没有一定的制度，不能适应培养国家建设人才的要求"，因而文件中对各级各类学校的地位、年限和互相衔接的关系做了新的规定，专业化教师队伍初步形成。1954年，政府又发布了《关于改进中等专业教育的决定》，文件中明确指出"中等专业教育的状况与国家建设发展的要求不相适应"，又进一步对中等职业教育的专业设置、培养目标、教材建设等工作做了详细的规定。[②] 为此逐渐明晰了中等职业教育为国家培养具有中等文化程度、既能够动脑又能够动手、符合社会经济发展的新型劳动者的人才培养目标。随后的十年，我国借鉴苏联模式，融入多方办学力量，中等职业教育得到快速发展。到1962年，我国中等职业学校数量达到了5229所（中等职业学校包括中等技术学校、中等师范学校和职业中学）。[③] 中等职业教育的招生规模从1949年的近22.8万人跃升到1953年的66.4万多人。1958年开始的"大跃进"加上三年自然灾害，使中等职业教育规

---

① 王家源. 夯实千秋基业　聚力学有所教——新中国70年基础教育改革发展历程［N］. 中国教育报，2019-09-26.

② 金一鸣. 中国社会主义教育的轨迹［M］. 上海：华东师范大学出版社，2000：165-193.

③ 需要指出的是，由于中等职业教育在历史发展中存在多种表述，为便于理解，本书将高中阶段的职业技术教育的各种表述统一归为中等职业教育以及中等职业学校。

模迅速扩大，已超出国民经济发展所能承受的范围。到 1965 年，招生规模下降到了 54.4 万多人，但相比中华人民共和国成立伊始，招生规模仍扩大 2 倍多，培养了 2000 多万名毕业生和大批的劳动后备力量，为高级专门人才的培养奠定了基础。而 1966 年开始的"文化大革命"全盘否定了中等职业教育的作用，中华人民共和国成立后已经初具规模的中等职业教育体系遭到严重破坏，中等职业学校招生规模到 1971 年几乎下降至中华人民共和国成立以前的水平。1976 年"文化大革命"结束，中等职业教育并未立即得到复苏。直到 1977 年，教育领域开始拨乱反正，邓小平在全国教育工作会议上提出扩大各级各类中等职业学校的比例，中等职业教育的招生规模才得到迅速扩张，达到 88.2 万多人。

这一阶段的发展特点是恢复—衰败—再启动的曲折发展，具体表现在招生规模上，如表 1-1 所示。在此期间，中等职业教育随着我国国情的变化在培养主体上大胆进行了多方合作办学探索。国家层面既给了中等职业教育办学的自主权，又解决了办学经费问题，初显职业教育的"职业"特征，在短时间内培养了大量有文化的技术工人，促进了经济发展。但在发展中也有教训：首先，教育发展具有自身的发展规律，需与国家经济、社会发展水平相匹配，不能盲目扩张；其次，职业人才的培养不仅需要文化知识，更需要与社会需求相吻合的专业技能，因此中职教育在专业设置、课程设置上需要进一步科学、规范。

表 1-1　1949～1978 年中等职业教育招生人数情况　　　　单位：万人

年份	1949	1953	1965	1971	1978
中等职业教育招生人数	22.845	66.418	54.447	21.570	88.209

资料来源：中华人民共和国国家统计局．中国统计年鉴［M］．北京：中国统计出版社，1999-2020.

二、中等职业教育规范与扩展阶段（1979～1998 年）

"文化大革命"对职业教育造成了近乎瘫痪式的破坏，致使我国中等教育的结构呈现单一化的特征。1978 年，普通高中的招生人数为 692.9 万，中等职业教育人数为 44.7 万，普职比达到 1：15.7，[①] 两者数量悬殊，如图 1-1 所示。

---

① 1978 年数据［EB/OL］．国家统计局，http：//data.stats.gov.cn/easyquery.htm?cn=C01.

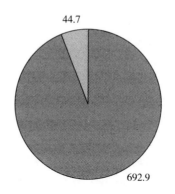

44.7

692.9

■ 普通高中（万人）　■ 中等职业教育（万人）

图 1-1　1978 年普职招生人数比较

改革开放后，中国的经济体制由计划经济体制转变为社会主义市场经济制度，产业结构发生巨大改变，高技能人才严重缺乏。1980 年，我国普通高中的毕业生总数为 616.2 万，而高等学校的招生数仅为 28.1 万人，普通高中毕业生的升学率仅为 4.56%，大量未升入高校的毕业生由于没能得到充分的职业技能训练便进入就业市场，因此无法快速适应企业对于技术人才的需求，人才培养结构调整迫在眉睫。1980 年 10 月，国务院批转《关于中等教育结构改革的报告》，中等职业教育迎来了机遇期，职业教育得到了快速恢复。1985 年，《中共中央关于教育体制改革的决定》提出"以中等职业技术教育为重点，逐步建立从初级到高级、行业配套、结构合理、与普通教育相沟通的职业技术教育体系"。通过合并、转型等措施，将部分普通高中改办为职业中学，中等职业教育学校数由 1978 年的 2760 所增加到 1980 年的 6383 所，1985 年达到 11627 所，增长近 1 倍。1980 年，中等职业教育的招生人数增加到 77.5 万，到 1985 年中等职业教育招生人数增加到 182.9 万。到 1990 年底，各类职业技术学校已发展到 16000 多所，在校生超过 600 万；同时，全国建有就业训练中心 2100 余所，每年培训待业人员 90 多万；高中阶段各类职业技术学校和普通高中的招生数之比已接近 1 ∶ 1，中等教育结构单一的状况有了较大改变。

1991 年国务院发布的《国务院关于大力发展职业技术教育的决定》认为，我国职业教育发展无论是规模、规格还是质量都还不能适应经济建设和社会发展的需要，在整个教育事业中仍然是很薄弱的环节。职业技术教育的专业设置和专业结构在有些方面与社会需要结合得不够紧密，提出职业技术学校发展及其专业设置要根据实际需要合理规划布局。随后，国家教委（现教育部）印发了《普通中等专业学校办学水平评估指标体系（试行）》《关于制定职业高级中学（三年制）教学计划的意见》《关于职业技术教育教材规划工作的意见》《关于普通中等专业教育（不含中师）改革与发展的意见》等相关文件，明确了改革方向，通过专业开设、课程设置与教学改革，实现中职生职业素养和职业技能的协同发展，我国的中等职业教育有了制度保障，职业教育进入良性规范的轨道。1998年，我国中等职业学校数达到14183所，招生人数达到384.4万。

在这一阶段，中等职业教育结构得到调整，职业教育与普通教育两轨并行、同步发展的教育体制基本形成，管理体制基本理顺，规模不断扩大，内部改革不断深化，人才培养也不断适应经济发展需要，建立职业教育独立体系的条件逐渐成熟、基础逐渐具备，整体呈现蓬勃发展的态势，如图1-2所示。

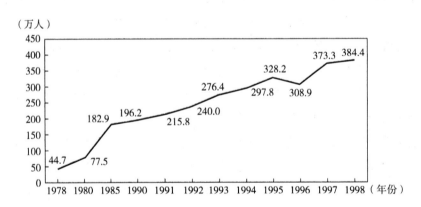

图1-2　1978~1998年中等职业教育招生人数变化趋势

三、中等职业教育加速阶段（1999~2019年）

1978~1998年，中等职业教育培养了大量适应时代需要的初、中等技术人才，提升了我国的人力资本水平，助力改革开放。然而，1997年亚洲金融危机爆发，全球经济下滑，我国的经济下行压力也不断变大。经过近20年的改革开放，我国经济发展也进入"瓶颈"期，产业结构亟须调整。因此，进一步扩大改革开放，积极融入全球市场经济体系成为国家重要战略发展目标。在多重环境下，我国政府明确了加快科技发展的方向。新的战略目标的实现对人才培养提出了更高要求。1998 年,《高等教育法》出台,政策目标由"稳步发展高等教育"转为"积极发展高等教育",在诸多方面为高等教育提供加速发展的通道。1999年,《面向 21 世纪教育行动振兴计划》发布,其中明确指出高等教育规模要有较大扩展。中等职业学校逐步取消工作分配,对于许多普通家庭来说,就读中等职业学校的回报率不断降低。随着经济全球化的不断深入,中等职业教育的人才培养已无法满足当时的人才需求,中等职业学校毕业生就业出现困难。迈入 21 世纪后,我国政府在 2000 年出台的《关于全面推进素质教育 深化中等职业教育教学改革的意见》中明确指出:中职教育要切实贯彻国家的教育方针,转变教育观念,树立以全面发展为基础、以能力为本位的新教育观,培养符合社会主义现代化建设要求,德、智、体、美等全面发展,具有综合职业能力,从事生产、服务、技术和管理等一线工作的高素质劳动者和初、中级专门人才。2002 年,《国务院关于大力推进职业教育改革与发展的决定》进一步对职业教育人才培养目标进行了再界定,但是在落实上却显得较为乏力。高校大量扩招,必然带来大量的就业需求。高校扩招后,自 2002 年开始,我国就业人数呈现指数级上升。但高校人才培养主要以专业知识学习、学术研究为主的学术型人才培养为目标,大量的大学毕业生难以对口就业,对于家庭的教育投入和人力投入来说是一种巨大的浪费。对于企业来说,其仍陷于人才缺口泥潭,产业升级、结构调整得不到有力的人才驱动。为改变这一不利状况,2002~2005 年,中央连续召开全国职业教育工作会议,颁发了《国务院关于大力推进职业教育改革与发展的决定》《关于组织制订推进职业教育发展专项建设计划的指导意见》《教育部、财政部关于推进职业教育若干工作的意见》《国务院关于大力发展职业教育的决定》等多项文件,重申要加大经费投入,大力发展职业教育的方针,建立和完善有中国特色的现代职业教育体系。随后,2005 年、2006 年教育部连续扩招 100 万名中职学生,2007 年继续扩招 50 万名,要求到 2009 年达到 868 万名,同时重点建设 1000 所"示范校"。

除了扩大教育规模,政府也出台相关文件,加强中等职业教育基础能力建设,提升中等职业教育内涵和质量。2008 年,教育部印发《教育部关于进一步深化中等职业教育教学改革的若干意见》,大力推动教育教学改革;2010 年,制定《中等职业教育改革创新行动计划(2010-2012 年)》,进一步深化和推动了中等职业教育的改革创新,中等职业教育的发展进入新阶段。

教师是人才培养目标的具体践行者。政府也高度重视中等职业学校教师师资队伍建设，不仅扩大中等职业教育教师队伍规模，同时也对职业学校教师的专业水平、技能水平、教学水平提出了高要求。《关于实施职业院校教师素质提高计划的意见》与《中等职业学校教师专业标准（试行）》两个文件对职业院校师资队伍建设提出了具体目标与规范要求，通过打造"双师素质"教学团队、开发教学科研项目以及争创教学名师等活动提升职业院校师资水平。2000 年，教育部出台了《关于开展中等职业学校教师在职攻读硕士学位的通知》，鼓励中等职业学校教师通过在职培养培训提升学历层次，实现教师专业发展。

课程设置与开发是人才培养目标实现的载体。2008 年 12 月，教育部印发《关于进一步深化中等职业教育教学改革的若干意见》，要求教学从学科本位向能力本位转变，以培养学生的职业能力为导向，促进课程内容综合化、模块化，突出课程内容的应用性和实践性。2009 年 1 月，教育部印发《教育部关于制定中等职业学校教学计划的原则意见》，要求按照相应职业岗位（群）的能力要求，采用基础平台加专门化方向的课程结构，设置专业技能课程。2014 年 6 月，教育部等六部门印发《现代职业教育体系建设规划（2014—2020 年）》，明确了其发展目标为：形成适应发展需求、产教深度融合、中职高职衔接、职业教育与普通教育相互沟通、具有中国特色的现代职业教育体系。

教学经费是保障。"十一五"期间，中央财政投入 100 亿元资金资助基础设施建设，重点建立完善助学金和学费减免等贫困资助制度。2005 年 2 月，教育部印发《关于加快发展中等职业教育的意见》，提出逐步建立政府、受教育者、用人单位和社会共同分担，多种所有制并存和多渠道增加职业教育经费投入的新机制。2006 年 7 月，财政部、教育部联合印发《财政部教育部关于完善中等职业教育贫困家庭学生资助体系的若干意见》，逐步确立了中等职业教育免学费和助学制度。通过免学费的方式保障农村家庭孩子的就读权利，保障教育公平。《中等职业学校国家助学金管理办法》指出，国家助学金由中央和地方政府共同出资设立，逐渐形成以中央政府为主导，以财政为主体，社会各方参与，多元化助学手段并举的助学制度体系。2014 年，中等职业教育总投入达到 1906.5 亿元。2015 年，教育部颁布了《教育部关于深入推进职业教育集团化办学的意见》，支持多元主体办学，中职教育办学、助学的资助体系逐步完善。

在这一阶段，中等职业教育在紧跟时代需求的背景下，办学规模与条件不断改善，提升了人才培养质量，满足了经济社会发展和产业结构调整升级的需要，实现了内外并进的发展。

四、中等职业教育创新阶段（2019 年至今）

随着中国社会、经济的高速腾飞，我国致力于建立创新型社会、发展创新型经济，社会需要培养创新型人才。信息化时代的教育发展、人才培养都有赖于教育的现代化。如何利用信息技术实现教育技术和方式的创新，利用人工智能和大数据促进优质教育资源的整合、教育教学模式的创新都使职业教育改革的深化提上了日程。从 2019 年开始，有关职业教育包括中等职业教育的创新性改革的利好政策相继发布，如表 1-2 所示。

表 1-2　2019~2022 年国家层面有关职业教育行业的政策重点内容

发布时间	发布部门	文件名称	重点内容解读
2019 年 2 月	教育部	《国家职业教育改革实施方案》	完善国家职业教育制度体系；健全国家职业教育制度框架；促进产教融合校企"双元"育人；建设多元办学格局；完善技术技能人才保障政策；加强职业教育办学质量督导评价
2019 年 2 月	国务院	《中国教育现代化 2035》	加快发展现代化职业教育，不断优化职业教育结构与布局；推动职业教育与产业发展有机衔接、深度融合，集中力量建成一批中国特色高水平职业院校和专业
2019 年 2 月	国务院	《加快推进教育现代化实施方案（2018—2022）》	深化职业教育产教融合；构建产业人才培养培训新体系，完善学历教育与培训并重的现代职业教育体系，推动教育教学改革与产业转型升级衔接配套；健全产教融合的办学体制机制，坚持面向市场、服务发展、促进就业的办学方向，优化专业结构设置，大力推进产教融合、校企合作，开展国家产教融合建设试点
2019 年 4 月	教育部	《建设产教融合型企业实施办法（试行）》	深化产教融合是党的十九大报告明确的改革任务。建设产教融合型企业，加强政府引导、强化企业主导，将"渴求人才"的社会共识转化为"投资于人"的现实行动，既符合职业教育改革的需要，也符合企业自身发展要求，更是推进经济高质量发展的关键一招
2019 年 4 月	教育部、国家发展改革委、财政部、市场监管总局	《关于在院校实施"学历证书+若干职业技能等级证书"制度试点方案》的通知	培育培训评价组织；开发职业技能等级证书；融入专业人才培养；实施高质量职业培训，严格职业技能等级考核与证书发放；探索建立职业教育国家"学分银行"；建立健全监督、管理与服务机制

续表

发布时间	发布部门	文件名称	重点内容解读
2019年6月	教育部	《关于职业院校专业人才培养方案制订与实施工作的指导意见》	按照全国教育大会部署，落实立德树人根本任务，坚持面向市场、服务发展、促进就业的办学方向，健全德技并修、工学结合育人机制，构建德智体美劳全面发展的人才培养体系，突出职业教育的类型特点，深化产教融合、校企合作，推进教师、教材、教法改革，规范人才培养全过程，加快培养复合型技术技能人才
2019年6月	教育部	《全国职业院校教师教学创新团队建设方案》	加强团队教师能力建设；建立团队建设协作共同体；构建对接职业标准的课程体系；创新团队协作的模块化教学模式；形成高质量、有特色的经验成果
2019年8月	教育部、国家发展改革委、财政部、人力资源和社会保障部	《深化新时代职业教育"双师型"教师队伍建设改革实施方案》	建设分层分类的教师专业标准体系；推进以双师素质为导向的新教师准入制度改革；构建以职业技术师范院校为主体、产教融合的多元培养培训格局；完善"固定岗+流动岗"的教师资源配置新机制；建设"国家工匠之师"引领的高层次人才队伍；创建高水平结构化教师教学创新团队；聚焦"1+X"证书制度开展教师全员培训；建立校企人员双向交流协作共同体；深化突出"双师型"导向的教师考核评价改革；落实权益保障和激励机制提升社会地位；加强党对教师队伍建设的全面领导；强化教师队伍建设改革的保障措施
2019年10月	教育部办公厅、国家发展改革委办公厅、民政部办公厅、商务部办公厅、国家卫生健康委办公厅、国家中医药局办公室、全国妇联办公厅	《关于教育支持社会服务产业发展提高紧缺人才培养培训质量的意见》	到2022年，教育支持社会服务产业发展的能力有效增强，紧缺领域相关学科专业体系进一步完善，结构进一步优化，布局进一步拓展，培养培训规模显著扩大，内涵进一步提升，教师教材教法改革、产教融合、校企合作不断深化，为社会服务产业紧缺领域培养和输送一大批层次结构合理、类型齐全、具有较高职业素养和专业能力的高素质人才
2019年10月	教育部	《国家产教融合建设试点实施方案》	要充分发挥城市承载、行业聚合、企业主体作用，重点在完善发展规划和资源布局、推进人才培养改革、降低制度性交易成本、创新重大平台载体建设、探索发展体制机制创新等方面先行先试；有条件的地方要以新发展理念规划建设产教融合园区；健全以企业为重要主导、高校为重要支撑、产业关键核心技术攻关为中心任务的高等教育产教融合创新机制；要落实组合投融资和财政等政策激励

续表

发布时间	发布部门	文件名称	重点内容解读
2019年12月	国务院	《中华人民共和国职业教育法修订草案（征求意见稿）》	明确现代职业教育体系框架，打通职业学校教育发展通道，向上包括专科、本科层次的职业高等学校，向下融入义务教育，加强职业启蒙教育；同时，推进中等、高等学历职业教育的贯通培养，可以实行弹性学制
2020年5月	教育部	《关于做好2020年中等职业学校招生工作的通知》	高中阶段教育普及率低于全国平均水平的地区要把推进普及高中阶段教育的重点放在中等职业教育，把高中阶段教育招生的增量主要用于发展中等职业教育；要充分利用高职扩招、职业教育本科试点普通高等学校专升本扩招等有力政策，积极引导学生接受中等职业教育；统筹做好中职与高职"3+2"、中职与职业教育本科等培养规模的有序衔接，为中职学生接受更高层次职业教育提供更多机会；广泛招收往届初高中毕业未升学学生、城乡劳动者、退役军人、退役运动员、下岗职工、返乡农民工等
2020年9月	教育部	《职业教育提质培优行动计划（2020－2023年）》	加强顶层设计，对落实立德树人根本任务、推进职业教育协调发展、完善服务全民终身学习的制度体系、深化职业教育产教融合校企合作、健全职业教育考试招生制度等进行部署；聚焦关键改革，实施职业教育治理能力提升行动、"三教"改革攻坚行动、信息化2.0建设行动、服务国际产能合作行动、创新发展高地建设行动5项行动
2020年10月	国务院	《关于全面加强和改进新时代学校体育工作的意见》和《关于全面加强和改进新时代学校美育工作的意见》	职业教育将艺术课程与专业课程有机结合，强化实践，开设体现职业教育特点的拓展性艺术课程；职业教育体育课程与职业技能培养相结合，培养身心健康的技术人才
2021年3月	国务院	《政府工作报告》	增强职业教育适应性，深化产教融合、校企合作，深入实施职业技能等级证书制度
2021年4月	国务院	《中华人民共和国民办教育促进法实施条例》	实施职业教育的公办学校可以吸引企业的资本、技术、管理等要素，举办或者参与举办实施职业教育的营利性民办学校
2021年6月	全国人大常委会	《国务院关于2020年中央决算的报告》	合理完善普惠性学前教育保障机制，促进职业教育高质量发展，加大对中西部高校的支持力度
2021年6月	国务院	《全民科学素质行动规划纲要（2021－2035年）》	实施职业技能提升行动。在职前教育和职业培训中进一步突出科学素质、安全生产等相关内容，构建职业教育、就业培训、技能提升相统一的产业工人终身技能形成体系

续表

发布时间	发布部门	文件名称	重点内容解读
2021 年 6 月	国务院	《中华人民共和国职业教育法修订案》	明确职业教育与普通教育具有同等重要地位；强调鼓励多层次、多元化办学，强调企业重要办学主体作用，支持社会各类主体参与职业教育
2021 年 7 月	国务院	《教育部关于做好全国中等职业学校管理信息系统建设工作的通知》	推进教育治理体系和治理能力现代化，加快现代职业教育体系建设，进一步促进中等职业教育管理规范化、数据管理标准化、督导监管信息化、决策治理科学化，建成全国中等职业学校管理信息系统，建设和运行维护统一纳入省级教育信息化建设重点项目
2021 年 12 月	教育部	《"十四五"职业教育规划教材建设实施方案》	统筹建设意识形态属性强的课程教材；规范建设公共基础课程教材；开发服务国家战略和民生需求紧缺领域专业教材；支持建设新兴专业和薄弱专业教材；加快建设新形态教材；按照《职业院校教材管理办法》等的规定，严格规划教材编写、选用、退出机制
2022 年 1 月	教育部、工业和信息化部、财政部、人力资源和社会保障部、应急管理部、国务院国资委、市场监管总局、中国银保监会	《职业学校学生实习管理规定》	准确把握实习本质；严守实习基本规范和底线红线；落实实习管理协同机制；强化实习监管和问责

职业教育的教育类型得以明确。2019 年 2 月，国务院印发《国家职业教育改革实施方案》（以下简称"职教 20 条"），提出职业教育与普通教育是两种不同的教育类型，具有同等重要地位。"职教 20 条"的出台、本科层次职业教育的确立，为中等职业教育创造了更为广阔的发展机遇与空间，如何探索出与普通教育融通、与高职教育衔接、与企业行业融合的新方式和新渠道成为下一阶段新的改革发展方向。2022 年新修订的《中华人民共和国职业教育法》中明确职业教育与普通教育"具有同等重要地位"，将职业教育的重要地位写进法律条文。

国家资历框架建设进一步完善并实施落地。"职教 20 条"提出，"推进资历框架建设，探索实现学历证书和职业技能等级证书互通衔接""在有条件的地区和高校探索实施试点工作，制定符合国情的国家资历框架"。职业教育在建立国家资历框架的重大制度创新中具有重要地位，相关工作从研究层面转到落实阶段。在探索构建国家资历框架过程中开始"1+X"证书制度试点、职业教育国家

"学分银行"建设，不断推进学习成果认证、积累与转换。国家资历框架制度的建立有利于完善职业教育和培训体系，也有利于深化产教融合以及校企合作，在打通了技术技能人才上升通道之后有利于增强职业教育的吸引力。

中国教育现代化中长期规划及其推进。《中国教育现代化 2035》是我国第一个以教育现代化为主题的中长期战略规划，是新时代推进教育现代化、建设教育强国的纲领性文件，对我国教育中长期发展具有全局性、战略性和指导性意义。该规划绘就了面向未来的中国教育宏伟蓝图，对加快教育现代化、建设教育强国、办好人民满意的教育作出战略部署。实现中国教育现代化，最重要的是走中国特色教育之路，最困难的是培养创新型人才，最核心的是择师，目标的实现需要全社会的合力。习近平新时代中国特色社会主义思想融会贯通于职业教育，不管是对中国教育还是对世界教育发展都将产生重大而深远的影响。《加快推进教育现代化实施方案（2018—2022）》是政府在宏观层面加快推进教育现代化、建设教育强国的时间表、路线图，突出可操作性，重在问题导向，将教育现代化远景目标和战略任务细化为未来五年的具体目标任务和工作抓手，指导推进今后五年的教育改革发展。

人才培养体系彰显职业类型特点。人才培养方面主要包括人才培养体系和人才培养具体措施。中等职业学校人才培养体系构建突出职业教育类型特点。《教育部关于职业院校专业人才培养方案制订与实施工作的指导意见》提出，要落实立德树人根本任务，坚持面向市场、服务发展、促进就业的办学方向，健全德技并修、工学结合的育人机制，构建德智体美劳全面发展的人才培养体系，突出职业教育的类型特点，深化产教融合、校企合作，推进教师、教材、教法改革，规范人才培养全过程，加快培养复合型技术技能人才。人才培养体系的落地体现在人才培养的各项措施上。党的十九大报告明确了深化产教融合的改革任务。《建设产教融合型企业实施办法（试行）》中提出，建设产教融合型企业，加强政府引导、强化企业主导，将"渴求人才"的社会共识转化为"投资于人"的现实行动，既符合职业教育改革的需要，也符合企业自身发展要求，更是推进经济高质量发展的关键一招。有效引导和充分激发企业的内生动力，把产教融合型企业打造成为支撑高质量发展的"学习工厂"。课程建设、教材管理、实习规范也都围绕类型教育做了系列探索改革。《全国职业院校教师教学创新团队建设方案》提出，要构建对接职业标准的课程体系，创新团队协作的模块化教学模式。加强体育和学校美育工作，开设体现职业教育特点的拓展性艺术课程，结合职业教育体育课程与职业技能培养，培养身心健康的技术人才。《"十四五"职业教育规划教材建设实施方案》对公共基础课程教材和专业教材提出了新的要求，严格规划教材编写、选用、退出机制，从教材管理方面规范中等职业学校人才培养。《职业学校学生实习管理规定》提出，要准确把握实习本质；严守实习基本规范和底线红线；落实实习管理协同机制；强化实习监管和问责，从教育实习方面规范中等职业学校人才培养。

教师队伍建设改革继续推进。创新人才的培养需要培育创新教师。《全国职业院校教师教学创新团队建设方案》提出，加强团队教师能力建设、建立团队建设协作共同体、构建对接职业标准的课程体系、创新团队协作的模块化教学模式，形成高质量、有特色的经验成果建设任务，并为建设任务的实现做了进度安排及保障措施。《深化新时代职业教育"双师型"教师队伍建设改革实施方案》从教师专业标准体系、新教师准入制度、教师资源配置新机制、教师全员培训、教师考核评价改革及改革的保障措施等方面详细提出了如何建设"双师型"教师队伍。

中等职业教育服务能力、职业技能提升。《关于教育支持社会服务产业发展提高紧缺人才培养培训质量的意见》中提到，教育支持社会服务产业发展的能力有效增强，紧缺领域相关学科专业体系进一步完善，结构进一步优化，布局进一步拓展，培养培训规模显著扩大，内涵进一步提升，教师教材教法改革、产教融合、校企合作不断深化，为社会服务产业紧缺领域培养和输送一大批层次结构合理、类型齐全、具有较高职业素养和专业能力的高素质人才。《国家产教融合建设试点实施方案》中也提到，国家产教融合建设要健全以企业为重要主导、高校为重要支撑、产业关键核心技术攻关为中心任务的高等教育产教融合创新机制；要落实组合投融资和财政等政策激励。《职业教育提质培优行动计划（2020—2023 年）》提出，要落实立德树人的根本任务，完善服务全民终身学习的制度体系，实施职业教育治理能力提升行动。《全民科学素质行动规划纲要（2021—2035 年）》提出，要实施职业技能提升行动，在职前教育和职业培训中进一步突出科学素质、安全生产等相关内容，构建职业教育、就业培训与技能提升相统一的产业工人终身技能形成体系。《2021 年政府工作报告》提出，要增强职业教育适应性，深化产教融合、校企合作，深入实施职业技能等级证书制度。

中等职业学校管理日渐完善。中职学校具体的管理工作包括招生、具体改革行动、课程改革和中等职业学校管理信息系统建设等。招生方面，《教育部办公厅关于做好 2020 年中等职业学校招生工作的通知》提出，要积极引导学生接受中等职业教育；中职与职业教育本科等培养规模的有序衔接，为中职学生接受更高层次职业教育提供了更多机会；广泛招收往届初高中毕业未升学学生、城乡劳动者、退役军人、退役运动员、下岗职工、返乡农民工等，通过招生政策的保障，使这些群体有机会接受教育，提升了他们的职业能力，实现了社会公平。具体改革行动方面，《职业教育提质培优行动计划（2020—2023 年）》特别提出，要加强顶层设计，对具体制度进行部署，聚焦关键改革。课程改革方面，《关于全面加强和改进新时代学校体育工作的意见》和《关于全面加强和改进新时代学校美育工作的意见》提出，职业教育将艺术课程与专业课程有机结合，强化实践，开设体现职业教育特点的拓展性艺术课程；职业教育体育课程与职业技能培养相结合。中等职业学校管理信息系统建设方面，《教育部关于做好全国中等职业学校管理信息系统建设工作的通知》提出，要进一步提升中等职业教育管理规范化、数据管理标准化、督导监管信息化、决策治理科学化水平，建成全国中等职业学校管理信息系统，将建设和运行维护统一纳入省级教育信息化建设重点项目。

回顾我国中等职业教育的发展历程，从一穷二白的起点出发，经历了恢复、滑坡、止跌回升、高峰，再次经历滑坡，再次面临机遇，呈现出波浪式的发展轨迹，积累了丰富的经验，也吸取了宝贵的教训。在过去 70 多年的发展中，中等职业教育在不同时期展现出不同的培养目标，这既体现了我国职业教育发展的需求，也折射了职业教育政策与经济增长、社会发展的密切契合。在 70 多年的发展过程中，中等职业教育基本完成了由政府主导为主向政府统筹管理、社会多元办学的格局转变，由单一地追求规模扩张向以质量提升为导向的转变，由参照普通教育模式向深度融合企业与社会、注重专业特色的类型教育为主的转变。这些变革显著提升了新时代职业教育的现代化水平。中等职业教育在免学费和学生资助政策上扩大覆盖面，生师比逐步合理，教师教学创新团队和"双师型"教师队伍建设不断强化，技术技能人才培养质量稳步提升，产教融合和校企合作不断深化。中等职业教育已经成为我国教育体系中不可或缺的重要组成部分，为促进经济社会发展、提升国家竞争力提供了优质人才支持，对我国经济社会的发展、教育公平保障、个体发展等方面都做出了不可磨灭的贡献。

第二节　我国中等职业教育发展的现状①

自党的十八大以来，国家尤其重视职业教育发展，从政策制定到实施，大力推进职业教育的改革创新。中等职业教育发展态势良好，具有如下特点：一是规模数量有所减少，内涵质量不断提升；二是经费投入持续加大，办学条件不断改善；三是制度建设不断完善，吸引力逐渐增强。但仍然存在一些需要继续加强的部分：一是社会观念转变不够；二是办学条件尚未完全达标；三是"双师型"教师不足；四是地区发展不平衡。本节从规模、条件与制度三个方面描绘了当前中等职业教育发展的整体轮廓，并指出未来继续发展的可能方向，厘清当前中等职业教育发展阶段，为中等职业教育未来发展提供参考。

一、当前中等职业教育发展的特点

党的十九大报告指出，我国社会经济发展已转向高质量发展阶段，从对经济规模的扩张转向对经济质量与效率的关注。这要求我国高技能技术行业做出更大贡献，而这需要更多的高技能技术人才，因而对职业教育提出了更高要求。在这样的时代背景下，国家推动中等职业教育向着提质培优的方向发展。

（一）规模数量有所减少，内涵质量不断提升

根据《全国教育事业发展统计公报》与国家统计局的相关数据，在过去的2013~2022 年这 10 年里，我国中等职业教育学校、教师与学生数量均呈现下降态势，学校数量减少了 2179 所；教师规模减少 5 万人，但其中专任教师增加 6 万人，教师本科以上学历数与"双师型"教师数逐年上升；学生规模有所减少，共减少 57 万人，但 2019 年后逐渐企稳。② 这一趋势背后反映出了职业教育领域的积极转变，是中等职业教育提质培优的具体体现，也在多个层面上具有重要意义。

---

① 本节数据如无特殊标注，均来自教育部 . 全国教育事业发展统计公报 [EB/OL]. http：//www. moe. gov. cn/jyb_sjzl/sjzl_fztjgb/.

② 由于近两年中等职业教育数据统计口径排除了技工学校，因此 2013 年数据以中职教育各项指标总数减去技工学校数据为基准线。

1. 学校规模减少，结构布局不断优化

从数据中能够发现，中等职业学校数量呈现减少的趋势，存在多方面原因。一方面，学校数量的减少并非盲目的，而是因应了招生规模的下降。一些学校由于招生不足不得不停止招生，而这些学校往往办学质量相对较差、声誉较低。这种趋势的出现在一定程度上促进了职业教育系统内部的更新和提升，有助于提高整体职业教育质量。另一方面，减少学校数量也是紧跟国家政策导向的体现。《国家职业教育改革实施方案》《职业教育提质培优行动计划（2020-2023年）》等政策均提出了推动中职学校的结构布局调整，合并"空、小、弱、散"的中职学校，旨在推动中等职业教育资源向优质校集中，优化资源利用效率，提高中职学校的办学质量。

2. 师资规模有所减少，专业教师素质提升

2013~2022年10年间，中等职业教育教师队伍素质提升十分明显。由于学校数量减少以及招生数量降低，教职工队伍整体规模出现缩减不足为奇，但通过仔细分析教师队伍的数据，我们可以发现其中的积极变化。首先，尽管整体教职工规模减少了5万，但专任教师的数量逆势增加了6万，这意味着中等职业教育教师队伍中的专任教师比例有了显著的提升。这表明更多的专职教师正在进入职业教育领域，以满足不断增长的优质职业教育需求。其次，教师队伍的学历结构也得到了整体提升。2022年，专任教师中本科以上学历的比例达到了94.86%，硕士学历教师的人数也呈现出快速增长的趋势，这意味着中等职业教育领域的教师队伍正日益拥有更高的学历水平，这有助于提高教育质量和教学水平。最后，中等职业教育的生师比也有了较大改善。自2015年中等职业教育的生师比降至19.6∶1，达到《中等职业学校设置标准》中20∶1的基本要求后，生师比持续下降，到2022年生师比为18.65∶1，能够更好地满足学生的需求，提供更个性化、精细化的教育服务。

3. 学生规模逐渐稳定，就业优势持续凸显

这10年间，我国中职学生招生人数规模整体缩减，但2019年后有所回升，呈现出"规模缩减后又小幅增长"的态势。在2013~2018年这段时间里，中职学生的招生人数持续下降，总计减少112万人，这一趋势在2019年之后逐渐发生逆转，招生人数开始回升，截至2022年已经回升至484万人，10年间合计减少57万人。尽管仍然低于十年前的水平，但这一变化对于中等职业教育具有重要意义。结合相关时间节点来看，2019年"职教20条"的颁布和高职院校百万

扩招政策的实施等有助于改善中等职业教育的发展环境，提高了中等职业教育的吸引力，扭转了中职学校招生人数下降的趋势，中职招生人数企稳回升，进一步稳定和促进了中等职业教育的发展。而从中职学生毕业就业情况来看，数据显示，近年来其毕业生就业率一直维持在96%以上的高水平，[①] 这凸显出技能型人才在就业市场中的竞争力和优势，也反映出中等职业教育在满足市场需求和培养适应职业岗位要求的人才方面取得了显著成就。毕业生的高就业率不仅有助于学生的职业发展，还为中职教育高质量发展提供了坚实的支撑。

（二）经费投入持续加大，办学条件不断改善

经费与设施是一个学校发展的重要物质基础，也是中等职业教育蓬勃发展的经济支撑条件，2010~2019年[②]这10年间，政府的经费投入不断增长，中等职业学校的办学条件也不断改善，为中等职业教育的高质量发展奠定了良好的物质基础。

1. 政府经费投入力度不断加大

近年来，政府在职业教育领域表现出明显的政策支持和财政投入，为中等职业学校的发展提供了坚实的基础。2010~2019年，中等职业学校的教育经费总投入翻了近一番，从1357亿元增长至2611亿元。作为经费投入主要部分的国家财政性教育经费从968亿元增加到2302亿元，增长了2.4倍。这些财政支持的增长不仅有助于中职学校改善办学条件、提高教育质量，也为培养和聘请高素质的教师提供了更多机会。在整体增长的大背景下，横向比较中等职业教育与普通高中的教育经费，国家财政性投入呈现出越来越大的差距。普通高中的国家财政性教育经费从1322亿元增长至4208亿元，增长了3.2倍，这使中等职业学校与普通高中之间的财政差距逐渐扩大。因此，中职学校仍需更多的财政支持，以缩小资源分配上的不平等，确保中职学校的可持续发展。另外，生均经费的增长也为职业教育发展带来了积极的信号。中等职业教育的生均经费从8713元上升至21188元，增长了2.4倍，这不仅反映出政府对每个中职学生的教育资源投入都有了显著提升，也有望提高中职学校的教学质量和学生的学习体验。政府通过政策和财政支持，积极推动了中等职业教育的发展。然而，仍需要关注中职学校与

---

① 岳金凤，郝卓君. 中等职业教育高质量发展报告——基础与方向 [J]. 职业技术教育，2021，42（36）：17-26.

② 受到资料收集局限，课题组只找到截至2020年《中国教育经费统计年鉴》的相关数据，故此处统计时间周期为2010~2019年。

普通高中之间的财政差距,以确保职业教育的公平与可持续发展。财政投入不仅仅是增加数字,更需要确保这些资金能够充分落实到实际的教育资源和教学质量上,以推动职业教育走向更加繁荣的未来。

2. 教学设施与办学条件不断改善

2010~2019 年,① 随着职业教育提质培优的改革发展,尽管中等职业学校的数量有所减少,但校均占地面积和生均建筑面积显著增加。校均占地面积从 2010 年的 4.7 万平方米增长至 2019 年的 5.7 万平方米,而生均建筑面积从 2010 年的 10.8 平方米增长至 2019 年的 17.3 平方米。这反映出政府和学校致力于改善学校的物理基础设施,为学生提供更好的学习环境。同时,学校的固定资产值也持续增长,从 2010 年的 2159 亿元增加至 2019 年的 3844 亿元。学校投入更多的财力用于提升硬件设施和资源,对于提高教育质量和提供更多教育资源至关重要。此外,学校的信息化水平也得到了提高。教学仪器设备和多媒体教室的设备数量逐年增加,教学用计算机也从 2010 年的 232 万台增长至 2019 年的 281 万台。这表明,学校越来越重视现代化教育方法,为学生提供更多数字化学习资源。尽管生均图书资源有小幅减少,从 2010 年的 34302 万册下降至 2019 年的 31626 万册,但这可能是由于数字化教育和在线学习工具的普及,学生更青睐于数字资源而非纸质资源。这些数据显示出中等职业学校的改革和发展努力,通过提供更好的教育资源和学习环境,为学生提供更多职业技能培训和职业发展机会。这有助于培养更多高素质的职业人才,促进中等职业学校高质量发展。

(三)制度建设不断完善,吸引力逐渐提升

为了推动现代职业教育体系的建设与完善,国家大力推动职业教育体系的相关制度建设,构建现代学徒制的人才培养模式,搭建中—高—本贯通的人才培养通道,多元办学体制逐渐健全,使中等职业教育的吸引力大大增强。

1. 现代学徒制的人才培养模式不断完善

现代学徒制作为一种注重实践培训和职业技能发展的人才培养模式,近年来在我国得到不断完善和推广。政府出台政策支持和改革,如 2014 年发布的《国务院关于加快发展现代职业教育的决定》明确提出发展现代学徒制,鼓励各类企业与职业院校合作。这一培训模式强调产业对接,通过与企业合作,学生能够获

---

① 此处有截至 2021 年的数据,但为了与上文讨论范畴一致,选取 2010~2019 年《中国教育统计年鉴》的数据进行讨论。

取实际的工作经验，与专业人士互动，并熟悉最新的技术和趋势，从而提高了他们的就业竞争力。此外，现代学徒制注重职业技能培养，确保学生毕业后具备实际技能，有助于减小技能鸿沟。它也提供了多样的教育选择，满足更喜欢实际工作和实际技能培训的学生需求，也为计划继续升学的学生打下了更加坚实的技能知识基础。通过现代学徒制，年轻人能够更容易地进入职场，增加了他们的就业机会，因为雇主更愿意聘用那些已经具备实际技能和经验的应届毕业生。这一模式的不断完善和发展给中国的职业教育和人才培养体系带来了积极影响，促进了经济的可持续增长，反映了职业教育对提高教育质量和适应劳动力市场需求的承诺。

2. 中—高—本贯通的人才培养通道逐步形成

近年来，教育部出台了《本科层次职业教育专业设置管理办法》《本科层次职业学校设置标准》等文件，大力推进职业本科建设，以培养更多具备实际职业技能的本科生。这一举措在中等职业教育与高等教育之间架起了一座桥梁，形成了中—高—本贯通的人才培养通道。这一通道的建立对我国的人才培养体系和职业教育产生了深远的影响。首先，中—高—本贯通的人才培养通道为学生提供了更多的学习选择。学生可以根据自己的兴趣和职业规划，在中职阶段接受职业技能培训，然后选择进入高职学校或直接进入职业本科学校深造。这种多层次、多途径的教育模式充分尊重了学生的个性和发展需求，使他们可以更好地追求自己的教育和职业目标。其次，这一通道有助于提高人才的职业素质和市场竞争力。通过连续的职业教育，学生将获得更广泛的知识和技能、更深入的专业领域知识，以及更多的实践经验。这使他们更容易适应快速变化的职业环境，具备更强的创新能力和解决问题的能力。同时，中—高—本贯通的通道还促使高等院校和职业院校之间开展合作，为学生提供更好的教育资源和就业机会。中—高—本贯通的人才培养通道为我国的教育体系和人才培养提供了更多的灵活性和多样性，有望培养出更适应现代社会需求的高素质职业人才，促进经济和社会的可持续发展。这一举措将为职业教育和高等教育注入新的活力，为国家的人才培养和产业发展提供了更多机会。

3. 多元办学体制逐步健全

政府主导、行业指导、企业参与的多元办学格局正在逐步健全。我国目前拥有丰富多样的职业教育机构，国有企业开办的职业学校达到了435所，而民办企业也积极参与，开设了超过2200所职业学校。此外，涉及50多个行业领域的部门、行业组织以及中央企业发挥了引领作用，联合成立了56个行业职业教育教学指导委员会。这一举措有助于确保职业教育紧密结合行业需求，使培训更加实用和创新。同时，我们还见证了1500多个职业教育集团的成立，它们涵盖了多个领域，同时也有着来自3万多家企业的积极参与。这种紧密的校企合作模式使学生能够在真实的工作环境中接受培训，提高了他们的职业竞争力。职业学校与企业共建的实习实训基地也达到了2.49万个，可将学生的理论知识与实践技能相结合，使他们更好地适应职场要求。另外，产业界和教育部门的协同努力还孕育出了3000多家产教融合型企业，同时探索了21个产教融合型城市的建设。这种产业与教育紧密结合的模式有助于确保学生毕业后具备市场所需的技能和知识，实现毕业即就业。[①]

二、中等职业教育发展存在的问题

尽管中等职业教育在规模结构、内涵质量、经费投入、办学条件以及制度体系等方面都有了长足进步，但不得不说，中等职业教育的整体社会认同度仍然有待加强，资源供给与普通高中存在一定的差距，办学条件还未完全达标，师资队伍素质还需要进一步提升，地区发展均衡问题作为中等职业教育的基础性地位体现也需要给予更多关注。

（一）社会认同度有待进一步加强

尽管中等职业教育在近年来迎来了历史性机遇，经历了一系列重大改革，取得了显著的发展，但相较于传统普通教育，中等职业教育在社会认同度上仍存在一定的不足。这一差距主要反映在观念的转变缓慢、教育质量的不均衡、职业发展途径的不透明以及缺乏充分的衡量标准等方面。首先，受到儒家文化"学而优则仕"的影响，职业教育的地位长期未能得到充分重视。随着高等教育的发展，公众普遍更看重能够进入高等教育的普通高中，而相对轻视中等职业教育，将其视为次等教育。这种偏见导致了中等职业教育被看作"二流教育"，是被中考筛选后无法接受普通教育的学生的妥协。其次，一些中等职业学校的教育质量相对较低，对整个职业教育系统产生了负面影响。再次，中等职业教育标准和师资力量与普通高中相比存在差距，这种质量不均衡也引发了社会的疑虑。最后，目前职业教育的质量评估标准相对不够明确和严格，难以客观评估中等职业教育的水

---

① 新华社. 政府主导 行业指导 企业参与的多元办学职业教育格局正逐步健全[EB/OL]. http://k. sina. com. cn/article_1699432410_m654b47da020010s0o. html.

平。这使社会对职业教育的质量感到不安，也影响了其认同度。

为了加强对中等职业教育的认同，需要采取多方面的措施。首先，社会需要更全面地了解职业教育的价值。这可以通过开展广泛的宣传活动、提供真实的职业成功案例以及突出职业教育所带来的实际益处来实现。政府、学校和行业组织都能在这方面发挥积极的作用，帮助传达职业教育的重要性和潜力。改变这种观念是至关重要的，以使社会意识到职业教育和普通教育同样具有重要价值。其次，需要提升职业教育的质量。提高教育质量对增强社会认同度至关重要，高质量的职业教育不仅可以增加学生的就业机会，还能够为他们提供更好的职业发展前景。这将吸引更多学生和家庭对职业教育进行选择，因为他们能看到明显的回报。职业教育必须确保学生能够获取实际的技能和知识，以胜任职场需求。同时，虽然职业教育的发展途径多样，但在社会中并不总是清晰可见。为了增加社会认同，应建立更为完善和明确的质量评估标准，更加突出职业教育的实际价值，以及毕业生在各行各业中广泛的就业机会。最后，作为职业教育基础阶段的中等职业教育也应在就业升学并重的历史使命的指引下，一方面做好学生的技能培养，另一方面做好技能知识储备，为高层次技能型人才培养打下坚实基础，推动职业教育人才培养体系的高质量发展。

（二）办学条件尚未完全达标

尽管中等职业教育在经费支持和办学条件方面取得了巨大提升，但正如前文所提到的，办学条件仍存在一些挑战，这些问题影响了职业教育的质量和发展潜力。首先，职业教育学校的校舍和设施尚未完全达标。尽管校均占地面积和生均建筑面积逐年增加，但仍未能满足《中等职业学校设置标准》的相关要求。不足的校舍和设施可能会影响学生的学习体验和教育质量。其次，尽管学校固定资产的价值在稳步增长，但在某些地区和学校，资金短缺问题依然存在。这可能导致学校难以购买新的教学仪器设备、多媒体教室设备以及其他必要的教育资源，进一步影响了职业教育的现代化和信息化水平。此外，生均图书资源相对较少，对学生的综合素质教育造成了一定制约。生均图书资源在逐年减少，需要更多的投入来扩充图书馆和数字资源，以支持学生的学习和职业发展需求。最后，尽管教学用计算机数量在逐年增加，但在一些学校中，信息技术设备和网络设施还需要进一步改进，以适应现代化教育的需求。信息技术在职业教育中扮演着重要的角色，它能够提供实际的技能培训和职业发展机会。要解决这一问题，需要更多的政府资金投入，以提高职业学校的教学基础设施水平。同时，学校和地方政府也可以积极争取社会资本的支持，进行现代化设施的升级和改善。通过这些努力，可以提高职业教育的教学质量，为学生提供更好的教育和培训体验，有助于提升职业教育的认同度和影响力，这也将有益于培养更多的高素质职业人才，以满足不断发展的社会和经济需求。

（三）"双师型"教师数量需要继续提升

在职业教育领域，"双师型"教师数量的提升是一个亟待解决的问题。"双师型"教师是指具备教育和职业技能背景的教师，他们不仅能够在教室里传授理论知识，同时还能够培养学生的实际技能和职业素养。这种教师的培养在职业教育中尤为重要，因为它涉及将学生培养成既懂理论又能实践的职业人才。目前，尽管国家已经大力推动"双师型"教师队伍建设，在过去几年中已经有了一些进步，但"双师型"教师在职业教育中的数量仍然相对不足。这导致学校无法提供足够的教育资源，无法满足学生在职业技能培训方面的需求。由于职业教育的核心目标是为学生提供实际职业技能，因此"双师型"教师的不足将影响到职业教育的质量和效果。为了解决这一问题，需要采取一系列措施。首先，政府和教育部门应该加大对"双师型"教师的培训和招聘力度。这包括鼓励高校和职业学校开设"双师型"教师培训项目，以培养更多具备双重背景的教师，还可以提供奖学金和补贴，以吸引更多的人才加入职业教育行业。其次，学校和行业应该积极合作，建立实习和实训基地，为学生提供更多实践机会。这些基地可以由"双师型"教师和行业专业人士共同管理，确保学生在实际工作环境中接受培训。最后，职业教育应该与行业需求更加贴近，确保教育课程与实际职业技能需求保持一致。这需要学校与各行业和企业建立更加紧密的联系，以便及时了解市场需求，并根据需求调整教育内容。通过提升"双师型"教师的数量和质量，可以更好地满足学生的职业培训需求，提高职业教育的质量和社会认同度。这也将有助于培养更多的具备实际技能和职业素养的职业人才，为社会和经济的可持续发展提供更多支持。

（四）地区发展还需加强平衡

地区发展不平衡问题是中等职业教育发展面临的一个重要挑战。这一问题涉及不同地区在职业教育资源分配、教育机构建设和教育质量上的不均衡状况。不平衡的地区发展会加剧教育不公平、限制学生的职业选择，从而阻碍中等职业教育在减贫和促进社会平等方面的潜力发挥。

首先，一些较为发达的沿海城市和省份相对于内陆和边远地区拥有更多的职业教育资源和机会。这包括更多的中等职业学校、实践基地、行业合作机会和优质的"双师型"教师。这种不平衡导致了地区间的教育质量差距，以及内陆和边远地区的学生更难获得高质量的职业教育。学生的地理位置不应该成为其获得高质量教育的障碍，而地区发展不平衡恰恰造成了这一不公平现象。其次，地区发展不平衡也表现在职业教育的专业设置上。一些地区可能更倾向于发展特定行业或领域，而忽视了其他领域的需求。这可能导致某些学生在特定领域拥有丰富的职业机会，而其他领域的学生则较难找到合适的职业。这不仅会限制学生的职业选择，还可能导致就业市场的不平衡。职业教育的多样性和广泛性是确保学生有机会选择适合他们兴趣和能力的职业路径的关键。地区发展不平衡限制了这一多样性，导致某些领域的职业机会更多，而其他领域的机会相对较少。最后，地区发展不平衡问题会加剧教育不公平，特别是在中等职业教育领域。与高等职业教育面向全国范围的招生不同，中等职业教育通常更多地面向本地或当地学生。这就意味着，当地中等职业教育的质量和资源分配不均往往会严重影响到当地学生的教育机会和发展前景。如果当地的中等职业教育质量较差，那么这些学生可能会失去和其他地区中等职业学生平等竞争的机会，从而在职业发展上面临不平等局面。这种情况不仅阻碍了个体学生的发展，也妨碍了职业教育在减贫和促进社会平等方面的潜力发挥。

解决这一问题需要采取多种措施。首先，政府可以加大对欠发达地区中等职业教育的投入，确保这些地区也能够提供高质量的教育。这包括增加财政支持、提高师资待遇、改善校舍和教育设施，以及提供更多的教育资源。通过加强投入，可以提高欠发达地区中等职业教育的整体质量，减轻资源不足的问题。其次，可以建立地区间资源共享机制，使不同地区的学校能够共享师资和设施。这有助于提高教育质量，因为资源共享可以让学校更好地利用现有资源，提供更多的学习机会和教育支持。这种合作可以通过政府政策和校际合作来实现，促进资源在不同地区之间的流动，促进教育的均衡发展。此外，需要建立更为明确的政策和指导，以确保职业教育的质量和机会在各地区之间更加平等地分布，不仅在资源分配上实现公平，也在教育质量上实现公平。政府可以制定具体的政策，包括教育质量标准、资源分配机制和学校管理规范，以确保中等职业教育在不同地区都能够提供高水平的教育。这种政策和指导可以根据地区的实际情况进行调整，以适应各地的需求。通过这些措施，可以减轻地区发展不平衡对教育不公平的影响，为更多学生提供平等的职业教育机会，促进社会的公平与平等，使中等职业教育更好地发挥其在减贫和社会平等方面的潜力。这也将有助于实现更全面的职业教育改革，提高职业教育的整体质量，增加社会认同度，促进国家的经济和社会发展。通过平衡资源分配、促进多元化发展和建立合作机制，可以实现各地区职业教育的均衡发展，提高其在全国范围内的认同度和质量。

第三节　中等职业教育发展的重要意义

中等职业教育作为我国现代职业教育体系的重要组成部分，在推动普职融通发展、奠定现代职业教育体系基础、推动区域经济发展、提升产业竞争力、实现个体发展、追求教育公平等多重方面都扮演着不可或缺的角色。本节将深入探讨中等职业教育发展的重要意义，从不同角度剖析其在塑造现代教育格局、支撑经济发展和培育人才等方面的关键作用。通过剖析，我们能够更加深入地认识中等职业教育在当今社会中的价值，为未来的教育发展提供有益的借鉴和启示。

一、塑造现代教育格局

（一）横向推动普职融通的发展

中等职业教育在塑造现代教育格局的过程中发挥着关键作用，横向上体现为推动普职融通发展。长期以来，我国普职分轨的教育体制导致了普通教育和职业教育之间的明显隔阂，普通教育忽视职业需求、职业教育缺乏文化培养，产生了人文素养发展的片面趋势。在普通教育中，因升学导向，学校和家庭过度关注智育，而忽视了德育、体育、美育、劳育。学生的课业负担和心理负担普遍过重，实践能力和创新精神得不到充分培养，学习兴趣受限，校内知识应用能力不足。同时，职业教育在强调就业导向的情况下，过于注重技能培训，导致学生缺乏综合素质、人文知识和可持续发展能力。普职融通的倡导旨在解决这一问题，为学生提供了多样的成才路径，促进了全面素质的培养。这一发展趋势不仅有助于学生个体的发展，也符合国家发展的需要和教育的时代要求。[①]

而普职融通的推进，要求我们改变传统的观念，特别是对中等职业教育的看

---

① 许译心，沈亚强．现代职业教育体系下普职融通的困境与破解［J］．教育与职业，2015（10）：9-13.

法。中等职业教育的发展和提升将有助于消除社会对职业教育的偏见，提高职业教育的社会认可度。① 随着中等职业教育质量的不断提升，人们将更加重视其培养的学生所具备的综合素质和职业能力，从而改变对职业教育的偏见。这种改变有助于推动普职融通的顺利实施，让更多人认识到中等职业教育的价值和重要性。同时，中等职业教育的健康发展也有助于打破学科壁垒，为学生提供更为广阔的发展空间。在普职融通的理念下，学生可以在高中阶段选择适合自己兴趣和能力的发展路径，不再局限于传统的普通教育和职业教育分野。这将使学生的知识结构和技能结构更加合理地配置，从而更好地满足个体的发展需求和社会的人才需求。推进普职融通是教育体系的必然趋势，也是现代教育发展的方向。② 这种趋势的实现需要中等职业教育的积极支持和健康发展。通过中等职业教育的发展，我们可以为教育体系注入新的活力，创造更加多元、开放的教育环境，使学生能够在不同领域中实现全面的发展，为社会培养出更具综合素质和职业能力的人才。

（二）纵向奠定现代职业教育体系基础

在塑造现代教育格局的过程中，中等职业教育在纵向上奠定了现代职业教育体系的基础，是连接初等教育和高等职业教育的桥梁。随着我国职业教育改革的持续推进，中等职业教育在现代职业教育体系中的地位越发凸显，其发展质量直接影响着我国职业教育体系的全面提升与社会认可度，其培养质量、教育理念以及与高等职业教育的紧密衔接，为职业教育的综合发展提供了坚实支持，确保了我国职业教育体系的健康成长和不断进步。

首先，中等职业教育作为职业教育体系的起点，在职业教育的过程中扮演着不可或缺的角色，③ 它为学生奠定了坚实的职业知识基础，同时在多个层面影响了职业教育的连贯性与发展。中等职业教育的质量和内容直接决定了学生是否能够顺利进入高等职业教育阶段。优质的中等职业教育为学生提供了充分的知识和技能准备，使他们能够更好地适应高等职业教育的学习环境和要求。这种基础性

---

① 刘丽群，刘家伟. 我国高中阶段教育普职融通困难的原因分析 [J]. 湖南师范大学教育科学学报，2015（2）：75-79.

② 刘丽群，彭李. 普职融通：我国高中阶段教育改革与发展的整体趋向 [J]. 湖南师范大学教育科学学报，2013（5）：64-68.

③ 王笙年，徐国庆. 职业教育高质量发展的关键制度壁垒及其结构性消解 [J]. 高校教育管理，2023（1）：92-99.

的职业培养为后续的高等职业教育提供了优质的生源，确保了整个职业教育体系的连贯性和稳定性。[1] 通过中等职业教育，学生已经开始对特定职业领域进行深入学习，积累了一些行业相关的经验和知识。这使高等职业教育能够在这一基础上更加专业化地进行培养，进一步提高学生的专业素养和技能水平，他们更容易适应高等职业教育的专业化学习，进而在更深层次上增强自己的专业能力。[2]

其次，中等职业教育对于职业教育体系的社会认可和价值体现至关重要，其教育质量和毕业生的素质直接影响着整个职业教育在社会中的声誉和地位。一方面，高质量的中等职业教育为毕业生的就业提供了坚实的保障。劳动力市场对技能型人才的需求日益增加，中等职业教育培养的学生正契合市场的需求。通过实际技能的训练和专业知识的掌握，中职毕业生在就业市场上具有明显的竞争力，能够迅速适应工作环境，成为各行业所需的技术骨干。这种就业表现不仅增强了中等职业教育的社会认可度，也促使更多的人意识到职业教育的价值。另一方面，优质的中等职业教育提升了职业教育整体的吸引力和社会认可度。随着社会变革和技术进步，职业教育不再被简单地视为"备选"或"次选"，而是成为培养高素质技能人才的重要途径，成为学生个人发展中的理性选择。[3] 如果中等职业教育能够确保高水平的教学质量、行业知名度和培养成果，将会进一步提升整个职业教育体系的声誉。这种声誉的提升能够吸引更多优秀的学生选择职业教育路径，进一步推动职业教育的发展，通过提供高质量的教育和培训，确保毕业生的就业竞争力。中职教育不仅为个体提供了良好的发展机会，也提升了整个职业教育体系的声誉和地位，进一步推动了现代职业教育的蓬勃发展。[4]

最后，中等职业教育是实现全民终身学习的基础，不仅开启了个体的职业教育启蒙和社会培训，也扮演着普及高中阶段教育和职业启蒙的关键角色。[5] 中等职业教育不仅满足了适龄学生的需求，还吸引了未升学初高中毕业生、农民、退役军人、在职员工等各类群体，提供多样化的职业教育和培训，构成了全社会的现代职业教育体系布局。许多学生在完成中等职业教育后，可以直接投入职场，

① 汪斌. 推动现代职业教育高质量发展的实施方略 [J]. 教育与职业, 2022 (13): 36-41.
② 姜大源. 现代职业教育体系构建的理性追问 [J]. 教育研究, 2011 (11): 70-75.
③ 最高595分! 深圳大首年本科招生, 就全都超特控线 [EB/OL]. 搜狐网, https://learning.sohu.com/a/705050046_121123818.
④ 徐晔. 现代职业教育体系下中等职业教育功能定位研究 [D]. 天津大学博士学位论文, 2021.
⑤ 张军平. 终身教育理念下现代职业教育体系构建模式与完善路径 [J]. 中国职业技术教育, 2019 (3): 37-40.

开始实际工作。然而，一些人可能在工作一段时间后，认识到进一步深造或提升职业技能的重要性。这时，高等职业教育成为他们实现更高职业目标的途径，而中等职业教育则为他们铺就了通往高等职业教育体系的阶梯。同时，中等职业教育的多样化培养模式、以实践为导向的教育理念，为学生提供了坚实的职业知识和技能基础，使他们更好地适应社会的发展需求。中等职业教育不仅满足了个体的成长需求，还有助于社会整体的人才培养和发展，为终身学习体系的构建做出了重要贡献，为我国职业教育体系的繁荣发展提供了坚实的支撑。

二、促进经济繁荣的关键作用

(一) 中等职业教育对区域经济发展的推动作用

中等职业教育紧密关联着区域经济的发展，它培养了大量适应地方产业和市场需求的技术工人、技能人才和职业人才。这些人才直接参与了区域产业的发展和创新，推动了区域经济的增长。现有文献多采用实证分析方法，从中等职业教育规模、中等职业教育质量、经费投入等维度来测量其对区域经济发展的影响以及两者之间的关系，在具体影响机制及作用大小上存在差异。如郑钦华（2019）通过实证分析发现，广东中等职业教育发展和经济增长存在正相关，但两者发展并不协调；广东省中等职业教育与经济增长之间的影响是双向的，且广东省中等职业教育对经济增长的促进强度要大于经济增长对中等职业教育的积极影响；中等职业教育的质量、规模、结构对经济增长均有影响，其中，中等职业教育质量对经济增长的影响更大。[①] 王磊（2011）通过数据研究发现，职业教育规模与经济增长之间不仅存在稳定的均衡关系，而且正相关，职业教育发展是经济增长的原因。[②] 李瑶（2018）利用 2014 年截面数据，采用多元统计分析、技术因子分析和等级差分析方法对京津冀地区城市群中等职业教育发展与区域发展协同水平进行实证分析，研究结果显示，中等职业学校教育发展水平与经济发展水平处于协同程度的城市有北京、沧州、张家口，而中等职业教育投入水平最高的是石

---

① 郑钦华. 广东省中等职业教育对经济增长贡献的实证研究 [D]. 广东技术师范大学硕士学位论文，2019.

② 王磊. 职业教育与经济增长关系的实证检验——基于中国 1998 年-2007 年数据的验证 [J]. 清华大学教育研究，2011 (2)：77-82.

家庄。①

中等职业教育对区域经济的发展表现出地域差异。如王伟（2017）的实证研究结果表明，东部地区的作用效果好于西部地区，西部地区又优于中部地区。② 蔡文伯和莫亚男（2021）利用2006~2016年的省际面板数据，结合动态面板GMM模型与面板门槛效应模型，实证分析中等职业教育与经济发展之间的关系，研究结果表明，东、中、西部地区经济发展不均衡，中等职业教育与经济发展之间也表现出不同的影响。东部地区由于经济发展水平高，资金充足，对高素质技术工人需求量大，在职业教育投入与质量把控力度上相对较大；而西部地区经济的基数较小，国家向西部地区倾斜的政策较多，一定程度上也放大了教育质量对于促进经济增长的贡献作用。③

中等职业教育质量对于区域经济的推动作用，从外因来看是政府政策推动、资金投入、教学规模等因素，但从内在机理上分析，按照舒尔茨的人力资本理论，中等职业学校教育通过提高学生的知识技能、劳动素质来促进生产发展，从而助力经济增长。社会经济与中等职业教育培养的技术人才之间相互促进、协同发展。中等职业教育的发展是符合社会、经济发展规律的。纵观世界经济社会发展的进程，其都经历了由劳动密集型向技术密集型再向知识密集型转化的过程。与发展进程相对应的就是构成了由"生产、制造""流通、销售""服务、配送"三个环节组成的全产业链。不同阶段对人才的需求决定了社会经济运行所需的劳动力结构，亦即由劳动密集型的金字塔形结构，向技术密集型的洋葱头形结构，再到知识密集型的橄榄形结构逐步演变。④ 我国社会经济发展的历程由于各种原因，几乎是第一次工业革命、第二次工业革命、第三次工业革命进程同时进行，因而对人才的需求较为复杂，需求变化也快，劳动者素质要求也高。迄今，我们已建立了最完整的工业制造产业链，服务业也在不断扩展、完善。这一成就的背后是我国培养了大量接受过中等教育，特别是中等职业教育的技术技能人才。

① 李瑶.京津冀一体化视阈下中等职业教育与区域经济协同实证研究［D］.天津职业技术师范大学硕士学位论文，2018.

② 王伟.职业教育质量对经济增长影响的实证分析——基于动态面板GMM模型［J］.教育学术月刊，2017（8）：58-63.

③ 蔡文伯，莫亚男.助力经济高质量发展：中等职业教育增质抑或增量——基于系统GMM模型与门槛模型的实证检验［J］.现代教育管理，2021（1）：93-99.

④ 姜大源，等."中等职业教育发展问题"专家笔谈（一）［J］.中国职业技术教育，2018（5）：5-15.

（二）提升产业竞争力，助力产业结构优化升级

中等职业教育培养了一批批掌握实际技能的人才，为各行各业的产业升级提供了有力支持。他们将先进的生产技术和管理知识引入产业，提高了企业的技术水平和竞争力，从而促进了产业的结构优化和升级。改革开放40多年来，我国利用中等教育水平的劳动力和普通技能，通过发展劳动密集型产业，推动了经济的高速增长。研究表明，2011年我国农民工的平均受教育年限是9.6年，这种人力资本状况恰好适应第二产业的劳动密集型岗位（要求劳动者有9.1年的受教育年限），以及第三产业的劳动密集型岗位（要求9.6年的受教育年限）。然而，2008年以来受国际金融危机等因素的影响，"转方式、调结构"、产业转型升级成为我国经济工作的主旋律，产业转型升级将要求全面提升人力资本质量。根据2005年1%人口抽样调查微观数据20%样本计算，如果劳动者从第二产业的劳动密集型就业岗位转向第二产业的资本密集型就业岗位，要求受教育年限提高1.3年；如果转向第三产业的技术密集型就业岗位，要求受教育年限提高4.2年；即使仅仅转向第三产业的劳动密集型就业岗位，也要求受教育年限提高0.5年。[①] 也就是说，在劳动密集型产业情况下，初中毕业生就可以胜任，这也是我国过去30年大量农民从农业领域向非农业领域成功转移的重要原因。产业转型升级的关键是技术进步，建立与新的产业相适应的技术技能体系，需要有中等职业教育及以上学历并掌握相关技术技能的人才。

中等职业教育为经济社会高质量发展、产业发展和转型升级提供了技术技能型人才供给。改革开放以来，我国经济高速发展在一定程度上得益于庞大的人口基数，人口红利效应明显，其中中等职业教育发挥了重要作用，这一作用在新时期经济社会高质量发展中将得到延续。随着产业转型升级、经济社会高质量发展，我国将逐渐从人力资源大国向人力资源强国转变，教育和人才结构在不断调整与变化，同时，在加快构建国内统一大市场的背景下，国内生产、分配、流通和消费的各个环节都会打通，也会促进形成完整的产业上下游企业链条，这就对我国劳动力市场结构提出了更高要求，教育培训体系需要提供一个与这一发展趋势相匹配的劳动力结构，而中等职业教育培养的基础技术技能人才能够支撑产业链全链条对基础性技术技能人才的需求，有利于优化劳动力市场技术技能人才结构和质量。

---

① 蔡昉. 人口因素如何影响中国未来经济增长 [J]. 科学发展，2013（6）：101-113.

三、实现个体发展与社会公平的支持力量

（一）为个体提供多样化的发展路径

在一个多元化的社会中，每个学生都拥有独特的兴趣、能力和天赋，这使中等职业教育在提供多样性发展途径方面发挥着重要作用。如今，人才需求日益多元化，社会对不同领域和技能的需求呈现多样性，因此，中等职业教育成为满足这种多元需求的关键机制。① 首先，中等职业教育的多样化发展路径充分尊重了个体差异，满足了学生多样化的发展需求。每个学生都是独特的个体，他们在兴趣、倾向和天赋方面各有不同。然而，传统的教育体系通常过于标准化，无法满足所有学生的需求。中等职业教育通过开设各种专业方向和技能培训，为学生提供了更多选择的机会，使他们能够根据自己的兴趣和优势选择适合自己的学习路径，从而更好地发挥个人潜能。其次，中等职业教育的多样化发展路径有助于培养多元化的人才。现代社会对人才的需求越来越广泛，不仅需要拥有高素质的技术技能的人才，还需要具备创新、创业能力的人才。中等职业教育通过提供创业教育、技术培训和实践机会，培养了各类专业人才，满足了社会多元化发展的需要。这种培养模式使学生能够在不同领域展现自己的特长，为社会的不同层面贡献力量。同时，中等职业教育的多样化发展路径为个体提供了更广阔的职业选择。长期以来，高等教育常被视为成功的唯一途径，而中等职业教育的兴起扩展了学生的选择。毕业生可以有从事技术工作、创业经营、继续深造等不同选择，从而实现多样化的职业发展。部分中职学生还可以通过考试升入高等职业院校或大学继续深造，为自己的未来开辟更多可能性。② 最后，中等职业教育的免学费政策还能让部分贫困家庭的学生获得继续接受教育的机会，进而实现贫困家庭学生的个体发展与完善。通过充分尊重个体差异、培养多元化的人才、提供广泛的职业选择以及促进教育公平，中等职业教育为个体的成长和发展提供了更多可能性，有助于满足社会各领域的人才需求，推动整个社会的进步和发展。

（二）通过教育公平促进社会机会均等

中等职业教育的普及与发展对于缩小不同社会群体之间的教育差距，实现社会公平具有重要作用。2020 年 4 月 20~23 日，习近平在陕西考察时强调，"要推

---

① 李久军. 中等职业教育价值取向研究［D］. 四川师范大学博士学位论文，2022.
② 姜蓓佳. 职教高考制度构建研究［D］. 华东师范大学博士学位论文，2022.

进城乡义务教育一体化发展，缩小城乡教育资源差距，促进教育公平，切断贫困代际传递"。教育公平是指国家对教育资源进行配置时所依据的合理性规范或原则。合理是指要符合社会整体的发展和稳定，符合社会成员的个体发展和需要，并从两者的辩证关系出发来统一配置教育资源。教育公平的内涵包含以下三个方面：首先，起点公平，确保人人都享有平等的受教育的权利和义务；其次，过程公平，提供相对平等的受教育的机会和条件；最后，结果公平，教育成功机会和教育效果的相对均等，即每个学生接受同等水平的教育后能达到一个最基本的标准，包括学生的学业成绩上的实质性公平及教育质量公平、目标层面上的平等。① 要促进教育公平，关键是要发展教育，特别是职业教育，让每个人都有人生出彩的机会。职业教育是面向人人的教育，中职教育作为职业教育的基础阶段和高中教育阶段的重要组成部分，肩负着丰富学习者多样化选择、实现和满足更多人接受教育权利的责任。一方面，全面普及高中阶段教育是中国教育现代化的基本任务和主要目标，中职教育依然是当前推进高中阶段教育普及、实现教育公平的重要方式。加快提升中职教育质量，是实现"有质量的教育公平"的基本要求，能够为不同类型的学生提供更适合自我发展的教育选择。另一方面，中职教育在实现教育机会公平的基础上，不断推动教育过程公平和教育结果公平，实现教育公平与教育质量互促互进，让接受中职教育的学生能够有更多的未来学习可能、更高的经济收入和社会地位。

具体而言，中等职业教育在弱势群体融入社会、实现个体价值方面发挥着重要作用。这种教育模式不仅提供了学习机会，还赋予弱势群体实际技能和职业发展的能力，从而有助于缩小可能存在的教育差距，促进教育公平。首先，中等职业教育为弱势群体提供了平等的学习机会。弱势群体通常由于家庭经济条件、社会背景等原因而面临教育机会不足的问题。然而，中等职业教育的灵活性和经济可承受性使更多人能够获得良好的教育机会，缩小了因为教育机会不均而导致的差距。② 这种机会平等性的提供有助于消除因社会经济不平等而导致的教育差距。其次，中等职业教育赋予弱势群体实际的技能和职业发展能力。在职业教育过程中，学生不仅获得理论知识，还进行实际操作和技能训练。这种教育模式培养出的毕业生能够具备实际应对工作和生活挑战的能力，增强他们融入社会的信

---

① 郭元祥. 对教育公平问题的理论思考［J］. 教育研究，2000（3）：21-24+47.

② 肖甜. 中等职业教育资源空间配置的减贫效应研究［D］. 云南师范大学博士学位论文，2022.

心。通过掌握实用技能和职业素养,弱势群体在就业市场上能够展现自己的价值,提高自身竞争力,从而减少了因教育差距而导致的社会阶层固化。最后,中等职业教育有助于弱势群体实现个体价值。通过获取实际技能和知识,弱势群体能够在职场上展示自己的才华,从而在社会中取得成就。这不仅为个体带来经济上的改善,还提升了他们在家庭和社会中的地位。[①] 中等职业教育的培训使弱势群体不再局限于特定职业或工种,而能够逐步发展自己的专业领域,实现多方面的个人价值。

---

① 陈兴. 互联网、乡村初中教育及人力资本投资 [D]. 中央财经大学博士学位论文, 2022.

第二章　中等职业学校课程改革与建设

　　课程体系的合理设置是有效实施教学的前提和基础。泰勒于 1949 年出版的《课程与教学的基本原理》提出了课程编制要遵循的四条基本原理，即：学校应该达到哪些教育目标？提供哪些教育经验才能实现这些目标？怎样才能有效地组织这些教育经验？我们怎样才能确定这些目标正在得到实现？[①] 中等职业学校课程改革对于中等职业教育质量提升具有重要意义，课程改革可以优化教育教学过程，让学生在更宽松、更积极、更具有效性的氛围中，通过更加贴合生活的实际案例、实践等方式深入理解技能知识，还可以让中职学生从实践中获得更多的学习经验，更好地实现学以致用。《国务院关于加快发展现代职业教育的决定（2014-2020）》特别提出，要建立健全课程衔接体系，更好地适应经济发展需要，推进课程设置、课程内容与职业标准融合，加快中等职业教育教学过程、职业环境、培训目标的相互衔接与融合，构建特色鲜明、衔接密切和动态调整的教育课程新体系。[②]《中国教育现代化 2035》也指出，要加强建设课程教材体系，科学规划课程，分类制定课程标准，充分利用现代信息技术，丰富并创新课程形式。

第一节　中等职业学校课程改革的意义

　　2022 年新修订的《职业教育法》明确提出，职业教育是与普通教育具有同等重要地位的教育类型，这为职业教育体系纵向贯通提供了法律保障。中职课程

---

① 泰勒. 课程与教学的基本原理 [M]. 施良方，译，瞿葆奎，校. 北京：人民教育出版社，1994：2.
② 国务院关于加快发展现代职业教育的决定 [EB/OL]. 国务院，http://www.gov.cn/zhengce/content/2014-06/22/content_8901.htm.

教学逐渐走入就业和升学"双导向"：如何提高中职文化课教学质量、怎样提高职教高考文化课复习效率，以及怎样让文化课教学更有针对性、导向性，是中职学校升学班必须解决的重要问题；如何在学好文化课的同时，提高学生的岗位技能，加强校企合作、订单培养和顶岗实习，以及提高就业能力，是中职学校就业班亟须解决的问题。

一、中等职业学校课程改革势在必行

（一）中等职业学校学生低社会认同感与高流失率

《2019 年政府工作报告》提出，高职扩招 100 万人，取消高职院校招收中职毕业生的比例限制。此举对于中职学校来说无疑是利好政策，但其实现需要职业教育体系的纵向融通。在此政策下，中职学生有更多的机会接受高等教育，同时也对中职学校的办学质量提出了挑战。"大力发展中等职业教育，是保持中职教育基础地位的需要，是国家经济发展的需要，是国家脱贫攻坚的需要，是国家社会稳定的需要。"①

但从教育部的统计数据来看，2010 年中职招生人数占高中阶段招生人数的 50.94%，② 2019 年该比例下滑至 41.7%；③ 与此同时，普通高中招生人数基本保持稳定。该数据与"保持高中阶段职普比大体相当"的政策方针（2020 年教育部办公厅《关于做好 2020 年中等职业学校招生工作的通知》）存在偏差，从中职招生数量明显低于普通高中招生数量可以看出，民众对中等职业学校的社会认同感是比较低的。究其原因，主要包括社会对职业教育存在偏见、中职学校总体办学质量不高，以及中职学校学生存在高流失率。2018 年，中等职业教育招生 557.05 万人，2021 年中等职业教育毕业生 375.37 万人，招生人数和毕业生人数差距较大。④

（二）课程既是实现教育目标的工具，也是决定教育质量的关键因素

教育实践的顺序一般是先有学习内容、学习范围的规定和对课业活动的安

---

① 坚持职普比大体相当 巩固中职基础地位 [EB/OL]. 教育部，http：//www.moe.gov.cn/jyb_xwfb/s5147/202010/t20201015_494646.html.

② 2010 年全国教育事业发展统计公报 [EB/OL]. 教育部，http：//www.moe.gov.cn/srcsite/A03/s180/moe_633/201203/t20120321_132634.html.

③ 2019 年全国教育事业发展统计公报 [EB/OL]. 教育部，http：//www.moe.gov.cn/jyb_sjzl/fz-tjgb/202005/t20200520_456751.html.

④ 2021 年全国教育事业发展统计公报 [EB/OL]. 教育部，http：//www.moe.gov.cn/jyb_sjzl/fz-tjgb/202209/t20220914_660850.html.

排，然后才有教学计划的制订、教育活动的开展，即课程设置。课程设置是对课程的总体规划，它建立在专业人才培养目标以及市场对该类人才的技能需求的基础上，根据人才培养目标和技能需求选择课程内容、确定学科门类、安排课程时序以及教学具体时间和地点，形成合理的课程体系。合理而有效的课程设置必须深刻理解课程本意，只有合理的课程设置才能确保人才培养目标的实现，人才培养质量是衡量人才培养目标实现程度的有效标准。当前，我国处于产业发展黄金期、经济结构调整期和社会矛盾凸显期，加快建立适应产业发展需求、产教有机深度融合、中高职灵活衔接、布局结构科学合理的职业教育体系尤为迫切。对中职学校专业课程体系设置进行研究，既顺应了职业教育发展趋势，也能为中职学校人才培养工作和教学工作提供科学参考与依据，还能提高中等职业学校专业建设水平，打造品牌学校，吸引更多学生，提升社会对中等职业学校及其专业的认同感。

（三）课程体系设置是教学实施的前提和基础，影响学校办学质量

课程体系设置与学校培养专业技能人才有着紧密的联系，同时也影响着中职毕业生今后的职业发展和市场对服务人才的定位，对中职教育起着十分重要的作用。课程体系设置是专业建设的必要环节，也是专业教学实施的必要前提与基础，更是人才培养方案的重要组成部分。课程体系决定了学生应该学习什么、如何学习，构成了教学实施的规定性设计，决定着教育目标是否达成，是学生获得科学文化知识和实践操作方法的主要途径。课程体系能否有效设置关系到其培养的人才是否优秀。人才培养质量是衡量教育目标、教育价值实现程度的最为关键的标尺。[①] 只有有效的课程体系设置，才能为优秀的人才培养打下基础。课程体系设置是影响学校办学质量的关键因素。在当前职教改革的时代背景下，有效的中职教育的课程体系设置对全面提升学生的职业综合素质、强化学生的职业能力、增强学生的职业竞争力和促进学生的职业生涯和谐持续发展具有非常重要的意义。

（四）课程改革是教育改革的关键和突破口，是实现教育价值的有效途径

课程建设与改革既是提高教学质量的核心，也是教学改革的重点和难点。教育改革必须通过课程改革才能实现。课程改革直接影响服务人才培养质量，有利

---

① 宋哲．学士学位论文质量提升对策研究——以 S 大学教育科学学院为例 [D]．沈阳师范大学硕士学位论文，2015.

于解决"用工荒"难题，使教育改革契合社会经济高质量发展、契合人才市场的需求变化。随着职业教育高质量发展、提优提质目标的提出，中等职业教育人才培养目标和教育价值有了很大的变化，人才需求由以往的"经验型""知识型"人才转变成"智能型""综合性""和谐型"人才。对课程体系设置的改革与优化，有利于精准把握人才需求，提高学生培养质量，增强中职学生的职业素养和专业技能，进而提高社会各界对中职毕业生的认可度，建立起社会对中等职业学校及其学生更高的社会认同感。同时，通过构建更加契合社会需求的现代职业课程体系，满足中职院校技能型人才培养的需要，也让其培养的学生能够学有所用，实现自身的社会价值，进而实现中职教育的教育价值。

二、国内外职业教育课程模式概述

（一）国外职业教育课程模式

第一，德国的"双元制"教育课程模式。"双元制"是一种国家立法支持、校企合作共建的办学制度，同时也是由校本培训和企业培训共同发挥作用的课程模式。① 其课程的整体结构是针对职业领域里的一组或一组相关的职业，围绕职业活动分别设立职业基础教育、职业分业教育和职业专长教育三个递进的阶段，同时尊重个体差异，为受教育者提供个别化、多样化的职业教育培养课程；并且以工作过程为导向，涵盖企业课程和学校课程两部分，以及将专业技能与文化知识密切衔接，从而提升整体的教育教学水平。②

第二，加拿大的 CBE（Competency Based Education）教学模式。该课程模式以基础能力形成为中心，以职业岗位分析为依据，由各种模块组成。课程内容以职业分析为基础，注重对学生自我学习能力的培养与及时反馈，强调个别化教学，以学生为中心进行教学。③ 其教育基础是职业能力，按照职业专项能力难易程度制订教学计划；开展教学的基础是学生个人能力；突出学生个性化学习，教

---

① Stefan Hummelsheim, Michaela Baur. The German Dual System of Initial Vocational Education and Its Potential for Transfer to Asia [J]. Prospects, 2014（2）：279-296.

② Theodore Lowis. The Problem of Cultural Fit—What can We Learn from Borrowing the German Dual System? [J]. Compare：A Journal of Comparative and International Education, 2007, 37（4）：464-485.

③ George Brown. Development in Australia's Vocational Education and Training System [J]. NCVER, 2000（3）：21.

师是学习过程的管理者，对学生进行考核评定。①

第三，美国社区学院课程模式。该课程模式被誉为"20世纪美国高等教育的伟大革新"②、"美国高等教育的一朵奇葩"③，其教学方式灵活，教师利用现代化的教学资源和教学手段为学生提供学习机会，注重培养学生的实践操作能力，理论教学与实践教学学时分配比例最高达到1：1，同时建立了 CBE 和 DACUM（Developing a Curriculum）教学体系，采用与企业合作的方式进行技术人才培养，围绕技术能力素养来进行课程设计，教学效果以技术能力作为评价标准。

第四，新加坡"教学工厂"教学模式。该教学模式主要是把工厂中的生产工作情境设置于校园中，在真实的环境中教学，学生直接接触最先进的生产设备，真切地体会到生产流程与工艺要求，尤其是第三年的双轨制学习将专项培训和企业实习交替进行，并且根据学生的实际情况进行具体安排。④

国外职业教育课程模式采用先进的教学理念和方式，注重职业技能的培养和实践能力的提高。在与职业技能的相关程度方面，国外职业教育课程的内容与职业技能直接相关，注重实践操作和现实应用，提高学生的专业技能和实践能力。在产业界参与方面，国外职业教育课程通常与产业界合作，由实际从业者设计和讲授课程，以确保课程的实用性和适应性。在学生个性化培养方面，国外职业教育课程注重个性化培养，课程设计和评价以学生个人的需求和兴趣为出发点，追求学生的自主学习和创造性思维。国外职业教育课程模式使学生在学习过程中能够更好地适应职业发展和社会变化的需求，注重人的适应性能力发展、核心能力发展以及个人生涯发展，并通过课程建设为学生的个性化发展提供了多种渠道。

（二）国内课程设置与改革

由于社会、政治、经济、文化等的差异，我国中等职业教育的课程体系在基本理念、课程结构与内容、评价模式等方面都与国外存在一定的差异，一方面体现了中等职业教育课程体系的本土特色，另一方面也映射了我国课程设置的一些

---

① 李军胜. 基于 CBE 理念的加拿大职业教育实验教学探究 [J]. 实验室研究与探索，2021（8）：208-212.

② Cain, Michael Scott. The Community College in the Twenty-first Century: A System Approach [M]. Boston: University Press of America, Inc., 1999: 6-25.

③ Brint S., Karabel J. The Diverted Dream: Community Colleges and the Promise of Educational Opportunity in America, 1900-1985 [M]. New York: Oxford University Press, 1989: 25+212.

④ Singapore: Nanyang Polytechnic. Full Time Courses [EB/OL]. https://www.nyp.edu.sg/schools/seg/full-time-courses.html.

不足之处。同时，随着中等职业教育的基础性地位被正式提出，中等职业教育的课程也面临着许多新的改变。

从教育理念来看，随着"职教20条"的出台，我国中等职业教育逐渐从以就业为导向转向了将就业和升学并重作为中等职业教育课程设置与改革的基本理念取向，这一转变得到了学界的一致认同。[①] 同时，也有学者指出，在理念目标统一性的基础上，学校应该根据自身的禀赋条件与经济水平，构建契合区域经济发展、具有自身特色的具体课程目标，从而实现教育理念的校本化与特色化。[②] 而就中等职业教育与社会的关系而言，学界普遍认为，职业教育课程的价值取向应当是专业知识、个人发展与社会需求三者的协调统一，即中等职业教育在通过培养技能型人才服务社会经济发展的同时，也应注意专业知识的传授过程以及教育对于学生的个人发展的重要意义。[③] 应该说，随着政府政策环境的不断优化，学界对于中等职业教育课程设置的价值理念有着较为成熟的认识，为推动中等职业教育课程改革提供了较好的方向指引。

从课程结构与内容来看，中华人民共和国成立以来直到改革开放前，我国的中等职业教育课程模式更多的是借鉴苏联的三段式体系，即先讲授文化基础课，然后是专业理论课，最后再开展实践性教学。这一模式有利于系统性知识建构，但对实践技能的训练不足，不利于解决实际操作问题。[④] 20世纪80年代后，我国开始陆续引进西方国家的职业教育课程模式，如德国的双元制及学习领域课程模式、英国的BTEC（Business & Technology Education Council）课程模式、澳大利亚的TAFE（Technical And Further Education）课程模式等，[⑤] 在结合自身实践经验的基础上不断探索形成了"宽基础、活模块"课程模式、[⑥] 多元整合模式、[⑦] 实践导向的项目课程开发模式等多种课程模式，[⑧] 对我国的职业教育课程改革与发展产生了深远影响。在课程内容方面，有学者认为，可将课程内容分为陈述性知识和程序性知识两大类，并主张职业教育课程内容应以程序性知识为

---

① 徐国庆. 中等职业教育的基础性转向：类型教育的视角 [J]. 教育研究，2021（4）：118-127.
② 顾建军. 关于中等职业教育课程改革的若干思考 [J]. 教育与职业，2005（35）：12-13.
③ 严权. 高等职业教育的课程实施 [J]. 教育与职业，2011（23）：12-13.
④ 王坤. 新中国中等职业教育课程政策研究 [D]. 西南大学博士学位论文，2014.
⑤ 魏明. 改革开放40年我国职业教育课程改革历程审视 [J]. 中国职业技术教育，2018（28）：15-22.
⑥ 蒋乃平. "宽基础、活模块"课程结构研究 [J]. 中国职业技术教育，2002（3）：50-53.
⑦ 王碧宏. 高职教育"多元整合课程模式"的建构与实践 [J]. 中国成人教育，2013（3）：169-171.
⑧ 徐国庆. 学科课程、任务本位课程与项目课程 [J]. 职教论坛，2008（20）：4-15.

主、陈述性知识为辅。① 同时，也有学者指出，内容必须具有社会维度与个人发展维度的双重考虑，并考虑到内容组织的逻辑结构问题。② 不难发现，在课程结构与内容方面，我国的职业教育课程改革呈现出从借鉴到创新的历程，在中等职业教育新的历史阶段，应把握现实机遇，响应国家政策，推动课程结构与内容朝着契合社会、完善个人的方向不断发展。

　　课程评价是衡量课程实施效果的关键标准，也是课程体系设置与完善的方向指引，应该说，课程评价模式一方面蕴含了评价制定者的课程价值理念，另一方面也构成了课程设计与实践的关键一环。实训是中等职业教育课程体系中的重要一环，实训教学采用科学的评价标准对于中职学校教学质量提高有着重要作用。有学者指出，应该以"做中学""做中教"的职业教育理念作为指导，探索最为有效的解决方案。③ 但当前中职课程体系过度重视学生的专业技能，忽视了文化基础课；没有很好地将理论结合实践，没有以学生发展为导向；课程广而不精，盲目跟风，未能结合学校各专业的实际硬件条件。④ 在评价目标与实施方法上，目前我国大多采用的是校外专家评价模式，评价目的在于确定绩效而非实际成效，缺乏对课程具体实践情况的诊断，难以有效提高课程质量，也不利于一线教师的参与评价或自我评价。⑤ 因此，需要改变课程逻辑，关注实践课程的评价，同时吸纳更多的评价主体参与到课程评价的设计与实践过程中。

　　总的来说，我国中等职业教育课程的研究随着课程实践的不断深入，经历了从模仿到本土化的过程，并随着职教改革的浪潮而进入新的历史发展阶段。随着中等职业教育基础性地位的确立，未来要以新课程标准、新教材建设、教师教育培训以及评价保障机制作为中等职业教育课程改革的抓手，推动中高职课程衔接、夯实知识基础、关注学生的可持续发展，实现中等职业教育的高质量发展。

---

　　① 姜大源. 学科体系的解构与行动体系的重构——职业教育课程内容序化的教育学解读 [J]. 教育研究，2005（8）：53-57.

　　② 柳景，李学杰. 我国职业教育课程改革和课程体系的构建 [J]. 云南师范大学学报（哲学社会科学版），2007（1）：132-136.

　　③ 宋丽娜. 中职学校实训教学评价标准设计及实施策略 [J]. 大连教育学院学报，2010（12）：82-84.

　　④ 马君，张苗怡. "职业基础教育"定位下中等职业教育新课程体系构建 [J]. 中国职业技术教育，2022（4）：20-27.

　　⑤ 袁丽英. 职业教育课程评价：问题与对策 [J]. 职业技术教育，2009（34）：44-48.

第二节　中等职业学校课程设置与实施的现状与问题

中等职业学校课程设置既是人才培养目标的具体结构性安排，又是职业教育类型特征的实施载体。课程体系设置是否科学合理，课时分配是否满足学生知识、素质、能力要求，教学模式是否契合职业教育教学特点，课程评价是否反映学生的真实学习情况，教学实施能否满足学生学习与实践的要求从而真正助推学生发展，这些问题直接关系到中等职业学校人才培养质量。

一、案例学校介绍①

案例学校（以下简称 C 学校）的前身为发轫于 1921 年的湖南含光女子中学，1982 年创办职业教育，是长沙市教育局直属的面向全国招生的全日制普通中等专业学校，先后被评为首批国家级重点中等职业学校、全国职业教育先进单位、全国依法治校示范校、全国教育系统先进集体、首批国家中等职业教育改革发展示范学校、湖南省首批卓越中等职业学校立项建设单位，连续 23 年保持湖南省文明单位殊荣。

学校拥有长沙职教基地和荷花池两个校区，秉承"敬业、求实、勤奋、廉洁"的校训，传承"崇德尚技，笃行卓越"的财经精神，学校开设会计电算化、电子商务、市场营销、物流服务与管理、商务英语、文秘、中餐烹饪与营养膳食、高星级饭店运营与管理、旅游服务与管理、航空服务、城市轨道交通运营管理、美发与形象设计、美容美体 13 个专业，涵盖财经商贸、旅游服务、休闲保健三个专业大类。

C 学校通过专家领衔、师徒结对，实施学历提升、培养培训和企业实践，建成了一支"名师引领、骨干支撑、业务精湛、师德高尚"的专业教学团队和一支以企业技术人员为主的相对稳定的兼职教师团队。通过对学科专业带头人、骨干教师的培养，带动整个教师队伍素质的提升，一批教学名师、专业大师引领学校教育教学与专业发展。学校现有特级教师 2 人、中国职教教学名师 1 人、中国烹饪大师 2 人、湘菜大师 2 人、湘菜名师 1 人、省级专业带头人 10 人、市级专

---

① 该部分资料来源于案例学校官网：http：//www.cscjedu.com/xxgk/xxjj。

业带头人9人。参加国家级中职骨干教师培训的教师60人，来自行业企业的兼职教师31人，"双师"结构教师比例为83.3%。近几年，C学校紧随国家职业教育改革的方向，在专业与课程上进行了一系列探索与创新。

二、C学校课程设置与实施现状

自2020年起，教育部陆续发布了中职公共科目课程标准。C学校根据教育部发布的《教育部办公厅关于做好中等职业学校公共基础课程教材使用的通知》的要求，2022年秋季学期开始，正式使用由教育部组织专家统一编纂的国家规划教材。该校2021年下半年作为长沙市代表学校组织语文、思政、历史三科教师参与了教育部组织的新教材试用、试教工作。

本书在调查中收集了该校的《美发与形象设计专业人才培养方案》《会计电算化专业人才培养方案》《物流服务与管理专业工学结合人才培养方案》，通过C学校这三个专业的人才培养方案中的培养目标、目标实现以及课程安排来剖析我国中等职业学校课程设置与实施情况。

1. 课程体系

通过对美发与形象设计、会计电算化和物流服务与管理三个专业的人才培养方案的解读，我们可以管窥中职学校专业课程体系的模块结构、课程开设情况与人才培养的目标导向。

从专业课程结构来看，各专业课程体系都包括公共基础课、能力扩展课和专业技能平台课。专业技能平台课程与能力拓展课程的专业性很强，与专业技能要求的契合度很高；专业课程的设计实用性比较强，对接市场紧密。

具体来说，形象设计专业群课程体系中专业技能平台课程丰富多彩，包括美发与形象、美容美体，同时实践性也非常强，与目前市场对该专业的需求非常契合，如图2-1所示。

现代商业服务专业群课程体系中专业技能平台课包括会计电算化专业、物流服务与管理专业、市场营销专业、电子商务专业、文秘专业和商务英语专业平台课程，另外还包括100门专业拓展平台选修课程，如图2-2所示。

物业服务与管理专业群课程体系包括公共文化课程、专业课程和拓展课程，分别对应基本能力和基础素质、职业岗位能力和专项技能，以及综合能力、创业能力和持续发展能力，如图2-3所示。

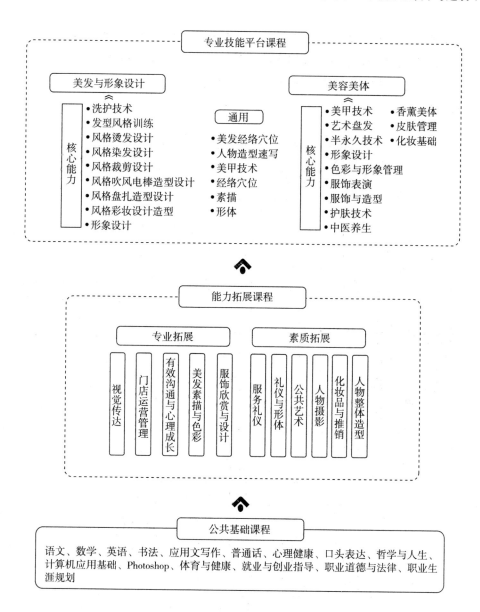

图 2-1　形象设计专业群课程体系

资料来源：C 学校。

2. 课时分配

从课时分配来看，美发与形象设计专业公共基础课程学时约占总学时的 1/3；选修课学时占总学时的比例均不低于 10%。美发与形象设计专业学生在三年内必须修满 170 学分，其中公共文化课程修满 59 学分，专业课程修满 86 学分，拓展课程修满 10 学分，顶岗实习修满 15 学分，如表 2-1 所示。学校允许学生采用工学交替的模式修满学分，学生达到本专业人才培养目标和培养规格的要求可以提前毕业。

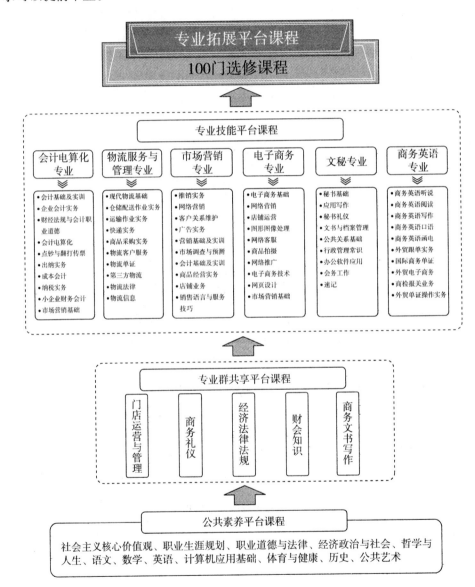

图 2-2　现代商业服务专业群课程体系

资料来源：C 学校。

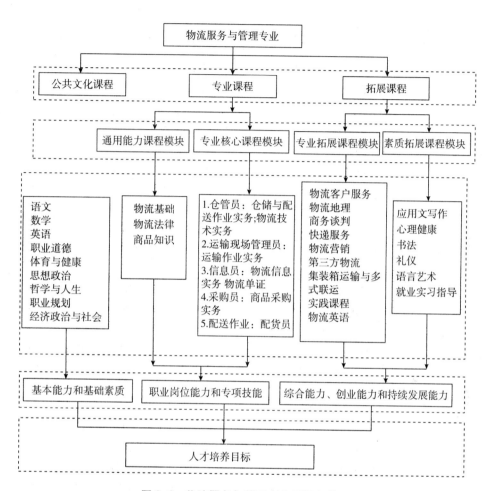

图 2-3 物流服务与管理专业群课程体系

资料来源：C 学校。

表 2-1 美发与形象设计专业教学课时分配

课程分类	课程名称	学分	学时	学时分配	
				理论	实践
公共基础课程	语文	9	162	100	62
	数学	6	108	48	60
	英语	8	144	100	44
	职业生涯规划	2	36	24	12
	职业道德与法律	2	36	24	12
	就业与创业指导	1	18	12	6
	体育与健康	10	180	20	160

续表

课程分类		课程名称	学分	学时	学时分配	
					理论	实践
公共基础课程		计算机应用基础	5	90	36	54
		Photoshop	6	108	20	88
		哲学与人生	1	18	18	0
		口头表达	2	36	6	30
		心理健康	1			0
		普通话	1			0
		应用文写作	3	54	12	42
		书法	2	36	12	24
		小计	59	1026	432	594
专业课程	通用	美发经络穴位	2	36	12	24
		美甲设计	4	72	12	60
	核心能力	洗护技术	2	36	10	26
		发型风格训练	2	36	26	10
		风格烫发设计	10	180	34	146
		风格染发设计	10	180	34	146
		风格裁剪设计	20	360	68	292
		风格吹风电棒造型设计	6	108	12	96
		风格盘扎造型设计	4	72	12	60
		风格彩妆设计造型	12	216	40	176
		形象设计	14	252	70	182
		小计	86	1548	330	1218
能力拓展课程	专业拓展	服饰欣赏与设计	2	36	10	26
		美发素描与色彩	2	36	18	18
		有效沟通与心理成长	0	选修		
		门店运营管理	2	选修		
	素质拓展	礼仪与形体	0	选修		
		公共艺术	0	选修		
		人物摄影	2	选修		
		化妆品与推销	2	选修		
		人物整体造型	0	选修		
		小计	10	72	28	44
		第三年校外顶岗实习	15	270		
		小计	15	540		
		合计	170	3186		

在公共基础课程中，"体育与健康"学分最高，为10学分，180学时；其次是"语文"，9学分，162学时；排第三的是"英语"，8学分，144学时。专业课程包括通用和核心能力，其中"风格裁剪设计"学分最高，为20学分；其次是"形象设计"，为14学分；排第三的是"风格彩妆设计造型"，为12学分。能力拓展课程则大多是选修课。

另外两个专业的课时分配与此类似。

3. 教学模式

美发与形象设计专业采用现代学徒制模式进行分层教学，强调理论知识学习的同时注重校内外的实操实训，工学交替贯穿三年学习。工学交替领导小组由主管教学校长、分部负责人、就业办负责人、教务科负责人、班主任组成；指导小组由专业教师和企业师傅组成，其职责是制订工学交替计划、拟订考评方案、组织实施、指导成绩评定、处理问题及突发事件。教学安排上，第1~2学期主要是"识岗见习"，第3~5学期主要是"跟岗实训"，第6学期主要是"顶岗实习"，如表2-2所示。教学时间安排上，教师每学年教学时间不少于36周，每周为31学时，三年总学时数约为3186学时，顶岗实习总学时数一般为540学时，每学时不少于40分钟。按学分换算，一般18学时计为1个学分，三年制中职总学分一般不少于170学分。军训、入学教育、社会实践、毕业设计等以1周为1学分。实习一般为6个月，学校可根据实际情况采取工学交替、模块式形式组织教学实施。

表2-2　美发与形象设计专业现代学徒制模式下"工学交替"实践教学计划

整体规划及要求	第一学年以文化素养教育为主、专业教学为辅，比例为6∶4；第二学年对文化素养与专业教育教学进行适当调整和平衡，比例为5∶5；第三学年以专业实战学习为主，重点抓服务与技能实操。		
	教材：企业和学校共同研创校本教材。		
	企业培育需求：加强学生人文素质的培养，设置《弟子规》和孝道相关课程的教学，培养学生感恩父母、师长、朋友、学校、企业等，授课生动，让学生领悟和理解，树立正确的"三观"；加强学生有效沟通即表达能力的培养与实战演练，使他们逐渐具备服务高端客户的能力；注重学生礼仪形体、待人接物的培养，加强训练；素描、色彩、设计等课程需要深入，提升整体的审美创意能力		
教学安排	第1~2学期："识岗见习" 基本技能阶段	第3~5学期："跟岗实训" 职业技能阶段	第6学期："顶岗实习" 综合技能阶段
学习内容	企业文化宣讲；形体礼仪强化训练；了解熟悉服务流程（接待服务）；成长故事分享会；企业门店实践	洗护服务与技术学习；沟通能力、待人接物能力的培养；产品讲解与学习；烫发技术，重在实战经验；染发技术，国际涂放标准与方法	熟练岗位工作任务和工作流程，定向进行专业岗位实习，全面在企业进行专业实战学习

续表

学习时间	每学期 1 周	每学期 2~5 个月	5 个月
教学目标	接触岗位，增强职业认知与体验，树立职业意识	熟悉岗位操作流程，培养职业情感	培养预备员工/学徒
教学组织	校企签订现代学徒制合作协议，双方共同落实教育教学培养要求，由企业师傅与学校教师带领学生分组进行	专业教研室落实要求，企业安排专业师傅对实训学生进行指导，班主任和专业老师到企业跟踪实训，进行校企双主体育人机制	学校与企业签订学生顶岗实习协议，教师专职进驻实习单位，既参与学生管理又提升自身技能
教学考核	学生写总结、体会，企业师傅与学校教师共同组织考核，并全面总结	实训企业师傅与学校教师对学生实训情况共同进行鉴定，评定学习等级	实习企业、学校专业教师及就业办对学生实训情况进行鉴定，评定等级

会计电算化专业是一个"共建共享、互联互通"的四层平台课程体系。该专业三年总学时数为 3294 学时，具体包括公共素养平台课程 1080 学时，专业群共享平台课程 180 学时，专业技能平台课程 1098 学时，专业拓展平台课程 306 学时，顶岗实习按每周 30 学时计算，共计 540 学时，如表 2-3 所示。总学时中，理论课是 1336 学时，占总学时的 40.56%；实践课是 1958 学时，占总学时的 59.44%。

表 2-3　会计电算化专业"共建共享、互联互通"的四层平台课程体系

整体规划及要求	遵照专业群建设要求，构建"共建共享、互联互通"的四层平台课程体系。以培养学生公共素养为出发点，构建公共素养平台；以培养学生通用技能为出发点，构建专业群共享平台；以培养专业核心技能为出发点，构建专业技能平台；以满足学生个性需求和就业、创业、自我提升为出发点，构建专业拓展平台					
教学安排	第 1~4 学期：公共素养平台	第 1、3~5 学期：专业群共享平台	第 1~5 学期：专业技能平台	第 2~5 学期：专业拓展平台	顶岗实习	社会实践
学习内容	职业生涯规划、职业道德与法律、经济政治与社会、哲学与人生、语文、数学、英语、体育与健康、计算机应用基础、公共艺术、历史、社会主义核心价值观	门店运营与管理、商务礼仪、经济法律法规、财会知识、商务文书写作	会计基本技能、基础会计、出纳实务、企业会计实务、财经法规与会计职业道德、会计电算化、成本会计、纳税实务、小企业会计实务、市场营销基础、EXCEL 在会计中的应用、岗位综合实训	心理健康、普通话、国防教育、消费心理、公共关系、商务谈判、综合礼仪、书法、非营利组织会计、ERP 沙盘模拟、财务软件营销与服务、供应链信息化、财经文员实务等选修课程		

续表

项目					
学习时间	共60学分，1080学时，其中783理论学时、297实践学时。前三个学期课程和课时最多	共10学分，180学时，其中90理论学时、90实践学时。集中在3~5学期	共61学分，1098学时，其中363理论学时、735实践学时。3~5学期最集中	共17学分，306学时，其中100理论学时、206实践学时。第5学期最集中	共30学分，540个实践学时
教学目标	培养学生的方法能力和社会能力，方法能力包括执行力、学习能力、创新能力等，社会能力包括表达能力、交际能力、沟通协调能力、人际交往能力等	培养学生的专业岗位能力	拓宽学生职业能力范围，培养学生的可持续发展能力	将学校学习的会计及相关专业知识运用于实际工作的能力，缩短理论与实践的差距。学会与人相处和合作，树立积极的劳动与就业态度	
教学组织		校内实习实训室	校内实习实训室	校内实习实训室	校外实训基地，实训单位和学校"双导师"指导制度
教学考核	书面、设计、调查、实践	书面、口语、操作、实践、考查	书面、操作、实践	考查	实践

注：总学时中，理论课占1336学时，实践课占1958学时。

4. 课程评价

从课程评价的方式来看，纯粹书面评价的课程很少，主要集中在公共素养课程，专业群共享平台和专业技能平台课程几乎都是书面加实践的评价方式，顶岗实习则采用实践的评价方式，如表2-4所示。

表2-4　会计电算化专业课程评价方式

课程分类	课程名称	学分	学时	学时分配		开设学期						评价方式
				理论	实践	1	2	3	4	5	6	
公共素养平台	职业生涯规划	2	36	36	0	2						书面+设计
	职业道德与法律	2	36	36	0		2					书面
	经济政治与社会	2	36	36	0			2				书面+调查
	哲学与人生	2	36	36	0				2			书面

课程分类	课程名称	学分	学时	学时分配		开设学期						评价方式
				理论	实践	1	2	3	4	5	6	
公共素养平台	语文	9	162	126	36	3	3	3				书面+实践
	数学	10	180	180	0	3	3	2	2			书面
	英语	10	180	144	36	3	3	2	2			书面+口语
	体育与健康	10	180	72	108	2	2	2	2	2		考查
	计算机应用基础	8	144	54	90	4	4					书面+操作
	公共艺术	2	36	18	18		2					书面+操作
	历史	2	36	36	0					2		书面
	社会主义核心价值观	1	18	9	9	1						书面+实践
	小计	60	1080	783	297	18	19	11	8	4	0	—
专业群共享平台	门店运营与管理	2	36	18	18			2				书面+实践
	商务礼仪	2	36	18	18				2			书面+实践
	经济法律法规	2	36	18	18				2			书面+实践
	财会知识	2	36	18	18	2						书面+操作
	商务文书写作	2	36	18	18					2		书面+操作
	小计	10	180	90	90	2	0	2	4	2	0	—
专业技能平台	会计基本技能	4	72	12	60	2	1	1				操作
	基础会计	7	126	60	66	7						书面+操作
	出纳实务	3	54	27	27		3					书面+操作
	企业会计实务	9	162	72	90		3	6				书面+操作
	财经法规与会计职业道德	4	72	36	36			4				书面+操作
	会计电算化	4	72	18	54		2	2				书面+操作
	成本会计	4	72	36	36				4			书面+操作
	纳税实务	6	108	42	66				6			书面+操作
	小企业会计实务	4	72	30	42				4			书面+操作
	市场营销基础	2	36	18	18			2				书面+实践
	EXCEL在会计中的应用	4	72	12	60				4			书面+实践
	岗位综合实训	10	180	0	180					10		操作
	小计	61	1098	363	735	9	9	15	14	14	0	—

续表

课程分类	课程名称	学分	学时	学时分配		开设学期						评价方式
				理论	实践	1	2	3	4	5	6	
专业拓展平台	心理健康等	17	306	100	206	0	2	1	4	10	0	考查
	小计	17	306	100	206	0	2	1	4	10	0	—
军训、入学教育、社会实践		5	90	0	90	2	1	1	1	0	0	
顶岗实习		30	540	0	540						30	实践
合计		183	3294	1336	1958	31	31	30	31	30	30	—

三、C学校课程设置与实施的问题分析

从 C 学校的课程分析来看，课程体系的设置比较科学，实践课程与理论课程的比重接近 1∶1；除校内实践平台外，也与企业建立了实践合作机会和平台。但笔者在走访中发现，人才培养方案中的课程体系要达到培养目标、真正实施起来并不容易。

一是学校实践平台更新较慢，实践平台难以保障。笔者走访了 C 学校的电商专业，因为电商专业与市场联系密切，变化迅速。访谈中的一位专业课教师说她在休产假之后就已经感觉跟不上电商发展的步伐了，这听起来有点夸张，却也形象地道出了电商市场变化之快。该校电商专业校内有 7 个实训室，主要是专业实践课的教学场地，但可以用来做电商直播的只有一个，满足不了需求。而搭一个直播间可能要投入十几万元，学校承担不起太大投资。现在只能希望与公司/企业合作，周期性地引进项目，让学生通过这种短期的实践项目去实习。毕业实习的时候，企业有需要，有部分学生是去企业顶岗实习的，但几乎没有能完整地贯穿全过程的，一般都是零售的项目，即便签订实习协议也不一定能提供实习岗位。

二是实践经验丰富的老师很少。学校不缺理论课教师，但急缺能教授实践课的教师。年龄比较大的教师往往跟不上市场的发展变化，而年轻教师去企业实践的机会很少，几乎没有，缺乏实践经验。在走访中了解到，中职学校的部分青年教师是很有兴趣且愿意去企业深入学习和了解情况的，他们甚至提出即便没有任何补助，自费也愿意去企业、去车间看看，毕竟见识过，讲课才会更有底气，他们非常清醒地意识到企业工作经验对教学工作的重要性。但在教学实践中，囿于多种因素，这种机会并不多，一方面，中职学校教师的工作任务很多，很难有一

个集中的时间可以去企业了解情况；另一方面，学校鼓励专业教师下企业的相应支持条件和政策的激励效应不足。

三是校企合作难以实现。这主要与以下几个因素有关：首先是企业与学校建立实践基地的意愿很低。对于经济理性的企业来说，能否从中获得利润是其决策的关键，而实习生的专业技能往往还较生疏与欠缺，所以企业找顶岗实习的实习生会给企业增加损耗成本，这个问题在"双导师制"的部分有更深入的探讨。其次是学生不能坚持顶岗实习。调查中有教师提到，现在有的学生在学校为其找到实习单位、提供实习岗位之后，他们可能会觉得工作或岗位不合其意，单方面终止协议，这种事件出现的次数越多，给企业留下的印象就越差，企业更不愿意接收实习学生。部分学生即便没能分到升学班，他们仍然渴望通过专升本、自考、单招政策来提升学历，不愿意就业，所以他们对实习的意愿不强烈，这也证实了当前社会对中职生的认可度比较低。另外，接收实习生之后，必须得由企业师傅来带，而学校能支付的实习指导费很低，难以激发企业师傅的工作积极性。企业花了很多人力、物力来培养实习生，无非是想留住人才，可是大部分实习生实习结束后就离开了，他们把顶岗实习经历作为一个跳板，对企业来说毫无益处。

四是教材适用性不足。教材是中等职业学校课程设置和实施的重要环节。在课程教学与实习实践中，中等职业学校的教材存在以下问题：第一，部分教材的实用性比较低，并且出版年份比较早，有的已经完全不适用现在的专业发展情况。部分教师上课的内容来自网络，要找到一个很贴切的教学视频很难。第二，教材的动态性不足。对于行业最新动态，企业师傅是最熟悉的，但他们不擅长写作，而对中职学校的教师来说，他们亟须了解最新动态，但苦于没有机会。学校专业教师和企业师傅之间的"零交流"状态导致很难有适合市场和行业最新需求的教材出现。第三，有些教材存在理论烦琐而缺乏实际案例的情况，这样的教材难以引起学生的兴趣，不能有效地激发学生的学习热情，也不符合中等职业学校教学的实际需要。第四，知识点过于单一。有些教材在编写中只涉及学生所学专业的一部分知识点，缺少系统性和全面性，存在知识点的盲区。事实上，中等职业学校教材在内容上应该关注动态性与职业性的双重特征，在结构上则应该充分考虑到学生的知识结构与专业特点，设置全面且系统的知识结构。①

---

① 彭蓉. 类型教育背景下职业教育专业课教材变革：困境、缘由与路径 [J]. 中国农业教育，2023（1）：71-78.

第三节　影响中等职业学校课程设置与实施的因素

从课程内涵上来讲，职业教育课程与普通教育课程并无实质区别，只是在课程构成要素及其特征方面存在着一些差异。[1] 何谓职业学校课程？教育家陶行知认为："职业学校之课程，应以一事之始终为一课。如种豆，则种豆始终为一切应行之手续，为一课。每课有学理，有实习，二者联络无间，然后完成一课即成一事。成一事，再学一事，是为升课。自易至难，从简入繁，所定诸课，皆以次学毕，是谓毕课。定课程者必使每课为一生利单位，俾学生毕一课，即生一利；毕百课则生百利，然后方无愧于职业之课程。"[2]

一、社会需求是课程设置的风向标，也是课程改革的背景与动力

博比特（2017）提出以社会为指向的课程理论，认为学校要通过研究社会的具体工作找到工作岗位对人才的要求，以此来设定课程目标，进而通过对学生经验的组织，使之逐渐达成这种目标，除非通过专门训练难以达成目标，则学校课程注重实证调研且坚持民主，使课程面向社会上的大多数成员。[3] 由于就业班的学生更多是以就业为直接目的，因而中职学校的课程设置更需要以社会需求为导向。专业课程设置要科学，就必定要走进市场、走进行业去了解最前沿的信息和需求。只有在了解市场或行业对该专业人才能力需求的基础上，才能通过设计和安排课程的先后顺序、课时量的多少、评价方式的选择来实现对学生专业能力的培养。同时，这一需求也应包括社会对某类专业人才的需求量，要有序招生，不能无序竞争，否则就会导致社会资源的浪费。

二、课程改革推进方式、配套措施与保障条件影响改革效果

课程改革的推进方式、配套措施与保障条件对改革效果产生重要影响。从政府层面来看，政府已经开始推动各项课程改革，例如"双导师制"、1+X 等。这

---

[1]　徐国庆. 职业教育原理［M］. 上海：上海教育出版社，2007：202-203.
[2]　陶行知. 中国教育改造［M］. 北京：商务印书馆，2015：14-15.
[3]　［美］约翰·富兰克林·博比特. 课程［M］. 刘幸，译. 北京：教育科学出版社，2017：3.

为课程改革提供了方向和支持，对推动课程改革向着更加科学、全面和适应现代社会的方向推进具有重要意义。然而，要想取得实质性的成果，课程改革的推进需要时间，效果也需要等待，这需要社会的共同努力。从学校层面来看，推进课程改革时，需要考虑多方面的问题：一方面，学校可能没有足够的权力和资源来进行课程改革；另一方面，也需要考虑学校是否愿意投入以及投入的回报等问题。在实际操作过程中，学校应该制定切实可行的课程改革方案，提高师资力量和科研水平，并结合社会需求对课程设置进行分析和调整。如果要让课程改革产生更好的效果，就必须政府政策推动、学校资源投入和社会需求倒逼等方面相互配合，实现协同效应。例如，在政策方面，政府可以对样板专业进行嘉奖，给予更多资源扶持，以吸引更多的学校和教师投入到课程改革中。在学校方面，应抓住政策推动契机，加强对课程改革的资源投入与制度支持，构建契合社会需求的课程体系。此外，政府还应该加强对企业在实习岗位提供方面的社会效益的考量，使企业更加愿意投入到校企合作中，促进课程改革真正取得社会效益并推动教育事业的健康发展。

三、现有的实践平台影响课程改革目标的达成

对于就业班的中职生来说，实践平台的投入和使用是影响其实践能力提升的关键。就目前的实践平台投入和使用情况来看，企业由于没有利益的吸引不愿意投入校企合作，校企合作在某种程度上流于形式，没能发挥出其应有的效果。学校由于资金有限，也没能投资建设校内最新实践平台，中职生在校学习期间未能见识和体验到其所期望的真实作业环境，也没能体验到最真实的岗位工作流程与操作技术。长此以往，必定会影响中职毕业生的能力和水平，以及社会对中职生的评价和认可度。中职生可能会感觉在学校学不到知识，选择主动退学或辍学，从而造成中等职业学校学生的低社会认同感、高流失率，没能达到课程改革的目标。

四、参与主体影响课程改革的效果

课程改革的效果最终要看对课程的变革是否达到了促进学生全面个性发展和培养社会发展所需要的人才的效果。从课程改革的主体逻辑来看，课程改革是人为的活动，涉及全球、国家、地区、学校等各级主体的互动。课程改革考虑谁的需要、何种需要，由哪些主体来参与，如何保证公平公正且提高质量和效率，是

课程改革的主体逻辑。在课程改革中，参与主体是课程改革效果的重要决定因素之一。不同主体所持有的观点、代表的利益及价值观等因素的不同，都会对课程改革的实施造成影响。因此，在推进课程改革的过程中，我们需要充分考虑各个参与主体的声音，尊重他们的权利和利益，加强沟通、协调和合作。

此外，还需要深入理解课程改革与学生个性发展和社会需求之间的关系。在课程改革的过程中，我们需要将学生的全面个性发展置于核心位置，使之成为课程改革的重要切入点。课程改革需要适应社会的需求和变化，为社会提供更多新人才，以更好地满足社会发展的需求，从而实现促进学生全面个性发展和培养符合社会需要的人才的目标。课程改革在稳步进行的同时也需要注意每一个参与者的反馈和意见，这是保证课程改革顺利进行并取得成果的一个重要途径。所有参与者的反馈和意见都将是对课程改革进行有效调整的重要借鉴。只有不断地思考和反思自身的工作，才能推动课程改革向着更加完善和有益的方向前进。

五、考试评价的科学化是课程改革成功的保证

教学与评价是教育中互为因果的两个环节。当前的中等职业教育评价理念提出，要加强对中等职业学校学生的能力考试要求，降低对记忆力的要求，反映学生的实际能力而不是对考试的准备程度，减少短期强化训练的影响，实现由"知识立意"向"能力立意"的转变。考试评价的科学性决定了课程改革的成败，这是课程改革的效果逻辑。实现课程改革的成功需要不断提升考试评价的科学化水平，为教学和学生的个性化发展提供有力的保障。考试评价科学化的过程中，人才培养目标的正确引导和评价体系的合理建立是至关重要的要素。一方面，建立人才培养目标正确引导机制。在为学生设定能力评价目标时，应该考虑到未来社会职业发展的需求，并针对不同学生之间的个性差异，探讨出更加科学合理的人才培养方案。这样不仅可以帮助学生养成正确的职业发展观念和道德素质，而且也有助于提高教育效果和学生的职业竞争力。另一方面，评价体系的建立也需要更加注重科学性和适应性。这就需要建立多元化的考试评价机制，使其更加有效地评价学生的能力和个性特征。同时，也要注重评价过程的公正性和透明度，为学生和家长提供清晰的评价环节，保证评价的公正性和权威性。这样可以有效提高评价体系的实效性，帮助学校创建多元化的教育生态。因此，考试评价的科学化是课程改革成功的保证，必须根据评价原则和学生的实际情况，合理构建评价体系。

第四节　优化中等职业学校课程的对策

根据《国家职业教育改革实施方案》提出的"按照专业设置与产业需求对接、课程内容与职业标准对接、教学过程与生产过程对接的要求，持续更新并推进专业目录、专业教学标准、课程标准、顶岗实习标准、实训条件建设标准（仪器设备配备规范）建设和在职业院校落地实施"要求，优化我国中等职业学校课程已势在必行。

一、以科技发展趋势和市场需求为课程目标

博比特（2017）认为，"教育为未来生活做准备，只需要走到世界的事务中去，并且找到这些事务都由什么样的专门活动组成，就会显现出一个人所需的能力、态度、习惯、鉴赏力和知识，这就是课程目的，这些目标数量颇多，每一个都会精确化、专业化，课程就是这样一套孩子们和年轻人必须通过完成目标而具备的经验"[①]。其学生泰勒（1994）提出了课程编制的四条基本原理，即：学校应达到哪些教育目标？提供哪些教育经验来实现？如何有效组织教育经验？如何确定目标是否得以实现？[②] 教育终将指向科技发展趋势和市场需求，以促进就业和适应产业发展需求为导向，服务建设现代化经济体系和实现更高质量更充分就业需要，课程编制之前就必须清楚了解社会对人才的要求。智能制造给中等职业教育造成了严重冲击，目前我们的课程以培养优秀技术技能人才、服务地方经济社会发展为目标，课程设计应该以此为目标来进行优化，契合智能制造要求，践行切实可行的技能培训。

深化课程改革、创新人才培养模式以及提高人才培养质量，必须先确保课程设计科学、合理、定位准确、可行性强。中等职业学校课程设置要对标市场需求，学校应该加强与企业、企业师傅的沟通和交流，教育工作者应该走进企业、走进生产第一线，如此才能了解企业对人才发展的需求。正如《国家职业教育改

---

① ［美］约翰·富兰克林·博比特. 课程［M］. 刘幸，译. 北京：教育科学出版社，2017：16-18.
② ［美］泰勒. 课程与教学的基本原理［M］. 施良方，译. 瞿葆奎，校. 北京：人民教育出版社，1994：2.

革实施方案》提出的，"厚植企业承担职业教育责任的社会环境，推动职业院校和行业企业形成命运共同体"。只有了解这种需求，在进行课程目标设计时才能明确人才培养的思路，对文化知识、职业素质和业务能力的把握才能准确，学校教育才能最大限度接轨企业，培养出企业需要的人才。中等职业学校教师和企业师傅要立志做课程目标的发现者，因此中等职业学校教师和企业师傅需要合作。中等职业学校教师需要在设计课程目标时多倾听企业师傅的意见和建议以及在职业技能方面的宝贵实践经验；企业师傅也应该关注学校教育的实际情况，了解学校的教育体系和教学条件，共同合作，为学生的个性发展和职业发展提供更优质的教育资源，同时为企业培养更多更好的人才。

二、以专门训练达成课程目标

真正的课程不能只指向知识，更应该指向学生的经验。知识只能通过学生切实的经验才能发挥作用。中等职业学校学生分升学班和就业班，就业班的学生大多以技能提升为目的。对就业班学生来说，有更多的方式让其体验职场，包括见习、实习、顶岗实习等，校企合作是深化体验的最有效的方式之一。我们需要深化校企合作课程模式，优化现代学徒制课程体系，确保企业课程的中心地位，切实做好学校课程为企业课程服务的准备工作。现代学徒制、顶岗实习制的有效实施确实能让学生近距离接触工作岗位、了解岗位技能需求，并积累岗位工作经验。学校要鼓励企业师傅参与人才培养方案的制定，开发技能型人才新的培养模式，进一步促进校企深度合作。学校也可以通过技能比武来提升参赛学生的技能，以赛促学，通过模拟职场来树立学生的竞争意识。学校和企业之间要打破隔离状态或假性互动状况，深化产教融合、校企合作，形成良性互动的格局，共同培育培养大国工匠、能工巧匠。《国家职业教育改革实施方案》中也提出，"加大政策引导力度，充分调动各方面深化职业教育改革创新的积极性，带动各级政府、企业和职业院校建设一批资源共享，集实践教学、社会培训、企业真实生产和社会技术服务于一体的高水平职业教育实训基地"。

三、以科学调研和分析为基础更新课程内容

《国家职业教育改革实施方案》提出，"校企共同研究制定人才培养方案，及时将新技术、新工艺、新规范纳入教学标准和教学内容，强化学生实习实训"。对中等职业学校来说，行业、企业工作岗位要求的技术技能是其教育和课程设计

最为重要的内容之一，由此来确定和设计课程内容能大大提高学校教育的效率。而这一切的实现必须建立在科学调研和分析的基础上。中等职业学校可以把深化产教融合与校企合作的过程融入科学调研与分析的过程。学校可以在其中不断积累产教融合与校企合作的宝贵经验，不断优化专业人才培养模式；积极探索深化学校与企业全方位合作的方式和模式；充分利用彼此的资源优势，形成校企资源互补、双赢的资源共享模式；通过对职业活动的分析，实现目标的具体化、标准化。只有以科学的方式对经验加以归纳和总结，才能探寻出一种可以普遍使用的中等职业课程理论。但从目前的课程内容设置来看，中等职业学校并没有很好地积累经验，也未能通过调研和分析实现课程内容的更新。学校学习内容与企业实习内容不连贯，学校学习知识与岗位技能不一致。博比特提到的"以科学方式编制课程的专门学问"尚未实现，教育目标未能充分细化成课程内容。《国家职业教育改革实施方案》提出"每三年修订一次教材，其中专业教材随信息技术发展和产业升级情况及时动态更新"，就是通过教材的更新来实现课程内容的更新。

四、优化课程考核与评价体系

课程改革成功的关键还需要合适的课程评价体系。课程设计不能只是对社会已有现状的继承，还应该具备一种对现状的超越精神；现实的教学活动也未必完全忠实于教学目标，何况还会有"隐性课程"的存在。课程评价是否科学是课程改革成败的关键，其最终要看是否有利于每个学生的全面个性发展。首先，学生和教师需要参与到课程评价的过程中。唯有教师和学生参与评价过程，才能真正理解课程的目标和呈现出他们所期待的效果。其次，评价方式多元化。除传统的笔试和口试外，还应该注重实践能力的评估，例如考查学生在实际项目中应用所学知识的能力。此外，还可以采用尚未广泛使用的方式，如数字化交互式评估方法等方式，对学生的个性化素质评估做出更好的反映。最后，评价标准应该明确清晰。学生的个性化素质，如创造力、团队协作能力、沟通能力等，应该被更加重视，标准的制定应该围绕市场和职业技能培养的标准，同时不忽视学校的教育目标，确保评价标准不会偏离学校课程的核心价值。总之，在打造优秀的中等职业教学课程的过程中，课程评价体系的优化至关重要。仅优化课程设置是远远不够的，优化评价方法和标准也是非常重要的。只有通过科学、公正、全面的评价机制，才能更好地促进学生的全面个性发展和提高教育水平。

第三章　中等职业学校顶岗实习

顶岗实习是中职学校体现其职业性的重要途径，是培养高素质劳动者和中级专门人才的重要环节，也是中职学校教育教学的核心部分。随着经济的发展，市场对高素质劳动者和技能型人才提出了更高要求，国家对中职学校的顶岗实习环节越来越重视。然而在现实中，虽然中职学校的顶岗实习已经实施多年，但由于涉及企业、学校和中职学生等多个利益主体以及众多的实施环节，目前中职学校的顶岗实习仍然面临许多困境。

本章以案例学校会计电算化和中餐烹饪两个专业为例，以这两个专业的顶岗实习生为代表，对中职学生顶岗实习的现状进行实地考察，探究目前中职学校顶岗实习中不同专业的顶岗实习生有哪些不同的体验，以此来了解中职学校顶岗实习中学生、学校和行业企业三方的具体情况，并且针对实际情况，找到其中的不足和缺漏，提出参考性对策和建议。

第一节　中等职业学校顶岗实习问题的提出

一、顶岗实习的重要价值

中等职业学校的顶岗实习环节是中职学校体现其职业性的重要途径，承载着培养高素质劳动者和中初级专门人才的任务。随着经济的发展，市场对高素质劳动者和技能型人才提出了更高的要求，国家也越来越重视中等职业教育的顶岗实习环节。2010 年教育部颁发的《教育部办公厅关于应对企业技工荒进一步做好中等职业学校学生实习工作的通知》中强调，中职学校顶岗实习对技能型人才的培养起着至关重要的作用，对区域经济发展起着促进作用。2016 年，教育部等五部门联合印发《职业学校学生实习管理规定》，其中提到"职业学校学生实习是实现职业教育培养目标，增强学生综合能力的基本环节，是教育教学的核心部分"。① 2019 年国务院出台的《国家职业教育改革实施方案》中对顶岗实习时间提出具体要求，并对进一步明确顶岗实习标准做出指示。这一系列文件的出台，无一不体现着国家对中职学校顶岗实习的重视。

（一）促进经济发展、填补人才缺口、推动产教融合

中等职业教育的目标之一是培养适应市场需求的劳动力。通过顶岗实习，使学生能够更好地融入劳动力市场，从而为经济发展提供更多有实践经验的技能型人才。顶岗实习使学生能够在实际工作中应用所学知识，了解行业运作机制，培养与企业合作的能力，从而促进产业发展和经济增长。实践经验丰富的中职毕业生能够填补部分行业与职业领域的人才缺口。顶岗实习为学生提供了实践机会，使他们能够直接适应就业市场的需求。通过与实际工作环境接触，使学生能够了解行业的需求和发展趋势，培养其与市场需求相匹配的技能和能力，使其在毕业后更容易就业，同时也满足了企业对人才的需求。通过顶岗实习，中等职业学校与企业之间的合作得以加强。学生在企业实习期间，与企业密切互动，增进了学校与企业之间的联系与合作，实现了产教融合，从而更好地满足行业发展和人才培养的需求。企业可以提供实践场景和指导，学校则可以为企业培养适应行业需求的人才，双方共同合作，培养具备实践经验和职业素养的学生，促进了教育与产业的有效对接。顶岗实习不仅能够满足经济发展的需求，填补人才缺口，还能够推动产教融合，实现学校、学生和企业之间的多赢局面，为中等职业教育的持续发展和社会的进步做出积极贡献。

（二）实践教学与综合能力培养的关键

顶岗实习给学生提供了将所学理论知识应用到实践中的机会，促进了教育教学理论与实践的结合。实习期间，学生能够将课堂上学到的知识与实际问题相结合，提升了教育的实效性和质量。通过对实践环节的完善，中等职业教育能够更好地培养学生的实践能力、技能和职业素养，使其具备胜任实际工作的能力。学生在顶岗实习中面临真实的工作情境，需要解决实际问题，培养了其问题解决能力和创新思维。这种理论联系实践的学习方式，不仅增强了学生的学习动力和学习兴趣，还提高了教学质量，使学生更好地掌握所学知识。教师也可以通过实习

---

① 职业学校学生实习管理规定［EB/OL］. 教育部，http：//www.moe.gov.cn/srcsite/A07/moe_950/201604/t20160426_240252.html，2016-04-18.

过程中的指导和评估，更好地了解学生的实际水平和需求，从而改进教学方法和内容，提高教学质量。在实习过程中，教师可以对学生进行及时的反馈和指导，帮助他们理解和应用所学知识，增强学习效果。顶岗实习为学生提供了一个了解职业的机会，能够帮助他们更好地规划自己的职业发展道路。通过实习，学生能够接触到行业和职业领域的工作内容与要求，了解自己的兴趣和优势，并逐渐明确自己的职业规划和定位。中等职业教育可以结合实习经验，为学生提供相关的职业指导和咨询，帮助他们做出更明智的职业选择。

顶岗实习还能够培养学生的综合能力，包括沟通能力、协作能力、问题解决能力和创新能力等。在实习中，学生需要与不同背景和角色的人进行有效的沟通和合作，协调各方利益，解决工作中遇到的问题。同时，他们也需要面对各种挑战和变化，培养应变能力和创新思维，提出创造性的解决方案。这些综合能力的培养不仅对提升学生的职业竞争力非常重要，也对他们在日常生活中的自我发展和成长具有积极的影响。通过这些方面的发展，中等职业教育能够更好地满足社会对高素质职业人才的需求，培养具备实践经验和综合能力的毕业生，为他们的职业发展奠定坚实基础。此外，中等职业教育机构与企业之间的合作也得到了加强，实现了产教融合的目标。通过与企业合作开展顶岗实习，学校能够了解行业的最新动态和需求，及时调整教学内容和方法，确保教育与职业实践的紧密对接。

（三）提升学生就业竞争力

顶岗实习为学生提供了一个在真实工作环境中应用所学技能的机会。通过实习，学生能够将课堂上学到的理论知识应用于实际工作中，从而增强实践操作能力。他们能够亲身体验并掌握工作所需的具体技能和技巧，比如操作特定工具或设备、运用专业软件、执行特定工作流程等。这些实践经验不仅使学生更具竞争力，也为他们未来的职业发展打下坚实的基础。顶岗实习帮助学生提早熟悉和适应真实的工作场所要求和规范。在实习期间，学生需要融入工作团队，与同事合作，并与上级和客户进行有效沟通。通过与其他职业人士的互动，学生将学会处理在各种工作场景中遇到的挑战和问题，提高他们的职业适应能力。他们也会逐渐了解工作文化和职业道德规范，学会遵守工作纪律和要求，培养职业素养。顶岗实习让学生有机会更深入地了解自己所学专业的实际应用和行业需求。顶岗实习提供了学生在毕业后求职的重要资本。学生通过实习获得的实践经验在就业市场上具有很高的价值。拥有实习经历的学生能够在求职过程中展示自己的实际操作能力和解决问题的能力，这对于雇主来说是非常有吸引力的。实习经验可以成为学生简历中的亮点，有助于他们脱颖而出并与其他竞争者区分开来。雇主更倾向于雇用那些具有实践经验的毕业生，因为他们能够更快速地适应工作环境并为企业做出贡献。此外，实习经验还可以提供给学生特定行业或领域内的专业知识和洞见，增加他们在就业市场上的竞争力。顶岗实习期间，学生有机会与实习单位的同事、上级和行业内的专业人士互动，这些人脉关系可以为学生提供来自行业内部的就业机会、职业建议和指导。通过与行业内的专业人士建立联系，学生可以获取实际的职业信息、了解行业趋势，并获得有关职业发展的有价值的建议。

二、国内外中等职业教育顶岗实习研究现状

（一）国内顶岗实习研究现状

1. 顶岗实习的实施过程与模式

有关顶岗实习实施过程与模式的研究文献一般来自职业院校的一线教师或者就业办的相关工作人员，他们大多采用实证研究的方法，目的在于介绍本校的管理经验。此类文献学理性不强，数量较少。王莹等（2017）以江苏农牧科技职业学院为例，介绍了该校的实习管理过程，首先是成立实习领导小组，其次是召开顶岗实习动员大会，再次是做好实习总结，最后是帮助学生顺利就业。[①] 对顶岗实习生的监管工作，则应由学校和企业共同制定标准，共同实施监管和考核工作。乔文龙（2019）在对顶岗实习阶段的学生管理进行研究时介绍了该校"2.5+0.5"的培养模式，也就是学生在校学习理论知识和技能的时间是两年半，顶岗实习的时间是半年，该模式在没有降低对学生顶岗实习的培养目标的同时将实习时间缩短为半年，意味着顶岗实习时间紧、任务重，所以更应该优化管理模式，以期提高管理效率。具体做法是充分做好前期准备，建立健全管理机制，为实习安全提供保障，充分调动学校、企业、家长对实习期间学生管理的积极性。[②] 石泉彬等（2017）以泰州职业技术学院为例，介绍了该校基于双主体、双导师、双管控、双考核、双证书理念的"双线并行"运行机制的顶岗实习信息

① 王莹，王华，赵丽，贾纪萍. 高职院校顶岗实习管理模式的实践与探索——以江苏农牧科技职业学院动物药学院为例 [J]. 黑龙江畜牧兽医，2017（12）：235-236.

② 乔文龙. "2.5+0.5"人才培养模式下中职生顶岗实习阶段学生管理及评价方案探究 [J]. 科教导刊（下旬），2019（33）：172-173.

化管理模式。在该模式下，该校设计了信息化管理平台，平台主要包括基本信息输入与人员角色权限设置、顶岗实习单位分配与管理、网络汇报讨论与回复、实习巡视分组安排与管理、成果材料及答辩资格审核、通知公告及就业信息发布等功能模块。研究发现，这一模式显著提高了顶岗实习管控效果。①

2. 顶岗实习的实施现状、问题与困境

对中职学校顶岗实习现状、问题与困境的研究大致可分为五类，分别是对顶岗实习实施现状的调查和研究、对顶岗实习学生在实习过程中的表现和背后原因的研究、对在法律层面如何保护顶岗实习生权益的研究、调查企业是否愿意参与学校的顶岗实习环节和阻碍企业参与顶岗实习的实施因素，以及在不同理论视角和背景下对顶岗实习的研究，具体研究情况如下：

第一，顶岗实习实施现状、问题及对策研究。此类研究集中在硕士论文中，通常是以当地某中等职业学校为例，研究其在顶岗实习中的管理问题后，分析问题成因并针对问题提出相应建议以优化该校的顶岗实习管理方法和策略。娄茜（2019）以南京某中等职业技术学校为例，对学校相关负责人、企业负责人和中职生进行访谈和问卷调查后发现，当前我国的中职学生在顶岗实习过程中存在实习前期组织不够完善、教学重点未跟上实际需求、实习过程中各主体管理不到位、实习考核评价流于形式等问题，并针对以上问题从过程管理和模式创新角度提出了相应建议。② 沈璐（2018）通过调查发现，烟台 F 中职学校理工类专业顶岗实习管理存在的问题主要有学校管理制度体系不健全、组织管理不到位、对学生岗前培训缺失、实习指导不到位、缺乏对学生的职业教育及适应性教育、课程安排与企业实习不对接、教师实践能力不够，以及企业对顶岗实习理解不全面、协管不到位、缺乏常态化管理机制等，通过对问题成因进行分析后，从学校、企业等不同层面，全方位、多视角地提出了顶岗实习管理对策。③ 谢秀梅（2020）通过研究发现，S 市三所中职学校顶岗实习管理中存在的主要问题是：其一，学校管理工作不到位；其二，企业未尽到相应的管理职责；其三，中职学生的自我管理意识淡薄。④ 张慧（2019）在对贵州省 5 所中职学校的旅游管理专业的顶岗

① 石泉彬，周桂香，韩振国，朱星. 基于"双线并行"运行机制的顶岗实习信息化管理模式研究 [J]. 职业技术教育，2017（35）：46-50.

② 娄茜. 中职学生顶岗实习的问题与对策研究 [D]. 南京师范大学硕士学位论文，2019.

③ 沈璐. 中职生顶岗实习管理存在的问题及对策研究 [D]. 鲁东大学硕士学位论文，2018.

④ 谢秀梅. 中职学校顶岗实习管理现状及对策研究 [D]. 石河子大学硕士学位论文，2020.

实习进行调查后，从政策的颁布与执行、学校的管理和学生对顶岗实习的认识三个方面发现如下问题：一是政府方面，教育行政部门对顶岗实习靠前指挥不足、政府对中职顶岗实习法律制度立法不足、优惠政策没有落实到位；二是学校方面，缺少大批稳定的景区实习基地，校企合作形式单一、缺乏内涵，教学模式陈旧，实习指导老师缺失、疏于管理，学校对顶岗实习的考核流于形式；三是学生方面，实习目的不明确、功利思想明显、正确的维权意识较差、知识储备不甚丰富。作者就这些问题提出了中职学校应重视顶岗实习教育目的、开发顶岗实习新模式等建议。①

第二，从学生的角度出发，研究中职学生在顶岗实习各个阶段中面临的问题或困境。孙媛媛等（2017）采用内容分析法，对顶岗实习生在顶岗实习各个阶段的心理感受文本进行分析后发现，中职生在顶岗实习初期自我约束能力比较差，缺乏责任心，心理承受能力比较弱，在出现失误、被领导批评后不能够正视自己的问题，对实习存在抵触情绪，这样的状态会在实习第三个月开始好转，学生开始重新正视工作环境、工作内容等，认真学习欠缺的知识。② 陈向阳（2018）通过对 31 个省份的学生进行网络问卷调查，获得 22617 份有效问卷，通过 SPSS22.0 对数据进行分析发现，当前职业学校的顶岗实习专业对口率较高、实习指导和考核比较到位，但也存在一些问题，如实习期间的住宿和餐饮提供情况不到位、实习的安全教育和管理存在漏洞、学生实习的权益缺乏法律保护、实习评价环节薄弱等。③ 蒙俊健（2010）就中职生顶岗实习的适应性进行调查研究发现，只有 48.8% 的学生能较快地适应企业的管理和工作，而其背后的原因与学生的专业知识和技能相关性不大，主要原因集中在学生缺乏沟通与协调能力和团队协作能力，进一步寻找其背后的原因可以发现，这些都归结于学生缺乏对社会就业形势的了解、没有清醒的自我认识、缺乏明晰的职业理想、没有中长期的个人职业生涯规划、找不准自己在社会中的定位。④ 王琴（2008）在对上海市中职生的顶岗实习进行调查时发现，中职生对工作岗位不适应的现象尤为明显，主要表

① 张慧. 贵州省中职学校旅游管理专业学生景区顶岗实习现状调查报告 ［D］. 贵州师范大学硕士学位论文，2019.

② 孙媛媛，杨尚英，赵欣欣，张晓露. 地方院校旅游管理学生顶岗实习感知分析 ［J］. 中国职业技术教育，2017（32）：75-80+113.

③ 陈向阳. 职业学校学生实习现状的实证研究——基于 31 省（市、自治区）学生的调查 ［J］. 教育发展研究，2018（1）：52-60.

④ 蒙俊健. 中职生顶岗实习适应能力调查 ［J］. 教育与职业，2010（4）：44-46.

现在动手能力不强、社会交往能力差、没有合作意识、缺乏吃苦精神和责任意识。①

第三，从法律层面研究顶岗实习中中职学生的权益保障问题。此类研究的基本共识是，中职生在企业实习期间的身份具有特殊性，介于劳动者与在校生之间，我国并没有针对中职生顶岗实习期间权益保障的现有法律，政府有关部门应尽快健全相关法律法规。余友飞（2018）通过对顶岗实习学生身份定位的厘清，认为顶岗实习生身份定位主要有"非劳动者身份"或"学生身份"论、"劳动者身份"论、"双重身份"论三种观点。而"双重身份"论最能实现实习生权益保障的最大化。② 张志新和贾亦然（2019）通过对H省P市的三所中高职学校的调查研究发现，学生顶岗实习期间的权益保护现状堪忧，具体表现为学生的休息权、工资权、劳动卫生与安全、财产权和受教育权等方面，并就学生在顶岗实习期间的权益保护问题对立法机关与政府提出相应建议。③ 在此基础上，徐银香和张兄武（2017）对学生权益中的劳动权益进行了进一步的深入研究，通过调查发现存在劳动报酬权益保障不足、工作超时情况严重、意外伤害保障严重缺失、权益受损司法救济困难等问题，并提出健全顶岗实习法律法规制度和完善顶岗实习生权利救济制度等建议。④ 孙长坪（2012）基于对顶岗实习劳动伤害学生给予救助的出发点，分析了我国现有的工伤保险法律制度、民事侵权法律制度和民事合同法律制度，发现都无法适用于顶岗实习生的劳动风险，提出建立学生实习劳动伤害社会保险法律制度，有效化解学生顶岗实习劳动风险。⑤

第四，站在企业的角度，调查企业是否愿意参与学校的顶岗实习环节，研究有哪些因素阻碍了企业参与顶岗实习的实施。郑丽霞和王伟（2017）通过问卷调查发现，企业是否接纳顶岗实习的影响因素有三个：企业的相关成本、企业面临的管理问题和责任以及学生顶岗实习的时间长短。企业作为以营利为目的的经济实体，在学生顶岗实习期间的成本与收益无疑是企业最为关心的关键性因

---

① 王琴．中职生顶岗实习情况调查分析［J］．职教论坛，2008（18）：57-59.

② 余友飞．高职院校顶岗实习管理制度建构与实证研究［J］．职教论坛，2018（4）：126-130.

③ 张志新，贾亦然．中高职学生顶岗实习权益保护现状与对策——以H省P市为例［J］．中国职业技术教育，2019（34）：85-91.

④ 徐银香，张兄武．顶岗实习生劳动权益及其法律保障研究［J］．职教论坛，2017（10）：69-73.

⑤ 孙长坪．学生顶岗实习劳动风险化解的法律缺失与完善——基于顶岗实习劳动风险相关主体权益保护的思考［J］．中国高教研究，2012（11）：87-92.

素。[1] 张丽英（2015）对企业参与顶岗实习的成本和相关政策扶助进行了研究，认为企业参与顶岗实习的成本包括直接用于顶岗实习支出的直接成本和因实施顶岗实习带来的间接成本。直接成本包括薪酬、培训费用和设备损耗费用等，间接成本包括因顶岗实习导致企业产成品不合格率上升而产生的相关成本、因顶岗实习带来企业生产设施设备维修维护费用的增加、因顶岗实习学生留任率低而难以实现企业参与顶岗实习的期望而产生的成本等，但我国相关规定大多属于政策倾向性的一般表达，而对如何扶助企业参与职业教育顶岗实习、降低企业顶岗实习成本等具体问题基本未涉及。[2] 冉云芳和石伟平（2020）通过对浙江省、上海市109 家企业的结构式访谈，就企业参与职业院校顶岗实习的成本收益及影响因素进行了实证分析。研究发现：企业参与职业院校顶岗实习总体上是盈利的，但仍有超过四成的企业亏损；企业支出的短期成本和短期收益主要为人力成本和人力收益；企业的盈亏平衡点和投资回收期分别处于学生顶岗实习的第 4 和第 8 个月，但行业之间的差异巨大。[3]

第五，基于某种理论或者视角来研究顶岗实习的现实困境。此类文献的基本共识是，顶岗实习的困境源自企业、学校和学生对顶岗实习的诉求不同，导致其参与顶岗实习的动因不同，目标也不同，这种各自为政的模式必然会使顶岗实习流于形式。叶鹏飞（2021）从超越工具理性的角度看待顶岗实习，通过研究发现了顶岗实习的三重困境：角色困境、关系困境和专业性困境。困境背后的原因是各个主体所秉持的工具理性思维使整体的实习教育被分割为具有不同目标的不同部分，进而使顶岗实习不能完成其目标。[4] 肖霞和贺定修（2016）基于利益相关者理论，研究了企业、学校和学生参与顶岗实习的动因与诉求，研究发现，企业、学校和学生参与顶岗实习的动因不同、诉求不同，而其利益诉求的差异性引发的矛盾和冲突构成了顶岗实习的现实困境。[5] 陆玉梅等（2020）基于利益博弈理论研究了企业参与顶岗实习动力不足和学生实习成效不佳的问题，研究发现，

① 郑丽霞，王伟. 企业接纳学生顶岗实习的影响因素调查研究 [J]. 职业技术，2017（3）：1-7.

② 张丽英. 职业院校学生顶岗实习成本分担与补偿机制实证研究——基于广东省中山市职业院校和企业的调查分析 [J]. 职教论坛，2015（10）：63-68.

③ 冉云芳，石伟平. 企业参与职业院校实习是否获利？——基于 109 家企业的实证分析 [J]. 华东师范大学学报（教育科学版），2020（1）：43-59.

④ 叶鹏飞. 超越工具理性：社会工作实习教育三重困境的反思 [J]. 黑龙江高教研究，2021（2）：34-39.

⑤ 肖霞，贺定修. 利益相关者理论视野下的高职教育顶岗实习 [J]. 教育与职业，2016（20）：103-106.

在职业院校监管严格的情况下，企业更愿意参与顶岗实习，且参与意愿与学生的价值创造和政策有关。① 刘晓和邵文琪（2020）从中职教师的视角研究了顶岗实习助推企业在新冠疫情之后复工复产的情况，研究发现，中职学校顶岗实习存在学校顶岗实习顶层设计欠缺、指导教师对自身权责不明、学生顶岗实习参与方式较为单一等问题。②

3. 顶岗实习的管理优化与突破

对顶岗实习管理优化的研究集中在以提升实习质量为目的的质量管理研究和运用信息技术设计弥补传统管理模式的不足。

第一，对顶岗实习的质量评价与管理的研究。此类研究以提高顶岗实习质量为导向，运用质量评价理论对现阶段顶岗实习的质量进行评价，设计或者借鉴已有的质量管理模式，使实习管理更加规范化。如张宝荣（2019）运用 PDCA 循环理论，按照 PDCA 循环的"计划（P）、执行（D）、检查（C）和处理（A）"的步骤将顶岗实习分为四个阶段，在各阶段又分别实施 PDCA 小循环，以"大环套小环、小环保大环"的方式，在顶岗实习全过程管理中全面应用 PDCA 循环，提高顶岗实习质量。③ 杨雪萍（2019）同样运用了 PDCA 循环理论从微观因素着手解决顶岗实习质量管理问题，以顶岗实习计划、顶岗实习执行、顶岗实习考核、顶岗实习总结四阶段为时间节点，以学校、企业、社会、家庭等顶岗实习相关利益方为研究对象，研究如何切实提高顶岗实习全过程的质量，使顶岗实习不流于形式。④ 程有娥（2019）就目前职业院校顶岗实习效果难以支撑专业培养目标达成的问题，构建了"五化"的企业顶岗实习管理模式，即设立差异化实习目标、设计多样化项目支撑、实行个性化实习指导、运用集中化过程监控、实现全员化立德树人。⑤

第二，利用信息技术设计出专门针对顶岗实习的管理平台或系统，从而优化管理过程，弥补传统实习管理的不足。黄莉（2019）从风险管理的角度提出，有

① 陆玉梅，高鹏，马建富. 基于利益博弈的现代学徒制参与行为决策分析及支持体系构建 [J]. 中国职业技术教育，2020（33）：24-29.

② 刘晓，邵文琪. 抗疫背景下职业院校顶岗实习助推企业复工复产现状调查——基于319名中职教师视角的分析 [J]. 教育与职业，2020（14）：33-39.

③ 张宝荣. 基于 PDCA 循环理论的顶岗实习质量管理研究 [D]. 广西师范大学硕士学位论文，2019.

④ 杨雪萍. 高职院校学生顶岗实习质量管理研究 [D]. 云南大学硕士学位论文，2019.

⑤ 程有娥. 基于"五化"的企业顶岗实习管理的研究与实践——以浙江工贸职业技术学院为例 [J]. 中国职业技术教育，2019（11）：81-86.

效的信息管理是进行高职院校顶岗实习风险管理和风险事件早期预警的关键，提高信息管理工作的科学性和有效性需从风险问责、机制构建、人员完善、平台建设、新媒体应用五方面开展工作。在此基础上，有专家学者进行了进一步研究，利用专业的信息技术搭建了针对顶岗实习的信息管理平台客户端和信息管理系统。[①] 如马元元等（2020）提出了一种基于 ITPP 的顶岗实习过程监控方法，即使用身份认证（Identity Authentication）+时间获取（System Time Getting）+全球定位（Global Positioning）+工作场景拍照（Working Scene Photographing），通过确定身份（Identity）、时间（Time）、位置（Position）、照片（Photo）的 ITPP 方法，优化学校对顶岗实习的管理。[②] 马生杉（2019）运用专业的信息技术设计了针对职业院校顶岗实习的管理系统，该管理系统主要实现了系统管理、院校管理、实习生管理、实习企业管理、实习生成绩管理等功能。[③] 林旭（2018）研究将 Android 平台的智能移动终端作为载体，实现移动式顶岗实习的教学、学习和交流。该终端根据用户的实际需求设计了用户管理、实习管理、选课评价、移动学习、实习论坛、教师评价、实习考勤七个主要的功能模块，这七个功能模块基本上满足了职业学院师生对顶岗实习业务的使用需求。[④]

（二）国外顶岗实习研究现状

"顶岗实习"这一概念是我国所特有的一种校企合作背景下的人才培养模式，所以缺乏专门研究国外职业教育顶岗实习的文献，美国与"顶岗实习"相近的概念是"合作教育"。合作教育旨在培养学生的实践能力，为学生将来的就业做好充足的准备。德国与顶岗实习相关的教育模式是"双元制"，即在企业与学校双重培养下的半工半读模式。英国则采用"学徒制"来帮助学生提升实践能力。通过对文献的梳理发现，大部分对国外合作教育的研究集中在对国外职业教育模式的介绍与借鉴。其基本共识是，各国合作教育的本质都是理论与实践相结合的教育，目的都是培养能灵活运用理论知识的高素质劳动者，各国职业教育的实施步骤是根据各国的实际教育情况而制定，故对各国职业教育模式的借鉴也应按照我国实际国情而定，不能照搬照抄。

---

① 黄莉 . 高职院校顶岗实习风险管理中的信息管理 [J]. 教育与职业，2019（6）：108-112.

② 马元元，刘艳飞，郝海涛 . 高职学生顶岗实习管理信息化改革案例研究 [J]. 中国职业技术教育，2020（26）：59-66.

③ 马生杉 . 银川职业技术学院顶岗实习管理系统设计与实现 [D]. 电子科技大学硕士学位论文，2019.

④ 林旭 . 职业学院学生顶岗实习管理系统的设计与实现 [D]. 湖南大学硕士学位论文，2018.

美国的职业教育实行的是普职合一的单轨制，运用合作教育的模式培养更能胜任未来工作的学生。关晶（2009）研究发现，当前美国的中等职业教育由三大机构共同提供：综合高中、全日制 CTE 高中、区域 CTE 学校或中心。前两个机构提供全日制职业教育，第三个机构则提供非全日制职业教育。在这些不同类型的学校所修的学分可以互相转换。在合作教育中，学生在企业的工作经验也可以转换为有效的学分。① 在综合中学中，Sanders 和 Horn（1998）指出，更多的中学会选择让学生上午进行理论学习，下午进入企业实训，将理论和实践有效地结合起来，帮助学生进行全方位的素质拓展。② 张瑜珊和贾永堂（2018）通过对美国职业教育三次改革的研究发现，在 20 世纪 90 年代，一场推进学生从学校向工作场所过渡的运动开始登上了美国教育改革的历史舞台。此后，美国一直致力于开发新型的职业教育模式，如提供工作见习、带队暑期实践、创建校办企业、开发订单式培养等。③ Groenewald（2004）在回顾合作教育理念内涵的基础上，通过四个关键维度——课程整合、工作经验派生的学习、支持基地的养成、学习经验的逻辑组织和协调对这一理念进行了重新界定，使合作教育不再局限于实习和获得报酬。④ 刘红和徐国庆（2015）通过研究美国职业教育的发展现状发现，职业教育的学习计划要求为职业教育学生提供中等职业教育课程与中等后职业课程相结合、职业课程与学术课程相结合的条理清晰且结构严谨的教育内容，通过对此课程的学习，使学生获得进入中等后教育机构所需的相应学分，以及业界认可的资格证书。⑤

德国在职业教育方面主要采用的是学校和企业共同进行职业教育培训的双元制教育模式。吴志鹏（2015）指出，"双元制"模式中的"双元"指的是办学主体是双元的，即企业和学校，学生身份也是双元的，即学生和学徒，"双元制"模式可以理解为将传统的"学徒"培训方式与现代职业教育相结合、将学员的

① 关晶. 美国中等职业教育的现状、特点与改革趋势［J］. 教育发展研究，2009（Z1）：98-102.

② Sanders W. L., Horn S. P. Research Findings from the Tennessee Value-Added Assessment System（TVAAS）Database：Implications for Educational Evaluation and Research［J］. Journal of Personnel Evaluation in Education，1998（3）：247-256.

③ 张瑜珊，贾永堂. 美国百年职业教育的三次改革浪潮［J］. 外国教育研究，2018（10）：88-103.

④ T. Groenewald. Towards a Definition for Cooperative Education［A］//R. K. Coll，Eames（Eds.）. International Handbook for Cooperative Education：An International Perspective of the Theory，Research and Practice of Work-integrated Learning［C］. Boston：World Association for Cooperative Education，2004：17-25.

⑤ 刘红，徐国庆. 美国职业教育发展现状——基于 2014 年美国"职业教育国家评估报告"的分析［J］. 职教论坛，2015（28）：87-91.

企业实践与学校理论教育相结合的一种半工半读的职业培训模式。① 徐兰和肖斌（2022）指出，在实践中，双元制教育中的企业具有主导性。学生在企业顶岗实习与正式员工无异，企业以培养未来企业发展所需要的后备人才为动力。经双元制学校培养出来的学生兼具行业基础知识、岗位实操技能、行业核心技术，毕业后无适应过程，可以进行无缝对接。② 崔文静（2013）指出，双元制是指学生在一周内有 1~2 天在学校进行理论的系统学习，剩余时间会选择进入企业进行实际能力的操作。③ 陈蕊花和霍丽娟（2018）指出，双元制的实习效果由第三方评估。在学生专业实习评价上由第三方行业协会来组织。第三方行业协会与培训和学校都没有直接关系，下设考试委员会，负责学生在实习期间的中期考试和结业考试。④ Tan（2013）认为，德国的高职院校在"双元制"培养模式下，学校、企业和学生的出现都会影响其培养效果，众多的参与人员使德国的双元制培养模式出现困境。⑤ Ernst 等（2009）也认为，虽然在德国已经形成了实践实习可以帮助学生提高技能和职业适应能力的认知，但是目前德国的双元制在实施中仍然没能像众人期盼的那样完备。⑥

英国在职业教育模式方面采用学徒制，此模式已经被成功运用多年。单佳平（2007）指出，学徒制的主要目标是将学生培养成拥有实际操作能力的人才，在整个教学过程中，学生可以根据自己的喜好选择有利于自己发展的课程，学期结束后学校安排学生到指定的企业进行实习。⑦ 李庶泉（2017）研究发现，英国的现代学徒制中多数学徒的学习是在工作场所内进行的，对学生的培训特别专注于业务需要，学徒是按照老板的做事方式训练的，并且被教授良好的工作实践行为。⑧ 王雁琳（2013）指出，当前英国采用现代学徒制实行国家人才战略模式，

---

① 吴志鹏. 德国"双元制"与高职顶岗实习的比较研究［J］. 机械职业教育，2015（8）：23-25.

② 徐兰，肖斌. 德国双元制比较视域下我国企业主体型职业教育的框架构建［J］. 实验技术与管理，2022，39（2）：210-215.

③ 崔文静. 德国职业教育管理体制的特色及启示［J］. 教育与职业，2013（1）：100-101.

④ 陈蕊花，霍丽娟. 发达国家专业实习对我国高职院校顶岗实习的启示［J］. 职教论坛，2018（7）：172-176.

⑤ Tan J. Study on Obstacles Encountered by Higher Vocational Colleges in Order-Oriented Education Mode［M］. Springer Berlin Heidelberg，2013：483-489.

⑥ Ernst A.，Hartmann，et al. Towards Permeability between Vocational and Academic Education. Experiences and Analyses from Current Initiatives in Germany［J］. European Journal of Education，2009，44（3）：351-368.

⑦ 单佳平. 英国职业教育新举措及其借鉴［J］. 中国成人教育，2007（20）：110-111.

⑧ 李庶泉. 英国职业教育学徒制的新探索［J］. 职教论坛，2017（15）：85-90.

相较其他国家，英国的学徒制一直将教育发展作为目标，并随着改革后期的不断完善，进入到学徒制的国内青年人数逐步上升，教育质量也有很大改善，从而进一步推动英国教育行业的发展。[①]

目前，几个国家的职业教育发展模式存在着一定的优势，但是每个国家在职业教育发展模式领域的情况有所不同，因此存在着较大的差异性，对于发达国家各具特色的人才培养模式，尽管产生的背景、存在的条件都不一样，但都有着一个共性，那就是学校与企业联合办学，学校直接与企业挂钩，为企业长期输送合格人才，特别注意工学交替、理论联系实际，学生除了学到书本上的知识，还参加了企业实际生产技术的培养，让学生、学校和企业三方能够共赢。

第二节　中等职业学校顶岗实习的现状与问题

通过对相关文献资料的研读，我们发现以会计电算化专业（以下简称"会计专业"）与中餐烹饪专业为代表的不同专业在顶岗实习中存在较大差别，因此在分析顶岗实习现状时，将重点放在了会计专业与中餐烹饪专业的顶岗实习生上，希望通过对两个专业顶岗实习生的实习现状的调查，挖掘出中职学校顶岗实习的现实情况与存在的问题。

一、无聊和迷茫：会计电算化专业顶岗实习生现状

"我经常只能一个人，更多的时间就是一天都很无聊，这种生活太适合养老了。"当会计专业的学生被问到对顶岗实习这份工作的看法时，都会不约而同地用"无聊"来形容自己的实习生活。

（一）禁锢：空间上的束缚

大多数会计专业的实习生只能找到收银员的工作，就像所有大型商场的收银员一样，这些实习生实行三班倒的工作制度，每一个班次是 7 小时，在一天 7 小时的工作时长中，实习生需要全程一个人在收银台完成所有工作，如果没有特殊情况是不能离开工作台的，收银台全部的硬件设施是一张大理石台面的桌子和一把没有靠背的木凳子，在桌子的三面围有木板，高 1 米左右，一个身高 1.6 米左

---

① 王雁琳. 英国职业教育改革中市场和政府的角色变迁 [J]. 职业技术教育，2013 (4)：84-89.

右的人站在收银台前，收银台的高度应该在其腰与胸的中间部位，剩下的一面是一扇齐腰高的木门。这个长约 1 米、宽半米的格子间便是收银员一天要工作满 7 小时的地方。而收银员的工作性质又决定了学生们上班时间不能随意走动或者与人交谈，学生们有时会很期盼能有客人来交钱，这样她们就可以"说说话"了。可总是事与愿违，如果商场附近并不是热门的商圈，工作日的客流量微乎其微，周末的客流量才会相对增加一些。如果赶上节假日或者商场大促的时候，商场的客流量会大幅增加，那时收银台的工作量也会大幅增加，她们会在一天内频繁地与陌生人交流，但是这种"交流"根本算不上真正意义上的"交流"，甚至不能算作真正的交谈。

（二）重复：主要工作内容

在顶岗实习的过程中，实习生们要么一个人坐在格子间发呆、玩手机，要么就是与顾客进行上述的交谈，除此之外，实习生们极少能做些别的事。而这种短暂的机械化、程序化的交谈并不会缓解实习生们对"无聊"的感知，有时甚至还会加重这种感知。因为在学校上学的时候，虽然学校明令禁止上课时间玩手机，但是在会计班级中，部分同学会违反纪律在不被允许的时间偷着玩手机，可见手机对于这些学生来讲是一个极大的诱惑和吸引力，可是，实习中的学生却不这么想，手机对于实习生们来说再也不是诱惑了，只是将空白时间填满的"调味品"，相较于空白时间给实习生们带来的难挨的"无聊"，手机的诱惑早已不再强劲。比起漫长的空白时间，也许忙碌才能使实习生们忘记那种"无聊"感，即使是简单、机械的重复。

会计专业的实习生们工作的全部流程如下：第一步是问候：见到顾客微笑地问："你好！"第二步是接受、录入收据，盖章：接受顾客手中的两张购物收据单，一张是红色，另一张是白色，在两张收据单上盖上印有收银员名字的方形私章。收银员眼看收据单，左手手指在键盘上飞快地录入收据单号、营业员号、商品编号、单价、数量、折扣等，同时右手用摆放在右手边的计算器计算出消费金额，再与放在左手边的电脑计算出的结果进行核对，最后告诉顾客消费的金额是多少。核对完后，在红色收据上盖上商场的圆形公章。白票放到抽屉的小隔间内，红票给营业员。第三步是询问是否持有会员卡："请问您有会员卡吗？"顾客呈递会员卡后，将会员卡放到人正前方桌面卡槽里，录入基本信息，将积分录入进去。第四步是询问是否开车（该步骤询问顺序随意）："请问您开车了吗？"如果顾客开车，则告诉顾客离开时需自行去商场公众号操作。第五步是询问付款方式："请问您用什么方式支付？"根据顾客提出的付款方式，在电脑上选择相应的付款方式。若使用微信或支付宝支付的话，会用扫描仪扫顾客的微信或支付宝的支付码，若是银行卡或面值卡，会把卡放到卡槽里。采用此类电子支付时，收银员会一边用右手掌心朝上指向放在方格台上的输密码机，一边说："请您到这儿输入支付密码。"若是现金支付的话，接过顾客给的现金，运用他们在学校所学的点钞方式清点现金金额，以及辨别真假。若现金还需要找零，则会在计算器上用应收金额减实收金额，且在电脑上录入实收金额，再核对电脑与计算器上显示的应找金额，从抽屉中取出应找金额，现金按面值大小整齐微微摊开递给顾客，并提醒顾客认真核对。再将所收金额分类被放到相应的现金摆放位置，100元的会被放到抽屉从右手边数起的第一个隔间的最里面。第六步是贴余额标签：支付完成后，会从粘在台子上的一排便签中从右撕一个便签贴在顾客的会员卡上，用圆珠笔写下卡内余额，并告知顾客卡内所剩余额。第七步是出票：支付完成后，如果是电子支付的话，出票机会打印出四张单据，第一张为商户存根，自己保留，放到抽屉相应的方格中；第二、第三张分别为持卡人存根和顾客联，然后用摆放在右手边的订书机将它们订在一起，第四张为柜组联，这三张一起交给营业员，柜组联由营业员保管，持卡人存根和顾客联由营业员交给顾客。如果是现金支付的话，出票机只会打印出顾客联和柜组联。第八步是结束语：微笑着和顾客说"慢走！"每次完成全部步骤用时不会超过 5 分钟，下一次工作就是再次重复这八个步骤，如此循环往复就是实习生们全部的工作内容。

实习生："你好！请问您有会员卡吗？"

顾客："有。"

实习生："请问您开车了吗？"

顾客"开了。"

实习生："请问您用什么方式支付？"

顾客："卡。"

实习生："请您到这儿输入支付密码。"

实习生："慢走！"

（三）疲惫感和无力感：实习时的心理状态

格子间给了实习生们空间上的禁锢，重复的工作内容和长时间的无事可做给了实习生们空虚和无聊的感知，这些现实情况都会给这些实习生们的心理状态造成一些影响，他们不像在学校时那样无忧无虑，变得疲惫沧桑起来，这些疲惫感夹杂着一些无力和迷茫的感知，因人而异，不同的实习生会给出不同的原因，但是在整体上，这些会计专业的实习生呈现出心理上的疲惫。

因为实习与在学校不一样，实习时人际关系更复杂，这些人际关系使实习生很累。这种人际关系的变化究其原因是个体角色的变化导致的，在学校老师会宽容学生，学生可以犯错，但是实习就不一样了，所有人都会把实习生当作成年人，要为自己的事情负责。这是中职生从校园进入社会的一种阵痛，从学生角色转变到实习生角色的不适应带来的心理上的负担，这种负担无处排解，久而久之变成了心理上的疲惫。同时，在实习过程中，部分中职生会觉得自己并没有掌握从事会计职业的基本技能，从而滋生一种无力改变现状的自卑情绪，这种负面情绪使中职生变得过分消沉，也慢慢在心中滋生出一种无力感，这种无力感主要表现在实习生对生活中的任何事情都提不起兴趣，认为什么事情都是无所谓的、可有可无的，认为自己的未来和职业都是迷茫的、是可预见的，会计专业的实习生们觉得这样的日子一眼可以看到尽头，无聊至极。他们觉得这样的工作不适合年轻人，只适合那些因为要照顾家庭而上班的年长女性。这样的心理状态不仅让这些学生在上班时感到无力，甚至这种无力感也会蔓延到她们生活的各个方面。

（四）兴趣与专业不匹配：我的专业是家长的选择

在与会计专业实习生们接触的过程中，大部分会计专业的实习生还有一个相同点，那就是选择会计专业都不是出于自己的意愿，而是家长的选择。在访谈中王同学说道："我对会计专业没什么想法，当初选专业的时候是因为会计专业是C校的王牌专业。"贺同学提到："因为家里有一个亲戚是开公司的，他推荐我学会计，所以我妈就给我选了这个专业。"周同学则说："我父母打听到C校会计专业的升学率非常高，好像这个专业比较好升学，就给我选择了会计专业。"当笔者问他们自己的意愿或者兴趣是什么的时候，廖同学和周同学都表示自己没有兴趣，而另一位同学则说自己的兴趣其实是美容美发。这几名同学基本代表了大部分同学在入学时选择专业的现状，一部分是自己不参与，完全是父母的选择，另一部分是自己明明对别的专业感兴趣，父母却因为对升学、就业等因素的考量代替学生做出的选择。在自己不喜欢或者不擅长的专业领域中学习，学生自然不能认真投入，最终导致在学校磨洋工，在实习单位做一些对专业技能要求不高的工作。

（五）不知道与不喜欢：对未来的迷茫

由于实习内容的机械化、实习岗位与所学专业的不对口，会计专业的实习生们在实习期间并没有得到专业技能的提升，也没有得到对会计专业未来职业道路的全面了解。而实习过程的无聊感又消耗了实习生们对专业学习和工作的热情，这就导致了实习生们对未来的求学之路和自身的职业规划一直处于迷茫与不知所措中，在这种情况下，无人指引且迷茫无措的实习生们渐渐放弃了对未来的规划，"不知道"和"随便"变成了他们对未来的全部回答。

部分会计类专业的中职生在中职学校毕业后会面临两个选择：一是参加单招考试，继续去大专读书；二是就业，找一份工作，从此进入社会。当被询问到中职生选择单招继续读书的原因时，部分同学解释说是父母的提议，他们就听从了意见，自己并没有过多思考，只是觉得"上班很累""同学们都去上学了"，所以同意了父母的意见。此外，部分中职生还表示出对未来的不期待，他们觉得选什么专业都"无所谓"，将来毕业总归还是要找一份普通的工作，在他们看来所有工作都是一样的，都是上班、下班、挣钱，并没有什么特殊的意义。几乎在所有选择升学的会计专业访谈者身上都能看见这种对于升学选择的随意性，能看到他们选择学校、选择专业的随意性，好像这并不是能改变人生的大事，选择一个专业也并不能决定他们未来的职业道路，所有的抉择都不代表什么，好像这一切都和他们的人生没有关系。

"不知道，目前还没有找工作，看周围哪里招人，如果还可以的话可能就去了。我不想做收银员了。我自己比较想找个奶茶店，找个舒服一点的奶茶店，做一个配茶人员，可能以后攒够钱了，去学个美甲什么的。"这段谈话来自贺同学，贺同学打算中职毕业后直接就业，上面这段文字则是她对短期和长期职业道路的规划。我们可以看出，贺同学并没有打算继续从事与收银或者会计相关的工作，原因是贺同学觉得自己"不配"得到会计的工作，贺同学的舅舅在一家大型公司上班，他为贺同学提供过一次去他公司实地了解会计专业的机会，看到过真正从事会计工作的内容后，贺同学深感自己完全没有能力从事会计相关工作，对贺同学的职业自我认同产生了极大的打击。因为在贺同学的认知中，她所有的能力就是每天帮别人收银，自此贺同学在心里就彻底放弃了做一名会计的想法。其实不止贺同学，会计专业的同学们或多或少有一些认为自己胜任不了会计这份职业的想法。"学不会""不喜欢"等词语是他们经常用来描述对会计专业看法的词语，"学不会""不喜欢"却并没有引发他们对学得会什么、喜欢什么的思考，当被问及对现有能力的评估或者未来职业规划问题的时候，大部分实习生脱口而出的便是"不知道"，在被访者说出"不知道"的时候，眼中的迷茫是可以被看到的，随后她们都会给出一个完全基于生活经验的回答："想去奶茶店""想去做主播"。

其实中职生并不是完全没有自己的职业规划，并不是不知道自己想做什么工作，只是在顶岗实习之后，部分中职生没能找到在所学专业方面适合自己的工作，对自己的专业能力没有清晰的定位，导致对自己的职业选择出现一种失控感，这种掌握不了未来职业走向的感觉就是他们口中的"不知道"。

二、有用和胜任：中餐烹饪专业顶岗实习生现状

有用不仅是顶岗实习有收获，而且还觉得自己是一个有用的人，能胜任工作。相较会计专业顶岗实习所表现出的种种困境，中餐烹饪专业（以下简称"烹饪专业"）顶岗实习的学生们的表现则有着明显的不同。

B饭店的后厨共有八个部门，分别是湘菜、粤菜、湘蒸、粤蒸、点心、烧腊、刺身和冷菜，不同的部门负责不同的食材制作。实习生们一般都会被分配到湘菜部门实习，湘菜制作的部门中有颠勺的大厨、打荷和案板等岗位，在实习之初，厨师长就会根据饭店的岗位空缺和学生的意愿等因素将实习生分配到打荷或者案板的岗位上。所谓打荷，就是给颠勺的大厨打下手，帮助大厨准备需要用到的原材料和承装不同菜品的不同餐具，并帮助大厨进行摆盘的工作。打荷是所有大厨在成为大厨之前都要经历的岗位，类似于过去学徒的角色。实习生之所以要被安排到打荷的岗位上，是因为每一名实习生都需要一名大厨作为其校外导师，而打荷又相当于学徒的身份，自然实习生在打荷岗位是最为契合的。

（一）灵活：熟能生巧是有用的表现

实习生们一天的工作流程是相对固定的，一般是如下流程：早晨九点上班打卡，换好工作服、洗手后就开始煮米饭，上午十点钟左右开始打高汤，高汤是将鸡或者鸭子切好后加入配料熬制，熬制完成后，准备四个桶，每两个师傅分配一个桶，接着把师傅炒菜要用的碗放在师傅的碗柜里，然后摆调料，准备工作完成之后，就要开始给师傅打荷，这也是最忙的时候。实习生一直在后厨给师傅打杂，师傅让干什么就干什么，上午闭餐后还需要清扫卫生、收拾餐具和调料。下午两点到下午四点是休息时间，下午四点准时上班，开始清场地、摆碗、调料、煮米饭。下午五点到七点半又开始打荷，最后毕餐搞卫生。可以说，实习生一天的工作内容很多，要在短短的两三天熟悉记下全部操作流程，需要实习生头脑灵活、认真仔细。

"我觉得我比以前灵活多了，在学校的时候会偷懒，很多时候不愿意用脑子去记，现在就不行，我们饭店非常忙，不记牢的话很容易出错。"何同学说完自己的变化后韩同学补充道："在打荷的时候，我需要帮师傅准备盘子，不可能让师傅一遍一遍告诉我是哪个盘子，我需要在师傅炒菜的时候辨认出师傅做的是什么菜，在菜出锅的时候盘子已经准备完毕。备菜也是，师傅告诉我要炒什么菜，我需要马上就知道要准备哪些东西。"在饭店实习的高速度与高强度要求实习生们更加快速和频繁地动脑动手，自然头脑灵活。烹饪作为一门手艺，当然不能仅仅靠脑力灵活，在岗位上手脚灵活也是必不可少的。正如烹饪专业教师唐老师所说："现在烹饪专业的学生最大的问题就是速度慢，在学校学习的基本技能到岗位上应用的时候，速度是远远慢于正式职工的，烹饪这样注重动手能力的专业，手脚灵活勤快是很重要的。"实习生伍同学也说："来实习以后，我切土豆丝、整理调料、搞卫生什么的都不会那么懒散了，毕竟都是有时间规定的，我就是要在规定的时间里做完这些事。"迅速而正确地完成大厨交代的任务，这是烹饪专业实习生在顶岗实习中最直观的改变，也是这些实习生走向真正职业生涯的第一步，所幸烹饪专业的实习生们都能较好地完成这一步转变，相较于会计专业的实习生们的现状，显然顶岗实习在烹饪专业上发挥的作用更加明显和有效。

（二）期待：对未来的关心与担心

众所周知，在完成了顶岗实习的环节之后，中职生们将面临人生的重大抉择：升学还是就业？烹饪专业与会计专业在升学和就业的选择上也有着明显的不同。会计专业的绝大多数学生会选择升学，而烹饪专业的学生大部分会走上就业这条道路。而且烹饪专业的学生基本能实现百分之百的就业率，近几年还出现了供不应求的现象，尤其是在就业季，很多大型的酒店和饭店都会主动与中职院校联系，希望能多为他们提供烹饪专业的毕业生。

在就业环境一片大好的情况下，学生个体对于升学和就业是怎样选择的？这些选择背后又有哪些考量？部分同学有着明显的就业意向。据贺同学讲："我不爱学习，从小就学习不好，我也不想学了，我想就业。"据了解，因为贺同学在实习之初就和厨师长表示过明确的就业意向，所以就被分派到了案板的工作上，这就与其他更偏向升学的同学的打荷岗位不同，案板是帮助厨师进行切配菜的岗位，很明显，厨师长给了贺同学更加锻炼技能的岗位。在案板岗位，贺同学进步很快："不同的菜需要不同的切法，我需要在厨师告诉我菜名的时候马上就知道要用哪些菜以及这些菜的切法是什么，我觉得我适应了一段时间后还是能完成的。"可以说，贺同学在顶岗实习期间进步很快，得到了很好的专业技能上的锻炼。两个月之后，贺同学又被分配到了炒外卖菜的工作岗位，可以说，贺同学已经逐渐成长为了一名能独立完成工作的厨师了。在表述对未来的选择与规划时，贺同学也能明确地讲出自己的规划，但是也少不了作为学生的稚气与迷茫："我想当厨师，如果有机会我就留在 B 饭店，如果不能留就再找工作吧，我也不知道能找到什么样的，就先干着吧。""再往后？再往后我就不知道了，走一步是一步吧。"

另外的几名同学与贺同学不同，他们或多或少想先升学看看，普遍都希望进一步提升自己的学历，比如吴同学说道："我想先考个大专吧，然后再去找工作。"何同学也说："我还是选择继续念书，参加单招考试。"当笔者询问选择升学的原因时，实习生们的选择主要有两方面的原因：一是家长的要求，家长认为家庭经济条件足以支撑实习生们继续升学，不赞同实习生们过早进入社会；二是实习生通过实习老师们提供的就业情况，综合考量后认为升学是对未来更好的规划，是有利于职业生涯的发展的，此类实习生对未来的规划也是较为清晰的，而且目标也较为坚定。

（三）兴趣与专业的匹配：我的专业是自己的选择

中职生在考入中职学校时就要面临人生第一个重大的选择，那就是选择自己未来三年将在中职学校中学习什么专业，这个选择关乎未来的职业道路，选择一个适合自己、自己喜欢的专业，在校三年能增进专业技能，增加幸福感和成就感，如果选择了自己不适合、不喜欢的专业，那么在校三年的学习很可能将是痛苦的，并且浪费时间。

"我很喜欢烹饪专业，当初选择专业的时候也是我家里人和我都觉得烹饪专业不错，我觉得能做出一道口味不错的菜很有成就感。"当龙同学谈论起自己会做的菜品时，话语也比平时多了起来，可以看出龙同学对烹饪专业有一种发自内心的热爱，这也是他选择烹饪专业的原因。

"我觉得当一名厨师的话薪资水平还是不错的，如果能当上厨师长那就更好了。"何同学显然是从更加现实的角度去考量烹饪专业的，对于何同学来说，选择烹饪专业是因为未来可以有不错的薪资和长远的职业发展道路。

"我中学学习成绩不好，我也不爱学，我妈说让我学厨师，我就同意了。"贺同学对于专业的选择更多的是考虑了现实因素与自身的水平，中餐烹饪专业相较于其他文化课更多的专业，有着明显的实际操作的优势，确实也更适合那些动手实操能力强而文化课学习较薄弱的学生，贺同学就是看中这点，通过扬长避短和三年踏实的学习使自己在顶岗实习过程中表现良好，得到了企业的培养。

（四）胜任：成就感助力成长

顶岗实习是校企合作的产物，只有学校和企业良好配合，才能真正帮助学生在顶岗实习过程中得到适当的培养，才能真正发挥效益。在顶岗实习中，B饭店的实习生们通过自己扎实的操练和踏实肯干的精神都能熟练掌握打荷或者案板岗位的技能，这些日复一日的积累，经过三个多月时间的沉淀，在实习快要结束的时候给了实习生们许多成就感，他们觉得自己能胜任现在的岗位，并且通过自己的进一步努力，在未来还能胜任难度更高的岗位，这种成就感给烹饪专业的实习生们带来了前所未有的体验。在顶岗实习中，通过每天的切菜、备菜、识记配料和烹饪技巧，实习生们可以清楚地感知到自己的提高，从而收获成就感，这种成就感又给了实习生们进一步努力的动力，这样正向的循环可以说是顶岗实习效果成功的体现了。

问："在实习过程中，你觉得你的收获是什么呢？"

何同学答："我感觉我最大的收获就是我不那么懒了，我做什么事情都变快了。"

问："可以举一个例子吗？"

何同学答："比如说我刚来的时候给大厨备材料都需要很长时间，动作很慢，但是现在备材料就很快，因为我熟练了，也勤快了。"

问："这个变化给你带来什么感受呢？"

何同学答："怎么说呢，就是很开心，觉得学到东西了，交给我的任务我也都能完成，觉得很有收获吧。"

虽然何同学的表述中并没有成就感、胜任感等词汇，但是从何同学开心的神态中能明显感受到收获的喜悦和满满的成就感。能胜任一份工作所带来的收获感是中餐烹饪专业的实习生在顶岗实习过程中最好的收获，这份胜任对实习生们而言，不仅肯定了他们在学校和岗位上的努力，更增加了他们对厨师这个职业的自信，有了这份自信，这些实习生们才能在未来的职业道路中走得更稳更远。

第三节　影响中等职业学校顶岗实习的因素

通过对会计专业和烹饪专业实习现状的调查，发现会计专业的实习生与烹饪专业的实习生在顶岗实习期间的实习体验、专业技能的提高、对职业的认同和对未来职业的规划等方面存在明显不同。事实上，会计专业和烹饪专业不仅仅代表自己的本专业，在中职学校中按照顶岗实习的现状，可以将不同的专业分为两大类：一类是像会计专业一样实习效果不佳的专业，另一类是像烹饪专业一样实习效果相对良好的专业。是什么原因造成了这些不同专业的顶岗实习现状有如此之大的区别？想要找到不同专业顶岗实习现状不同的原因，不能只将目光放在顶岗实习这一个培养环节上，而应该将顶岗实习放在中职学生的培养路径中去找出那些会影响中职学生顶岗实习效果的因素并且进行深入分析。

以会计专业和烹饪专业为代表，笔者探索出了不同专业呈现不同实习效果的三点原因：一是会计专业与烹饪专业的学科属性不同；二是会计专业的行业与烹饪专业的行业不尽相同；三是会计专业与烹饪专业学生的不同表现。这三点不同是会计专业与烹饪专业顶岗实习现状不同的根源。

一、学科属性与内容要求的差异

通过对不同专业顶岗实习学生的访谈和观察，笔者明显观察到不同专业在顶岗实习中存在显著差异。实际上，顶岗实习的效果在某种程度上是中职学校对中职生的培养结果。而中职学校对不同专业的中职学生采用的不同培养方式，根源于各个专业的学科属性和内容要求的差异。显然，会计专业学生与烹饪专业学生无法采用同一培养模式。

（一）学科属性的差异

会计专业和烹饪专业在学科属性上的不同，直接导致了学校培养方法的不同和学生学习效果的不同，从而导致顶岗实习时学生对专业岗位的胜任能力的不同。

1. 会计学科复杂，实习内容简单

会计作为中职学校的一门学科，其主要学习内容是财经法律法规、会计职业道德、会计基础和初级会计电算化。事实上，会计是一个很常见的职业，也是一门很常见的学科。对会计专业有一定了解的人都知道，学习会计专业是要有一定的数学计算基础的，除此之外，要想学好会计这门学科还要有一定的经济与管理方面的知识、良好的记忆力和细心严谨的品质。在中职学校中，相对于烹饪、美容美发等操作性强的专业，会计专业更注重理论知识的学习、思维运算方面的能力和专业计算机软件的使用能力。

首先，在教学内容上，我们不得不承认中职学校的学生在理论知识的学习和运算推理能力方面是相对欠佳的。而会计专业又是相对强调这些能力的学科，所以就会出现学生从一开始学习能学会一些，到后来随着理论知识的加深，就越来越学不懂了，学不懂的后果就是学生放弃专业知识的学习，继而导致专业课课堂氛围不佳、学生学习习惯不好，而专业课课堂氛围不佳、学生学习习惯不好反过来又进一步导致了学生专业课成绩的下滑，成绩的一再下滑使学生对专业课的喜爱程度一直下降，这样的恶性循环使学生的专业技能不过关，企业不能信任学生，从而使学生在顶岗实习期间得不到良好的锻炼。其次，在实习环节上，中职学校的教师受传统教学方式方法的禁锢是导致会计专业教师校内实践教学手段、方法单一的主要原因。其一，在进行校内实践教学过程中，教师并未意识到教师和学生的角色都已发生转变，教师已由知识技能的灌输者转变为知识的管理者、学习的指导者，学生也由被动接受的学习者转换到了主动学习的学习者的身份。其二，中职学校的教师还是习惯以传统的教学手段、方法来进行校内实践教学，因为他们最先接触到的教学方法是讲授法，所以他们也习惯用讲授法进行校内实践教学。教师没有创新的教学手段和方法，导致教学过程中无法灵活地运用多种教学方法。其三，教师进行校内实践教学的过程中，仍以教材为中心，侧重于知识的灌输，因此教师在进行校内实践教学过程中，习惯性地选择他们最常用的教学方式教学，导致校内实践教学、手段单一化。

2. 烹饪学科简单，实习内容契合

反观烹饪专业，其学科属性更为简单易懂。中职学校的烹饪专业主要学习的是中餐的热菜和凉菜的制作技艺、中餐面点的制作技艺以及相应的职业道德的培养和一些餐桌礼仪的传授。烹饪作为一门学科，讲究的是踏实吃苦的品质和对刀工、火候的不断练习，只有动手操练才能理解刀工的精髓和火候的掌握。相较于会计专业，烹饪专业明显更注重动手操作，对学生的思维能力和过往的知识储备要求较低。首先，在教学内容上，中职学校设置的教学内容主要集中于具体菜肴的烹饪、不同烹饪方式的现场教学等，更加贴合企业的要求和市场的需要。在这种教学内容下，学生能更加直观地理解课程，学生能力增长较快。其次，顶岗实习能否收获良好的效果不仅仅与顶岗实习期间的各个环节有关，顶岗实习之前，中职学校就应该为中职学生提供必要的专业技能学习，只有在学习的专业知识符合市场、时代的需求时，学生在顶岗实习时才能胜任岗位需求，在顶岗实习之后才能对专业技能和职业发展有更清晰、深刻的认识。对于烹饪专业而言，其在实习环节有着天然优势。一方面，厨师自古以来就有拜师学艺的传统，所以特别重视师承关系，而餐饮行业的老板们大多是厨师出身，所以餐饮行业与中职学校的顶岗实习的实习效果很好，学生在饭店进行顶岗实习时能切实提高专业的技能技巧，也对餐饮行业有了更清晰的认识。另一方面，在教学方式上，中职学校会开设大量的专业实践课程，提升学生的专业能力，而不是局限于传统的口耳相传的教学方式。

（二）内容要求的差异

1. 专业知识学习与当下市场需求脱节

既然顶岗实习是将中职学生送到企业中实际锻炼学生的技术技能和对社会的适应能力，那么中职学校在培养中职学生时首先要想到中职学校为学生所提供的专业知识是否能满足市场的需求。前文笔者提到过，在笔者所考察的两个专业中，会计专业实习生在顶岗实习中并不能从事会计专业性工作，而烹饪专业实习生则能胜任岗位，导致这种现状的原因之一是会计及其类似专业与烹饪及其类似专业在专业知识学习内容上与市场的匹配度不同。

对于当下会计行业的需求与中职学校的会计专业课的匹配情况，笔者通过某大型招聘网站搜索到50条会计招聘信息，总结了会计招聘者需要的条件。总结如下：首先，50家企业全部需要大专及以上文凭；其次，均要求求职者具备会计资格证；再次，需要掌握财务全盘账务和税务处理技能，还需掌握财务软件、表格和办公文档的使用；最后，还有一些企业对年龄、英语水平等其他条件进行了规定。中职学校会计专业的专业课一般集中在高二年级，具体课程有会计课与法律法规（会计）课等，会计的技能课则是点钞能力和传票录入能力的培训。通过观察笔者发现，会计课的学习内容侧重于企业收支的计算，其中包含各种门类的收入费用、支出费用和税务费用的计算。会计课的专业名词众多，而且课堂讲授方式多是习题练习式的计算和讲授，在实际的会计岗位上，会计工作并不会像做习题那样简单。对比招聘要求中的熟练掌握财务全盘账务和税务处理技能，还需掌握财务软件、表格和办公文档的使用，显然中职学校会计专业的学生在课堂上所做的类似数学应用题的练习是不能使学生拥有熟练掌握财务全盘账务和税务处理的技能的，并且当下企业的会计事务大多依赖于财务软件，这样不仅大大减少了企业对会计专业学生的需求量，而且也对会计专业学生的计算机软件掌握水平提出了新的要求。许多中职学校的教学内容只局限于会计基础理论的教学，对学生能力培养的关注不足，尤其是对当下会计专业所需的"互联网+"的能力培养不足。

反观烹饪专业，笔者在某招聘网站上总结了厨师招聘的条件：首先是对特定岗位的技能要求，如能够制作馒头、包子等面食或能制作鲁菜、湘菜等经典菜系名菜；其次是要求求职者吃苦耐劳、勤奋肯干；最后是一些年龄和工作年限的要求。由此可见，烹饪专业学生在中职学校所学内容与岗位要求匹配，在顶岗实习时也能寻求到更匹配的职位。专业学习内容与市场的匹配度的不同，使学生在学习完专业课程后，在市场需求的面前拥有不同的竞争力。在校学习的专业知识与市场需求的匹配度越高，学生学成之后越可以匹配到更契合的岗位。

2. 专业理论学习与实践联系不紧密

马克思主义实践观认为，理论只有在实践中才能发挥其效力。马克思主义实践观中的实践"是人类有目的、有意识的、能动的创造性活动"[①]。现实世界的自然状态下的事物是不能满足人的需要的，就像中职学校中会计专业学生对于理论课的学习是不能满足在顶岗实习中胜任岗位的需求的，中职学校还需要通过对市场对人才的需要进行全面的把握，为中职学生创造更好的实践环境，培养其实践能力，通过理论联系实际才能培养出更加符合市场需求的人才，避免学生在顶岗实习时因为能力的不足而"顶"不起岗位。

虽然现实中大部分中职学校也能重视对学生专业技能的培养，但是培养的技能落后于时代发展，培养的环节蜻蜓点水，学校总是不能脱离传统的书本学习为重的惯性。如果在中职学校中还是理论大于实践，那么就完全背离了职业学校的本质。当然，在中职学校中像烹饪这种学科属性就自带强烈的操作和实践色彩的专业，中职学校的实践教学完成度还是很高的。但是会计这种实践性较弱或者说理论学习难度较大的学科，大部分中职学校还是选择了偏重理论学习、应试教育的培养方法，学生在校没有得到充足的实践操作练习，这必然使学生在实际实践中专业能力不足，在顶岗实习中无法担任重要岗位，甚至因为企业的不信任导致在顶岗实习中无对口岗位可顶。

二、行业属性的不同导致关注差异

中国有句古话叫"三百六十行，行行出状元"，从古代开始，我们便将从事

---

① 张建云. 科学把握马克思主义基本原理体系的方法和原则 [J]. 马克思主义研究，2012（8）：112-122.

不同事务的工作分门别类，划分出不同的行业，也有人说"隔行如隔山"，讲的就是行业与行业间的差异很大，行业与行业之间并不相通。

（一）会计行业对学历的注重

会计行业主要从事会计工作。会计是以货币为主要计量单位，以凭证为主要依据，借助专门的技术方法，对一定单位的资金运动进行全面、综合、连续、系统的核算与监督，向有关方面提供会计信息、参与经营管理、旨在提高经济效益的一种经济管理活动。我国古代便有会计官职，主要掌管赋税收入、财务支出等财务工作。现阶段，我国培养的会计从业者，从中职、高职到硕士研究生，各个阶段、各个层次的人才均存在，所以在此大环境下，中职生的实习与就业不太乐观。另外，会计行业因为管理着公司的财务状况，在企业里是尤为重要的岗位，这就使会计行业特别看重学历，企业一般不会将重要的与经济相关的岗位交给初出茅庐的中职生，企业不信任顶岗实习生有能力胜任这个岗位，这也是中职学生在企业从事会计工作的一大绊脚石。根据陈向阳（2018）在 2018 年对 31 个省份的职业学校的调查，中职学校不同专业的顶岗实习对口情况差异显著，19 个不同的专业类别中，财经商贸类专业对口率排名第 16，可见会计专业所属的财经商贸类在顶岗实习中无法寻求到适合的实习岗位。[①] 其中的原因，首当其冲就是企业对这些顶岗实习的中职生并不信任，企业不会将会计这种关乎企业资金的岗位交给初出茅庐的中职生，所以企业在顶岗实习之初所提供的对口岗位就少之又少，这直接导致了会计类专业的顶岗实习生只能选择对专业能力要求较低的收银岗位或者销售岗位。

会计行业与金钱相关，其看重个人能力与社会资本的行业特性使企业对学历较为重视，这导致了企业无法信任中职学校的顶岗实习生，并且由于会计行业需求的人才要有数学、逻辑能力并且熟练掌握财会的相关知识，这也使企业不能将会计岗位放心地交给实习生。

（二）烹饪行业对经验的看重

烹饪专业的中职生毕业后主要是在厨师行业工作。厨师是以烹饪为职业、以烹制菜品为主要工作的人。厨师这个行业在历史上出现很早，大约在奴隶时代就有专职厨师的存在了，在漫长的历史时期，中国厨师的技艺传承主要是以师承关

---

① 陈向阳. 职业学校学生实习现状的实证研究——基于 31 省（市、自治区）学生的调查［J］. 教育发展研究，2018（1）：52-60.

系为主，一名年轻人想要成为厨师，首先要找到一名厨艺精湛的老厨师拜师学艺，在师傅的带领下，走入厨师行业，这种代代传承的行为在现代餐饮行业还随处可见，这决定了烹饪行业更加注重个体的工作能力与职业经验，而不是个体的学历。

此外，烹饪行业对职业经验的看重也源于以下三方面的行业特点：一是在餐饮行业，厨艺优秀的厨师往往自立门户作为饭店的老板，这些老板大多是经历学徒时期，由师傅培养成才的，这样的经历就使餐饮行业愿意与中职学校合作，共同培养新一代厨师，将烹饪的技术与思想一代代传承下去。这种"学徒制"的行业特点，在一定程度上决定了烹饪行业不重视学历，反而更重视个体的工作能力与职业经验。二是餐饮行业不看重出身，这里的出身指学历。厨师不一定要有较高的学历，只要吃苦耐劳，对餐饮行业热爱，那么成为好厨师的大门将永远为其打开。因此，中职学校可以较为容易地为烹饪专业的学生找到对口的实习岗位。三是餐饮行业的工作内容决定了对烹饪人才的职业能力要求主要包括较好的烹饪知识和烹饪技能，包括刀工技术基本功、翻锅技能基本功、火候掌握基本功、挂糊挂浆等专业烹饪技术和实践能力，而这些工作内容往往要通过专业的技能学习来初步习得，并通过长期的工作经验积累不断提升。

综上所述，烹饪行业与实践有关，对学历不太重视，而是更加重视工作经验与能力。因此，企业对中职学校烹饪专业的顶岗实习生有一定程度的信任，且烹饪专业的人才需求量较大，这使烹饪专业的顶岗实习效果要优于会计专业。

三、升学导向与兴趣驱动的差异

事实上，在学生没有选择专业之前，我们都可以将其视为专业领域的一张白纸，就像英国哲学家洛克（2009）口中的"白板"一样，"上面没有任何记号，没有任何观念"[1]。学生在进入中职学校之前，在义务教育阶段所学习的内容大体相同，都是以语、数、外等基础知识为学习重点，学生并没有接触过各个专业的专业知识，所以从这个角度来看，所有进入中职学校的学生在专业领域上都处于同一起跑线，但是就像洛克所强调的，后天的经验才是塑造人的关键，因此选择一个合适的专业，然后进入一个适合的专业领域学习就显得尤为重要。专业的选择，使这些中职生在相同的起点上进入了不同的赛道。虽然影响学生选择专业

---

[1] ［英］洛克. 人类理解论［M］. 关文运，译. 北京：商务印书馆，2009：1-25.

的因素有很多，但是两个权重最大的因素分别是升学和兴趣。

（一）升学导向下的迷茫与无力

对专业的选择让不同的学生拥有了不同的学习体验、不同的顶岗实习状态，会计专业的学生更多地偏向升学而非兴趣，而烹饪专业的学生更多地从兴趣角度进行考量。首先，会计专业是一门理论性较强的专业，对学生的数学计算能力和逻辑思维能力有一定要求，可这些能力恰恰是大多数中职学生所欠缺的，中职学生就是因为在传统的偏理论性的学科成绩不太理想才被迫选择进入中职学校就读的，所以通过两年的学习走进顶岗实习岗位的学生很难会说喜欢会计专业。

其次，会计专业的顶岗实习生在企业实习时缺乏必要的主观能动性。在顶岗实习期间，这些实习生并不会主动地去找自己的企业师傅询问技能技巧或者企业人际等相关的信息，更不会在遇到困难时主动地寻求学校和企业的帮助。在中职顶岗实习生的观念中，每天按照企业规定完成工作就是完成了顶岗实习的任务，在这样的观念下，中职顶岗实习生很难拥有主观能动性，很难自主地去寻求进步。在企业中顶岗实习的学生跟着企业师傅学习本领和技能，这些企业师傅也是企业的员工，也有每天要完成的工作，并不能时时照看这些顶岗实习生们，所以这就要求实习生们自己有主观能动性，自己去想办法解决问题，主动与师傅沟通，如果不能调动起自己的主观能动性，那么顶岗实习期间在企业中能够获得的知识与能力就会大打折扣。

最后，部分会计专业的学生之所以会选择这个专业，是因为家长的推荐。而家长推荐最重要的理由是会计专业是 C 学校升学中的王牌专业，就读会计专业就有机会升学读本科。中职学生的家长大多是 20 世纪七八十年代出生而且自身学历状况不佳，所以在他们的观念中学历尤其珍贵。他们坚定地认为升学就能找到好工作。还有部分家长比较与时俱进，他们会谈论起社会上的各行各业，尤其是新兴工作主要看重的还是工作能力，但是奇怪的是，当他们的孩子身处中职学校学习技能和提升能力时，他们却更关注孩子能否升学。这两种现象在中职学生家长中广泛存在，我们不难发现，家长对升学的追求并不是理性思考的结果，而是对学历的盲目崇拜，仿佛有了学历就有安全感。家长对于学历的盲目崇拜和对就业环境的错误预估使一部分不适合学习和不喜欢学习会计专业的学生错误地选择了自己的职业道路，正是这个错误的选择，导致了会计专业学生的迷茫与无力。

（二）兴趣驱动下的有趣与胜任

在建构主义的视角下，知识的学习并不只是简单地获取一成不变的学科知识，而是学习者对已有的知识经验的改造和重组以及对新知识意义的构建。烹饪专业的具体专业课程为烹饪艺术与冷拼、中式烹饪技艺和中式面点技艺。烹饪专业的专业课学习更加直观，学生更容易理解和模仿，在技能课上学生也更容易学到教师传授的技能技巧。

和会计专业不同，烹饪专业的实习生都能发自内心地表达自己对烹饪专业的喜欢。站在局外人的视角，我们有时会从工作环境和工作的轻松程度方面来衡量一份职业，那么烹饪这个职业显然不是大众口中的"好工作"，会计反而是一份更体面的工作，可是为什么烹饪专业的实习生却如此热爱这个专业？这是由于中职学生对专业的喜欢不仅仅是从未来工作环境是否体面这一维度去衡量的，更多地建立在学生过往的知识经验和学习该专业时的切身体验上。烹饪专业的实习生都曾表示过，烹饪专业知识较为直观、操作性强，更多地考验学生们的技术与技巧，在这种专业学习过程中，学生们能收获成就感。人们总说万事开头难，良好的开端是成功的一半，中餐烹饪专业的学生就是从开始就做出了正确的选择，他们通过选择自己喜欢和适合的专业，避免了努力学习而学无所获的痛苦，避免了学习三年却在择业时前功尽弃的纠结，有了正确的开端，才有今天在顶岗实习中所有的收获。

不同的选择使顶岗实习的结果大不相同，选择喜欢专业的实习生在顶岗实习时更能学有所用，而盲目追求升学的实习生们在顶岗实习时才发现自己的技术有所欠缺，并不能从事专业技术岗位，只能退而求其次在技术性不强的岗位上做一些他们觉得"没有意义"的工作，最终顶岗实习既没能锻炼实习生的专业技能，也没能在实习生的未来职业规划中提供任何帮助，甚至让一些学生产生了放弃该专业的想法，这与顶岗实习所期冀的效果已经背道而驰了。

第四节　优化中等职业学校顶岗实习的对策

通过探究会计专业和烹饪专业顶岗实习的影响因素，挖掘学科属性与内容要求，发现行业属性、升学导向与兴趣导向会对中等职业学校顶岗实习产生影响。因此，为了完善中等职业学校顶岗实习的流程，帮助中等职业学校更好地实施顶岗实习，最大化地发挥顶岗实习的效果，切实提升中职学生的专业能力，本节提出了相应的策略，使学生能通过平时的培养顺利地完成顶岗实习，并取得一定的收获。

一、学校加强对学科教学效果的管理

（一）丰富教学内容，优化教学方式

1. 丰富教学内容

教学内容是实现教学目标的载体。要使中职学生获得扎实的技术技能，教师应根据实际设计教学内容。教学内容的设置还应根据学生自身学习特点和学生成长需要的经验分层次、分阶段来选择，使学生能够从理解知识的阶段逐步深入到使用知识的阶段。教材是教学质量的基本保证，是提高教学水平的重要手段。教师选择校内实践教学教材时，可选用国统编和已列入国家规划的优秀教材，或者是具有特色的正版教材。教材开发是保证校内实践教学质量的一个重要组成部分，中职学校教学教材应该体现仿真性、创新性和先进性。校内实践教学教材最重要的属性之一就是仿真性。教师在开发教材时，教材中的各部分内容都应通过实际调查，来源于企业会计部门的实际工作。教材中各类经济业务的会计凭证、账页等都应与会计实际工作基本保持一致。相关的数据也应调研会计部门大量的资料、经济活动等进行编撰。编撰的教材不仅可以用于手工记账实训，也能用于会计电算化实训，这样能够提高会计实践教学的效果。创新性是指校内实践教学教材内容体例的创新。要培养学生的创新思维，在设计教材中的实践任务时按照实际会计工作过程编写，设置多岗位类型的任务而非单一类型的任务，让学生在完成实践任务的过程中能发挥主动性和创造性。先进性是指，在编写会计实践教学教材的过程中，应当以会计相关的准则和法规为准则进行编写，特别要注意这些规则和法律在发生变化的同时，教材的内容也要进行及时更新，以免误导学生。

2. 优化教学方法

注意力是保证课堂效率的重要因素，对于中职学生，能够在校内实践教学过程中保持较长时间的注意力尤为重要。在校内实践教学过程中，学生集中注意力的时间越长，对所学习的操作印象越深刻，学习效果也就越好。先进和现代的教育技术可以极大地提高教育的交互功能，实现教师与学生多向互动。教师应利用现代化教学手段，提高会计专业学生的校内实践教学效果。在校内实践教学过程中，需要动手操作的知识较多，学生有时很难通过教师的示范操作掌握实践技能。如果教师在实践教学过程中仍只借助一块黑板、一支粉笔进行教学，势必无

法激起学生的学习兴趣，整个过程会让学生感觉索然无味。教师在校内实践教学过程中应拓展多媒体使用的用途，用多媒体播放视频或者较为直观的信息化元素。在进行重点或者难点操作时，直接链接相关网站，充分利用网上教学资源，如精品课程、校园网站等。以图形和动态图的形式对会计实例等进行呈现能激发学生更大的学习兴趣，并且更快地掌握相关的操作。学生不仅可以利用多媒体进行学习，在假期内学习遇到困惑可利用网络向教师咨询，同时教师也可利用网络解决学生的疑惑，保证学生在假期也能尽快得到教师的辅导，及时而有针对性地处理校内实践教学过程中出现的问题。

对中职会计专业学生来说，教师应该积极探索多种教学方法的运用，以期培养学生的迁移能力和实践能力。教师在校内实践教学过程中可采用案例教学法、项目教学法以及任务驱动法等。教师应根据校内实践教学的内容，深入市场对会计经济业务进行充分调研，编成案例供学生利用和学习，学生在分析案例时，教师可引导学生以当事人身份出现，学生可以通过将学到的理论知识和实际相结合，轻松地掌握学习的内容。学生通过案例教学法学到的不再只是书本上的理论知识，还学习到了综合解决问题的方法和手段，学生从之前知识的被动接受者转换到了学习的主导者。教师还可选择会计工作中较为典型的经济业务作为一个项目，让学生了解整个项目的目标后，采取自由组合的方式组成团队，对项目进行分工，团队成员通过合作共同完成这一项目。在这个过程中，教师只是起引导作用，并不过多地干涉学生的活动。这一教学法不仅可以提高学生学习的积极性，也可以培养学生合作、交流沟通的能力。多样化的教学方法不仅能激发学生的思维火花，也能让学生在主动学习过程中积累会计工作的经验，从不同的角度分析会计问题，学生的实践能力也得到了提高。

（二）进行课程改革，重视实践操作

1. 进行课程改革，与市场需要接轨

中职学校的人才培养目标是在实际课程中体现的，中职学校对于学生专业知识与能力的培养关乎中职生在顶岗实习中是否有能力胜任实际岗位的要求。顶岗实习过程中出现的顶岗实习生专业技能与市场需求相脱节的问题，必须通过对课程的改革来解决。单一性的技能训练很难培养会计专业所需的复杂的财经技能，例如，传统的点钞技能已经在时代的洪流中逐渐被市场淘汰，所以继续花费大量时间来练习点钞技能已经不能满足市场的需求。针对这些问题，中职学校必须进行系统的课程改革，将课程与市场的需要接轨，避免一切从空洞的理论知识出发。中职学校应切实调研行业企业与市场对中职生的各种需求，将这些需求与学生应具备的能力相挂钩，从而清晰地规划课程以适应学生的能力培养。此外，课程的改革不能只重视能力培养，还要与理论相结合，系统的理论学习有利于学生更好地理解专业知识，但是在这个过程中，到底是以实践能力为主还是以理论为主，还是要根据不同的专业需求进行不同的调整，聘请专业与资深教师为课程改革的度进行把关，为中职生量身定做一套适合其知识储备与能力发展的课程体系，以便中职生在校学习的知识与技能能更好地与岗位对接，为中职生在企业中顶岗实习打下良好的基础。

一是优化教学目标。课程改革的根本在于教学目标的改变，如果不将与时代脱节的教学目标改变，再多的课程改革也只是皮毛。在"互联网+"的时代，市场需要的是多元化、技能型的专业人才，而不是只会理论的学生，仅仅拥有扎实的理论基础是不能胜任岗位工作的，娴熟的技术技能、积极健康的心理状态、良好的人际交往能力等都是当代中职生应具备的基本素质。在设计教学目标时，将企业需求的各类能力与教学目标相结合才能真正培养出有能力"顶岗"的实习生。二是增加专业课程。在当今时代，企业运用高科技、信息技术的情况已经屡见不鲜，中职学校在培养学生时，不能只停留在以传统的理论知识教学和基本的实践操作为主，更要对学生使用计算机、应用专业软件的能力进行更深层的培养，更加注重学生的综合素质、综合能力的全面发展。在专业课程的培养方面，教师的重点也应该放在培养学生的分析能力、逻辑思维能力上，以信息化的课程为导向，在课堂上注重培养学生适应企业需求的能力。三是加快"双师型"教师队伍的建设。传统中职学校的教师一般是专业的教师团体，他们虽然拥有专业技能，但是长时间不接触产业第一线使其不能跟上时代的发展，对行业的最新技术与前沿知识了解不多。"双师型"教师不仅掌握理论，还拥有实践操作的能力，具有双重能力的教师更能将企业的需求带到学校中来，在教育教学中发挥优势，将知识与能力共同传授给学生，让学生不仅拥有理论知识，还拥有胜任岗位的多重能力。

2. 重视课程实践操作

中职生顶岗实习中暴露出的另一个中职学校专业培养上的问题便是理论与实践相脱节。中职学生在学校学习了两年时间，这些时间大部分只是用来学习系统的理论知识，可是对于面临顶岗实习和就业的中职生来说，只有理论知识的学习是远远不够的，理论与实践的结合在中职学校学生的培养、课程的设置上也应该充分体现。因此，在理论与实践相脱节的问题上，必须进行理论实践一体化的课程改革。以会计专业为例，会计及其类似专业在培养过程中偏重系统、完整的理论知识的传授，理论知识属于一般性知识，难以指导会计专业在实际操作中所遇到的问题。有必要将会计专业所在的行业与市场的实际需求查实厘清，再根据市场与实际的需求重新进行课程设计，将中职学校的理论与市场相结合、理论与实践相结合，用理论指导实践，适当简化学生在中职阶段理论学习的难度与深度，将更多的学习时间留给实践，并且要加强专业教师的实践指导能力，不能让宝贵的实践课程流于形式，避免在顶岗实习中出现学生专业能力无法应对岗位实际需求的情况。中职学校可以联合企业一起开发适宜中职学生的技能课、实际操练课，将专业知识与技能落实到实际运用中，切实研发出既源于实际又高于实际的中职课程，为中职生在未来的顶岗实习中积淀扎实的基础。

一是增加实践课的课时。现有中职学校的课程体系中，理论课程占比过重，实践课时过少。有的与理论课配套的实践课的课时由教师自由掌握，有的理论课甚至没有配备相应的实践课程。在技术技能导向的培养方式中，应该适当减少冗余的理论课时，增加实践课时，使学生有充分的时间进行理论与实践相结合的学习，让学生在校就能受到较为充分的实践教育。实践操作是没有捷径的，只有勤奋地练习才能有娴熟的技巧，中职学校应设计合理的实践课时，保证学生的实践练习时间。二是改革课程评价方式。中职学校为了切实做到"学有所用，学有所成"，培养技能娴熟的应用型人才，在改革课程评价方式时，应把重点放在学习过程与学习结果的统一、学习知识与学习能力的统一上。一些教师因为惯性思维经常只严格对待学生的试卷成绩，而对学生实践操作的评价则"睁一只眼，闭一只眼"。课程评价应尽力避免这种在考核上"重知识的记忆，轻能力的掌握""重终结性的考试，轻形成性评价"的倾向。此外，中职学校可以创新课程的评价方式，运用小组评价、项目评价等方法，多途径地评价学生的实践能力。三是加快技能型社团的建设。中职学校为促进学生全面发展，开设了各类社团，但是社团的类型比较局限，多是美术、音乐、英语等休闲娱乐型，中职学校应增加专业技能型社团的数量，提升专业技能型社团的质量。在专业技能型社团中，教师要更多地以学生的兴趣为出发点，结合专业知识为学生提供课堂中不能学习到的知识技能。如会计技能型社团有企业沙盘实战课和会计传票技能课，这些社团所练习的会计技能是企业需要的能力，但是学生在课堂上并不能将这些技能吸收、掌握。通过报名参加技能型社团，进一步加深行业所需技能的学习，有利于学生在顶岗实习之初就争取到更加对口的岗位。学校加快专业型社团的建设，为学生提供专业技能训练的场所，有益于提升学生的专业技术技能，更有利于学生顺利完成顶岗实习。

二、关注行业与企业差异，提升学生综合素质

通过关注行业差异，定制实习策略，建立实习对接机制，推动企业信任与合作，加强学生自身素质提升以及支持学生学历提升，可以有效提高中职学生顶岗实习的质量和效果。这些措施不仅有助于学生更好地适应实习环境和提升就业竞争力，而且为学校与企业之间的长期合作奠定了坚实基础。同时，这也将促进中职教育与实际职业需求的更好对接，为学生未来的职业发展打下坚实基础。

（一）关注行业差异，定制实习策略

关注行业差异，定制实习策略是中职教育提高实习质量和效果的关键措施。通过个性化定制实习计划和强化实习前培训，学生将更好地适应各行业的工作环境和要求，提高实习的成功率和效果。

1. 个性化定制实习计划

为满足不同行业和企业的用人需求，学校应制订个性化的实习计划。通过深入了解各行业的特点，为学生提供有针对性的培训和实践机会，使他们能够更好地适应实际工作环境，提高实习的成功率和质量。每个行业都有其独特的特点和用人需求，因此学校应该与各行业建立紧密的合作关系，深入了解企业的发展方向和人才需求。通过与企业代表进行沟通和交流，学校可以了解企业对学生技能、知识和素质的要求。在此基础上，学校可以为每个专业的学生制订个性化的实习计划，针对不同行业提供特定的培训和实践机会。例如，在会计行业，学校可以加强对学生财务知识和会计技能的培训，同时注重培养学生的责任心和细致、认真的工作态度。而在烹饪行业，学校可以提供更多的实践机会，让学生熟练掌握各类烹饪技巧，并注重培养学生的创新能力和团队合作精神。通过个性化定制实习计划，学生将更好地适应各行业的工作要求，提高实习的效果和成功率。

2. 强化实习前培训

在实习开始前，学校应加强对学生职业素养的培训，并提供针对不同行业的专业知识和技能培训。这样的实习前准备将为学生在实习期间更好地胜任工作提供坚实基础。实习前的培训是确保学生在实习期间顺利开展工作的重要环节。学

校应该充分了解不同行业的实际工作内容和技能要求，为学生提供相关的职业素养和技能培训。这些培训包括但不限于职场礼仪、沟通技巧、解决问题的能力、团队合作等方面的知识和技能。实习前培训还应该针对不同行业的特点，提供相应的背景知识和行业概况，让学生了解行业的发展趋势和市场需求。例如，在金融行业，学生需要了解金融市场的基本原理和政策法规，以及行业内的重要机构和业务流程。而在餐饮行业，学生需要了解不同菜系的特点和消费者的偏好，掌握食品安全和卫生要求等。通过强化实习前培训，学生将有更多的背景知识和技能储备，可以更加自信地应对实习挑战，顺利完成实习任务。

（二）校企深度合作，增强企业信心

通过建立实习对接机制和推动企业信任与合作，中职教育可以更好地与实际职业需求相对接，提高学生的职业竞争力和实习的成功率。这样的校企合作也有助于促进中职教育与产业之间的紧密联系，为学生的职业发展打下坚实基础。

1. 建立实习对接机制

建立实习对接机制是中职学生顶岗实习的核心，是确保顶岗实习成功的关键一步。为增强学校与企业之间的合作关系，学校应积极寻找与各行业相关组织的合作渠道，不局限于传统的企业合作。与行业协会、研究机构、社会组织等建立合作伙伴关系，将为学生提供更广泛的实习机会。这样的合作拓展将使学生接触到更多不同领域的实践，从而广泛了解职业选择，提高顶岗实习的成功率。学校可通过与企业代表的定期交流会议、行业论坛和展会等形式深入了解不同行业的用人需求和发展趋势。积极参与企业举办的培训活动，可以增进学校与企业之间的相互了解和信任。在实习对接的过程中，学校还应重视学生的意愿和专业方向，将实习计划与学生的兴趣和职业规划相匹配。为确保实习的顺利进行和学生的成长，建议为每位实习生配备一名经验丰富的实习导师。这些导师可以来自企业或行业专业人士，他们将为学生提供实际指导，帮助学生更好地适应企业文化和工作环境，加速学生的成长与发展。实习导师还应与学校教师紧密合作，确保实习过程中的沟通和反馈顺畅，为学生提供更全面的支持和指导。这样的个性化实习对接能让学生更加主动地参与实习，提升实习的积极性和成效。学校与用人单位之间应签署合作协议，明确实习期限、责任和实习生的权益，确保实习过程的顺利进行和双方权益的保障。建立实习过程监控机制，定期与企业沟通，了解学生在实习中的表现和进展。及时收集企业反馈和学生自评，针对问题调整实习策略，提供必要的辅导和支持，确保学生在实习期间能够得到有效的指导和培养。这样的实习过程监控和反馈将帮助学校了解学生在实习中的表现，并及时发现和解决问题，提高实习的效果和成效。通过这些措施，学校与企业的深度合作将为学生提供更符合实际职业需求的顶岗实习机会，促进学生在实习中更好地适应行业环境，培养实践技能与职业素养，为未来的职业发展奠定坚实基础。

2. 推动企业信任与合作

推动企业信任与合作是确保中职学生顶岗实习成功的关键一环。学校应该积极鼓励和支持学生参加行业相关的竞赛或技能展示活动，以展示自己的专业技能和实践经验。这些活动不仅是学生实践能力的展示平台，也是与企业建立初步联系和信任的机会。学生在这些竞赛和展示中获得荣誉和奖项，将更容易赢得企业的青睐和信任。学校还可以组织学生实习成果展示会或职业技能培训，邀请企业代表参与其中。通过这样的交流平台，企业可以更全面地了解学生在实习中的表现和成长。这有助于企业发现潜在人才，并增强对中职学生的信心和认可。此外，学校还可以积极邀请企业代表来校园进行招聘，为学生提供更多就业机会，进一步促进学校与企业之间的合作关系。这些措施将有助于加强企业与学校的合作意愿，提高企业对中职学生的信任程度。当企业对学生的能力和潜力有了更深入的了解之后，将更愿意为中职学生提供实习机会。这种积极的合作关系将有助于促进更多实习机会的开放，为学生提供更广阔的发展空间和实践机会。通过推动企业信任与合作，学校与企业之间的合作将更加紧密，共同推动中职学生顶岗实习的高质量实施，培养更多优秀的职业人才。

（三）立足学生发展，实现素质提升

通过加强学生自身素质提升和支持学生学历提升，学校能够更好地为学生顶岗实习提供支持和保障。这样的努力不仅有助于提高实习的成功率和质量，同时也为学生未来的职业发展奠定了坚实基础。

1. 加强学生自身素质提升

培养学生的综合素质是中职教育的核心使命，而加强学生自身素质提升是实现这一目标的关键举措。除了传授专业技能，学校还应重视学生软技能和职业素养的培养，以确保学生在顶岗实习中能够胜任工作，展现出色的综合能力。在现代职场中，良好的沟通能力是极为重要的一项技能。学校可以通过模拟面试、角色扮演、辩论赛等方式，让学生在模拟情境中锻炼自己的表达能力和人际交往技巧。鼓励学生积极参与社团活动、演讲比赛等，提高他们在公共场合自信地展示自己的能力。团队合作是现代职场不可或缺的能力。学校可以组织学生参与团队项目，让他们在合作中学会协调分工、有效配合，培养其团队意识和团结协作精神。这些活动不仅可以提高学生的团队合作能力，还有助于锻炼学生的领导才能和组织管理能力。创新思维和问题解决能力是现代社会中越来越重要的素质。学校可以鼓励学生参加创新比赛、科技项目等，让他们有机会应用知识解决实际问题，培养创新意识和解决问题的能力。此外，学校还可以开设创业课程，引导学生了解创业过程和思维方式，激发他们的创业热情和创新潜力。职业道德和职场礼仪对于学生的职业发展至关重要。学校可以开设职业道德与职场礼仪课程，让学生了解职场准则和职业操守，培养正确的职业价值观和行为准则。这样的课程可以增强学生的职业道德意识，使他们在实习和工作中保持诚信、责任、谦逊等良好品质，成为受企业欢迎的优秀员工。

2. 支持学生学历提升

支持学生学历提升是中职教育关注学生综合发展的重要举措。在一些行业，特别是会计等专业中，学历往往是企业招聘和晋升的重要条件。因此，学校应积极引导和鼓励有意愿的学生通过对口升学、成人教育、自考或网络教育等途径提高学历水平。为了有效支持学生的学历提升，学校可以提供多方面的支持和帮助。首先，学校可以开设学历提升指导课程，帮助学生了解不同学历提升途径和报名要求。这些指导课程可以提供考试科目、学习计划、备考技巧等信息，让学生能够有针对性地进行学习准备。其次，学校可以为有意愿提升学历的学生提供学习辅导和课程支持。学历提升考试的难度较高，学生可能面临课程内容繁多和知识点复杂的挑战。学校可以组织专业教师或优秀学生进行辅导，针对考试科目提供有针对性的辅导课程，帮助学生理解和掌握考试重点。此外，学校可以积极与相关教育机构合作，为学生提供优惠的学历提升培训课程。通过与合作伙伴共建课程，学校可以为学生提供更多的学习资源和学习机会，降低学习成本，提高学生参与学历提升的积极性。学历提升不仅是为了在求职和职场中获得更多机会，也是学生个人职业发展的重要组成部分。拥有更高的学历水平，学生可以在职业生涯中有更多选择和发展机会。而对于企业来说，拥有更高学历的学生往往具备更深厚的专业知识和综合素质，更容易满足企业的需求。因此，学校支持学生学历提升不仅有助于学生个人职业发展，也能提高学校与企业的合作品质，为中职学生顶岗实习的顺利开展提供更多保障。

三、提升学生对专业学习的积极性

（一）选择喜爱的专业

不同于会计专业顶岗实习生对未来的迷茫和对就业的选择，烹饪专业的顶岗实习生不管是对餐饮行业、厨师职业的认同，还是对未来从事厨师这一职业的决心都比会计专业的顶岗实习生要高很多。究其原因，是学生在专业选择上的不同造成的。会计专业的学生选择专业的核心因素是升学与就业，而烹饪专业学生选择专业时更多考虑的是喜爱与否。对专业的喜爱程度会影响中职生在未来课程学习中的认真程度及专业技能的学习程度，继而影响顶岗实习时的态度与胜任程度，对顶岗实习的态度与胜任程度的不同又会进一步影响整个顶岗实习期间中职生的心理感受和对职业的认同。所以中职生在进入中职学校之初所面临的专业选择问题可以说是中职生未来职业道路顺利与否的根源所在。

选择了喜爱的专业的中职生明显在学习态度、学习习惯、学习成果等方面都优于选择了不喜欢的专业的学生。如何帮助中职生在入学之初就能选择到喜爱的专业呢？首先，需要加强中小学阶段对学生的职业启蒙，越早地让学生接触到更多行业、了解更多行业，学生越容易发现自己的兴趣爱好，从而选择喜欢的专业。其次，在职业启蒙与教育中，也需要家长的努力，家长们要正确对待升学与就业，积极引导学生选择喜爱的专业。最后，学生自己也需要在日常生活中多参加社会实践、勤工俭学等活动，从自己的经验中发现自己的兴趣爱好。正所谓热爱可抵漫长岁月，在这些中职生身上，也能看到热爱的力量。选择喜爱的专业，无论是技能学习上的困难，还是顶岗实习时人际交往上的不适都能在喜爱的支撑下变得没那么艰难，少一分艰难就多一分坚持，在喜爱与坚持下，这些中职生的未来便可以更加出彩。

（二）增强主观能动性

在顶岗实习中，中职学校的实习生们都拥有两个角色：一是岗位上的员工，二是在校的学生。这两个角色也意味着顶岗实习生们拥有两项任务：首先是完成一个员工应该完成的工作任务；其次是在顶岗实习中要提高自己的专业技术技能，加快自己的社会适应能力。两项任务都是使顶岗实习能达到预期效果的重要因素，同时这两项任务也是需要顶岗实习生独立完成的，这就需要实习生要有较强的主观能动性。

顶岗实习生作为工作的主体，同时也是学习的主体，当面对顶岗实习企业的外界刺激时，只有积极主动地应对、具备良好的主观能动性，才能使顶岗实习顺利完成。首先，实习生自己要有意识地自我激励、磨炼意志。在整个顶岗实习的过程中，中职学校的顶岗实习生要在具体岗位上做一线的工作，这些工作普遍繁杂琐碎，在这些繁杂的工作中，很多学生便会觉得工作无聊、无用，从而产生消极怠工、放弃提升自己的想法，在这种情况下，实习生要有意识地自我激励，提高自身的主观能动性，只有提高了主观能动性，才能在行动上更积极，才能使顶岗实习真正发挥作用。其次，需要实习指导教师在日常中经常地激励实习生的学习意愿。实习教师在顶岗实习中不仅担任管理者的身份，更是学生成长的引路人，在学生消极懒惰的时候，实习教师有责任帮助学生尽快摆脱不良情绪，以积极的态度面对顶岗实习。最后，中职生的家长也应该在中职生顶岗实习时对其进行关心与鼓励，以提高实习生的主观能动性。家长是孩子最好的老师，家长的帮助与引导对学生来说是必不可少的，在顶岗实习中，家长也不能缺席，应该积极帮助、鼓励学生自觉自愿地提升技能、完成实习。只有学生自身有主动学习的愿望，有较强的主观能动性，愿意在工作之中、工作之余自主努力地学习专业本领、学习企业文化和精神，才能很好地完成顶岗实习。学生作为顶岗实习的主体，学会在顶岗实习期间主动调动自己的主观能动性，对顶岗实习的管理和最终效果都是大有裨益的。

第四章　中等职业学校班级管理

目前，我国中职学校基于人才培养目标和学生发展定位的差异，存在就业班与升学班两种不同的班级类型，两种不同的班级类型的班级管理方式也存在着较大的差异。本章通过对 C 学校升学班和就业班的班级管理情况进行比较研究，旨在梳理两类班级产生差异的主要原因和内在逻辑。在借鉴前人研究视角的基础上，整合相关理论依据，系统总结了目前中职学校班级管理存在的问题。接着以升学班和就业班为研究对象，从师生关系、个人发展、班级目标等多个维度，调查了 C 学校高一、高二年级的就业班与升学班的班级管理现状，探究了两类班级管理环境的异同，并深入研究了班级内部结构与文化差异。基于对升学班和就业班学生发展状况的考量，对中职班级管理质量进行了系统评估，并提出了具体的管理对策，以优化教育教学改革措施和加强学生管理工作，为推动中职教育事业的管理改革和发展提供了有益参考。

第一节　中等职业学校班级管理问题的提出

班级是学校教育教学的基本构成单位，是学生在学校学习和生活的重要组织，班级管理的水平直接影响学生的发展与成长。目前，我国中职学校存在就业班与升学班两种不同的班级类型，这两种类型的班级基于对学生人才培养目标和学生发展定位的差异，在教学内容、班级文化环境、学生管理等方面也存在差异。对两种不同教育班制的学生的班级管理进行比较研究，有利于客观呈现中职学生成长发展的多样性和复杂性，也有助于探寻不同班级管理问题产生的深层原因，为我国职业院校的教育改革和教学管理提供更多思路。

一、班级管理是提升教育质量的重要举措

（一）就业和升学双重导向，给教育质量评价带来新挑战

中等职业学校办学模式出现以就业和升学为导向的"双向裂变"现象，给教育质量评价带来新的挑战。[①] 职业教育作为一种教育类型，其生存发展的社会价值由单一需求转向双重需求：职业就业需求和教育供给，以及个体生涯需求和教育认知。[②] 就业导向以就业作为衡量指标，通过就业率增幅，体现职业院校的教育质量；升学导向即升学率的高低决定其学校教育水平，以满足高层次学校对生源的素质要求为目标。就业率评价在就业周期、满意度等方面存在过程性评价滞后的问题，需要参考毕业生在实习期的综合表现来评价；升学率评价的滞后性表现在学生在中职教育体系的班级表现过于单一，致使中职教育质量的评价过于片面和单一。通过对升学班和就业班进行班级管理中的差异样态研究，可以了解中等职业学校班级管理中存在的问题和其影响教育质量的路径，从而丰富中职教育评价理论，推进教育质量综合评价改革，为全面实施素质教育提供可行措施。

（二）班级管理的探索，为推进中高职衔接五年制办学模式提供理论指引

中职教育要发挥国家给予的社会经济转型、高素质创新技术型劳动人才培养、带动产业升级的重要教育发展战略的定力作用，必然要以学生为中心来开展教育教学。学生成长发展的重要场域是班级，实验班级管理和培养目标的实现对中职教育教学实践改革与理论研究有着重要意义。胡锦涛在中国共产党第十八次全国代表大会上的报告中明确了发展现代职业教育的总体要求，[③] 教育部对中职教育衔接高职给予高度重视。落实中高职衔接，可以从革新教育教学的管理理念、明晰人才培养定位、侧重学生综合素质能力的开发与培养等方面开展工作。

在国家推行中高职衔接、职业教育与普通教育衔接的政策下，研究以对口升学为导向和就业为导向的升学班和就业班班级管理现状以及存在的问题，对改进中职班级管理质量与教育策略有着重要的意义。针对就业班和升学班不同的班级

---

① 李兴洲．一部着力提升中等职业教育质量的力作——《中职教育质量：评价与保障》评介［J］．职业技术教育，2018（9）：74-77．

② 姜大源．跨界、整合和重构：职业教育作为类型教育的三大特征——学习《国家职业教育改革实施方案》的体会［J］．中国职业技术教育，2019（7）：9-12．

③ 胡锦涛．坚定不移沿着中国特色社会主义道路前进，为全面建成小康社会而奋斗——在中国共产党第十八次全国代表大会上的报告［EB/OL］．http：//www.xj.xinhuanet.com/2012-11/19/c_113722546.htm.

管理情况在对口升学、校企合作、订单培养和顶岗实习中呈现的差异，提出具有针对性和实践性的改进性管理理论和策略，明确中职教育中班级管理与教学发展的方向，能够促进中职院校班级管理的改善，从而加快中高职学校教育改革，统筹中职学校的人才培养落地方案、改革管理举措。

（三）班级文化建设，塑造中等职业学校学生良好行为习惯

美国教育社会学家沃勒在《教育社会学》中关于学校文化的论述，开创了班级文化研究之先河。班级文化是一个班级的灵魂，是每个班级所特有的，班级文化的建设也是当前教育发展的热点问题。2004 年，教育部制定并印发了《中共中央 国务院关于进一步加强和改进未成年人思想道德建设的若干意见》。2009 年，为促进中职学生的全面发展，教育部等六部就加强和改进中职学生思想道德教育提出了若干意见，我国开始重视中职学校的校园文化、班级文化建设。2017 年，教育部印发的《中小学德育工作指南》中明确指出，我们要以传统文化精神育人，鼓励广大学生教师能够通过发挥自主性和创造性，综合设计关于德育课程中的班名、班徽、班歌、班旗、班级公约、各个教学班级的德育口号等多种形式，不断弘扬和传承建设良好的班级德育文化，增强整个学校的文化凝聚力，对班级文化建设做出了具体的指导。2020 年，教育部办公厅印发《中小学贯彻落实〈新时代爱国主义教育实施纲要〉重点任务工作方案》，明确优化校园育人环境，创建富有特色的班级文化建设活动。

文化作为教育的一种资源，发挥着潜移默化的育人功能。班级文化是班级特有的隐性教育力量，在润物细无声中悄然影响着班级成员的行为习惯。我国著名的教育理论研究者关鸿羽教授提出"教育就是培养习惯"，对学生进行培养和教育的整个过程就是培养他们行为习惯的一个过程。特别是在职业教育提质增效和培优发展的大背景下，改善中职生不良行为习惯已经逐渐成为中职德育课程教育的工作重点，班级文化的塑造对中职学校培养学生良好的行为习惯具有重要影响。班级文化与学生的各种日常行为习惯是相互作用、相互推动和促进的，学生良好的日常行为习惯有助于优秀班级文化的培育和形成，而优良的班级文化又能够启发和激励学生，使学生能够在潜移默化中培养和形成良好的行为习惯，成长为更高素质的人才。

二、国内外中等职业学校班级管理现状

综观国内关于班级管理的研究，教育界并没有统一的观点。总结梳理国内外

研究发现，在已有的研究中，中职学校班级管理的研究大多为理论研究，实证研究数量较少；提供策略时从本土实际因素出发的较少，多数从外部理论因素入手。而无论是从理论研究还是可行路径出发，国内外研究中以中职教育作为研究对象的较少，且研究内容较为集中在班级管理、班级文化、行为习惯三个方面。

（一）班级管理

1. 国外班级管理研究

班级管理在国外的研究文献中已经取得了显著的成果，然而在中职学校班级管理领域，相关研究文献相对较少。班级管理作为一种概念的出现，源于传统教育体系存在的问题，并在心理学理论体系下确立了一套研究范式。教育心理学从行为主义的视角开始关注人的行为，随后认知心理学和人本心理学成为班级管理的新范式。通过学科理论的研究，逐渐进入了对认知和行为的分析，使学生形成自我意识，并用规范化的管理艺术来解释行为背后的原因和方法。

美国学者帕森斯提出社会体系的班级理论，并由此出发，对班级的社会化和筛选功能进行了说明。[①] 师生是构成班级的正式组织，也是由学生个人情感意识、归属感与认同感形成的学生群体，以此影响班级活动。他认为，师生之间要注意五种价值取向模式，即感情性与理智、发散性与迁移性、普遍性与特殊性、自致性与先赋性、自我取向与群体取向。[②] 国外学者盖哲尔和谢仑（1985）认为，"学校本身或学校内部班级团体，就其本身，是一种社会组织"。[③] 马卡连柯（2005）在此基础上完善了班级概念，"将集体内部统一团结的氛围视为一种社会制度，形成一种权责与义务关系的集体"[④]。日本教育社会学家片岗德雄（1998）在《班级社会学》一文中提到"学习集体"的概念，认为人在课堂上学习的这类组织群体应称为班级。这种学习集体的明显特征就是在特定的物理环境下进行持久的学习，并且学习成员包括两个及以上的人，对于学习和指导有独立的分配任务。由此可知，日本中小学的班级体现学生组织的自主性，教师的指导也只是在某种程度上扮演辅助引导的角色，更多的是留给学生"自治"。简言

① 谢维和. 班级：社会组织还是初级群体 [J]. 教育研究，1998（11）：19-24.

② Parsons T., Bales F., Shils E. A. Working Papers in the Theory of Action [M]. Glencoe, Illionis：Free Press，1953：162-228.

③ 盖哲尔，谢仑. 研究作为一个社会组织的班级团体的概念结构 [M]. 王秉，译. 福州：福建师范大学出版社，1985：2-4.

④ ［苏］马卡连柯. 马卡连柯教育文集（上）[M]. 吴式颖，编. 北京：人民教育出版社，2005：134.

之，教师下放管理权限，实现学生的自我管理。①

2. 国内班级管理研究

综观国内关于班级管理的研究，不同学者根据各自不同研究角度围绕班级建设、班级思想品德教育工作、班主任队伍建设、班级经营等进行了表述。国内的班级主要由教室、班集体、班级共同体相互作用而形成。将学生划分为不同的班级并置于班主任的监管之下，引导学生开展相应教学活动。这是中国学校管理学生的基本方式。②

我国的教育理论侧重点在"班主任工作"和"班级管理"的研究视角。随着国外相关先进理论的不断涌现，我国的教育理论也发展出"班级管理"到"班级经营"再到"班级环境"的理论延伸。尽管这三种学术用词形式上各不相同，但其所要研究的问题本质上基本相同。

钟启泉（2001）从社会心理学的角度，系统介绍了班级管理的基本概念和具体策略，认为在儿童与学生主体之间，存在提高单位个体儿童管理水平的关系，继而改善班级管理水平，形成学习共同体。提高管理水平需要在班级建设的理论与实践中总结经验，不断地努力。③ 郭毅（2002）提出了班级管理的科学性，涉及"自我管理""思想教育""科学管理""教育质量管理"等概念。④ 张作岭（2014）从多个因素角度研究班级管理，包括组织建设、日常生活、规章制度建设、班级教育力量、文化、突发事件等。⑤ 林冬桂（1999）针对班级建设表明了主体思想，首先班级要有一个核心组织机构，在内部选拔班干部；其次明确小组工作任务分配及遵守职责；最后制定统一班规、协调班级人际关系，为班级教育目标的实现提供有力的保证。⑥ 杨昌勇等（2005）运用班级社会行为模式解释了班级行为受制度、团体和个人三个层面的影响：制度形成规范，制约班级中的角色行为；团体产生群体气氛，产生群体动力；个人存在个别差异，表现为自己的

---

① Manabu Sato. Classroom Management in Japan：A Social History of Teaching and Learning ［C］//Nobuo K. Shimahara（Eds.）. Politics of Classroom Life：Classroom Management in International Perspective ［M］. New York：Garland Press，1998：205.

② 卢旭. 中国班级：多维视角中的教育"复合体"［J］. 中国教育学刊，2019（9）：48-52.

③ 钟启泉. 班级管理 ［M］. 上海：上海教育出版社，2001：60-71.

④ 郭毅. 班级管理学 ［M］. 北京：人民教育出版社，2002：124-126.

⑤ 张作岭. 班级管理 ［M］. 北京：清华大学出版社，2014：46-50.

⑥ 林冬桂. 班级教育管理学 ［M］. 广州：广东高等教育出版社，1999：20-28.

人格使彼此认同。① 吴明隆（2006）将班级经营的内涵界定为：凡是与学生学习活动有关的事务均是班级经营，包括师生之间一系列教学活动的处理等，建立良好的班级氛围、优良的班级文化，形成学习型的班级组织，达到全人教育的目标。②

3. 中职班级管理的相关研究

职业教育作为国民教育体系的另一种重要的类型教育，在国家教育战略中起着举足轻重的作用。有研究者将中职教育管理模式嵌入军事化、企业化的利弊中对其进行剖析，认为要充分尊重中职学生的特殊性，因材施教，培养有理想、有道德、有文化、有纪律、有技术的栋梁之材。③ 茶文琼和徐国庆（2018）从职业院校班级人数和结构现状角度对教师教学影响进行探析，指出其中最突出的是难以对学生进行个性化指导、教师工作负荷过重、学生不良行为习惯难以纠正、学生缺乏操作实践的机会等。④ 由此可见，中职学校的小班化教学成为改革发展的趋势。孙艳波等（2019）在中职—本科衔接班实施量化管理模式下，提出班级管理的规范程度的提升能够解放班主任的教学负担，培养学生的管理能力，建立催人奋进的班集体，⑤ 以此促进学生全面发展，形成良好的班风。

周甜甜（2015）基于职业素养的角度，将企业的管理模式运用到班级的管理和实践课中，使学生在职业道德、职业技能和职业知识方面具备职业素养。⑥ 张翠（2016）以江苏省淮安市 H 中职校为样本，分析发现中职校班级管理中存在班级管理实施的扁平化、班级管理评价的简单化、班级管理过程中"升本"意识淡薄等问题。⑦ 教育者需要转变管理理念，多方合力开展学生个性化指导与考评。张琰（2018）在研究中基于数据对中职班主任领导行为的内容结构、中职班主任领导行为与班级氛围的关系等进行了深入的实证分析，结果表明，中职班主

———————

① 杨昌勇，郑淮. 教育社会学［M］. 广州：广东人民出版社，2005：295-308.
② 吴明隆. 班级经营与教学新趋势［M］. 上海：华东师范大学出版社，2006：6-10.
③ 雷骏婷，邓泽民. 中等职业学校三段式学生管理模式思考［J］. 中国职业技术教育，2018（9）：84-87.
④ 茶文琼，徐国庆. 职业院校班级规模现状及其对教师教学影响的调查研究［J］. 职教论坛，2018（4）：65-70.
⑤ 孙艳波，王家青，王芳. 量化管理模式在中职—本科衔接班级管理中的实施运用［J］. 职业技术教育，2019（5）：19-22.
⑥ 周甜甜. 职业素养培育视角下中职班级管理模式变革研究［D］. 华中师范大学硕士学位论文，2015.
⑦ 张翠. 中职校班级管理现状及优化策略研究［D］. 江苏师范大学硕士学位论文，2016.

任在其领导行为各层面表现越好，则越易营造健康、和谐的班级氛围。① 梁曦（2016）通过分析传统的班级管理模式对学生个体发展的弊端，将多元智能理论用于提高班级管理的成效，锻炼学生的能力，同时，实施个性化辅导，使理论与实践有机结合。② 促进中职学生主体发展与素质教育并举，增强班级成员的平等互动，有利于人际和谐。

（二）班级文化

1. 国外班级文化研究

国外关于学校和班级文化的研究最早始于 20 世纪 30 年代，是由美国著名的教育社会学家沃勒率先发起并提出的，他在《教育社会学》一书中首次使用了"学校文化"这一概念，并对其特点进行了详细的阐述，同时也提出了良好的师生关系能够直接影响到一个班级的文化建设。③

美国学者杰克逊在《班级生活》中明确提出了班级的文化是一门"隐性课程"，班级的文化内涵里蕴含着隐性的班级教育要素，是以学生群体为主导和核心的研究。④ 所谓隐性教育课程，是一种相对于显性教育课程而言的，是在与班级同学之间的交流与互动、师生之间的沟通与互动、参加由学校或者班级组织的各种活动、教室里布置的标语等中所形成的隐性课程，让学生在润物细无声的感觉下不知不觉地接受隐性教育从而获得提升。美国的班尼与约翰逊在《教育社会心理学》一书中阐述了有关环境因素对于人类成长的重要性及其影响的一些论述。另外，基辛（1988）也就群体文化对于个人生存与发展的影响进行了阐释。⑤ 片冈德雄在《班级社会学》中，对于班级的文化及其与学生日常的学习、行为等之间的关系问题进行了深入解释，进一步论述了学校的班级文化是如何直接影响学生的日常学习、生活及行为的。其研究把各种班级的文化风气分别划分成了互助型的班风与攻击型的班风，同时论证了两种不同的班风对于学生而言也产生了明显的影响与差异。⑥ Corinne Angier 和 Hilary Povery（1999）对于一个班

① 张琰. 上海市中职班主任领导行为与班级氛围关系的实证分析 [D]. 华东师范大学硕士学位论文，2018.

② 梁曦. 多元智能理论在中职学校班级管理中的应用研究 [D]. 广东技术师范学院硕士学位论文，2016.

③ 吴康宁. 课堂教学社会学 [M]. 南京：南京师范大学出版社，1999：56.

④ 王丽霞. 班级文化建设研究 [D]. 山东师范大学硕士学位论文，2003.

⑤ ［美］基辛. 文化、社会、个人 [M]. 甘华鸣，陈芳，甘黎明，译. 沈阳：辽宁人民出版社，1988：112-115.

⑥ 李树民. 中等职业学校班级文化建设研究 [D]. 山东师范大学硕士学位论文，2015.

级的班级文化的基本知识内容和表现形式进行了逐步拓展和不断扩充，认为一个班级的班级文化应该是一种普遍存在于整个班级中、具有一定的人际互动性和一定社会化融合程度的班级文化。① Shannon 和 Svetlana（2020）将班级文化、学校以及社会三者结合，提出班级文化的发展将受到学校影响，学校又会受社会影响，以此强调了班级文化与社会要素两者之间的紧密联系。在研究班级文化时，要充分考虑社会在班级文化发展中的重要作用。②

2. 国内班级文化研究

（1）班级文化研究历史。中华人民共和国成立之后，国内教育学者逐渐关注校园文化对学生成长发展的影响，以蔡元培、陶行知为代表的教育学家开始在学校中构建校园文化。改革开放初期兴起了教育社会学新学科。改革开放后期，班级文化研究越来越多。

（2）班级文化内涵研究。吴康宁（1999）首次明确提出了班级文化是一个班级中全体成员共同文化的一个综合体和总称，是以班级为载体的文化活动。③ 李学农（1999）提出，班级文化涵盖了环境、行动、观念、制度等诸多方面的知识与内容。④ 但武刚（2018）提出，要从心理层面扩展班级文化内容，其内容包括传统的班级文化以及学生的心理因素分析。⑤

（3）班级文化的功能和作用。这方面的研究很多，包括：班级文化作为一种隐性的教育动力，在潜移默化中直接影响着学生的发展；⑥ 班级文化领导力对学生影响重大；⑦ 班主任的班级文化领导力对学生产生显著作用；⑧ 班级文化潜移默化地影响学生德育教育，使学生全面发展；⑨ 良好的班级文化建设能够有效帮助提高中职学生的文化整体性和综合心理素质，得到家长的认可，为学校带来

---

① Corinne Angier, Hilary Povey. One Teacher and a Class of School Students: Their Perception of the Class Culture and Its Construction [J]. Educational Review, 1999 (6): 978-982.

② Shannon Audley, Svetlana Jović. Making Meaning of Student's Social Interactions: The Value Tensions among School, Classroom, and Class Culture [J]. Learning, Culture and Social Interaction, 2020 (3): 623-630.

③ 吴康宁. 课堂教学社会学 [M]. 南京：南京师范大学出版社，1999：56.

④⑥ 李学农. 中学班级文化建设 [M]. 南京：南京师范大学出版社，1999：58.

⑤ 但武刚. 积极心理学视域下的班级文化建设 [J]. 教育导刊，2018 (12): 89-92.

⑦ 韦立. 班级文化的构建策略 [J]. 教学与管理，2018 (12): 66-68.

⑧ 栾爱春. 用班主任文化激活班级管理 [J]. 思想理论教育，2012 (18): 49-50+84.

⑨ 徐兰，肖斌. 德国双元制比较视域下我国企业主体型职业教育的框架构建 [J]. 实验技术与管理，2022, 39 (2): 210-215.

更好的声誉，有利于学校招生工作的进行；① 好的班级管理文化不仅可以有效促进我国职业院校学生的整体健康成长，还有助于不断提高职业学校各级班主任对学校班级文化建设管理工作的教学负责度和教学管理水平；② 把中职院校企业文化纳入班级文化，让中职院校学生在校期间对企业文化、企业经营管理模式有初步的认识和了解，使其能提早适应社会的角色；③ 班级文化建设本身就是一个系统性的工程，有学者认为好的班级文化可以引导、平衡、提高学生的心理素质，在潜移默化中达到教育学生的目的；④ 好的班级文化能够有效约束并且改变一个学生的不良行为。⑤ 班级文化教育在班级管理中有着重要地位，班级是我们在学校里进行学习与生活的一个重要场所。

（4）班级文化建设。在班级文化建设方面，学者们做了大量研究。有学者提出，班级文化建设要从班级制度建设、班级氛围建设、班级精神和文化建设三个重要的方面进行；以培养学生核心素养为主，以班级为单位进行实践，培养学生正确的价值观、良好的学习能力、优秀的品质等；做好班级学风建设；开展各种丰富多彩的班级活动能够激发学生能力、引领学生成长。⑥ 班级文化建设要有特色、有针对性，要结合高职学校的特点，以企业文化为主，专业方向对口企业文化，让学生在企业文化氛围中进行生活、学习；⑦ 以专业为载体进行班级文化建设工作，以专业聚集学生，形成班级目标；要结合学生特点、专业特点、心理因素、社会因素等。⑧ 班级文化建设中要充分发挥班主任的作用，班级文化建设最主要的因素应该是班主任的态度；将教育与管理进行有效结合，充分发挥班主任的重要引领作用，班级文化需要事先得到班主任的一致同意。⑨ 班级文化系统建设必须紧紧围绕一定的科学主题，要结合思想政治教育工作，使学生在正确的

① 徐兰，肖斌. 德国双元制比较视域下我国企业主体型职业教育的框架构建［J］. 实验技术与管理，2022，39（2）：210-215.
② 张维维. 职业学校班级文化建设现状与策略研究［J］. 苏州大学学报，2013（5）：256-257.
③ 曹惟. 基于企业文化视角的职业院校班级文化构建［J］. 教育与职业，2013（30）：39-40.
④ 叶柳. 论班级文化建设的价值、策略与原则［J］. 教学与管理，2019（12）：68-70.
⑤ 崔帆. 班级文化对随迁儿童心理发展的引导［J］. 教学与管理，2019（17）：14-16.
⑥ 张书娟. 在班级活动中助力学生健康成长［J］. 中国教育学刊，2018（2）：112-114.
⑦ 李俊，谢春虎. 试论班级文化的建设［J］. 教育与职业，2012（20）：170-171.
⑧ 廖善光，陆涓，戴天娇. 新常态下高职院校班级文化建设及其路径［J］. 职教论坛，2016（32）：33-36.
⑨ 张晓文. 生态视野下班级文化建设的问题及对策［J］. 教学与管理，2016（30）：79-82.

价值观下进行学习。①

3. 中职班级文化的相关研究

有关职业教育班级文化方面，在国外研究中，Manasee 和 Prajna（2018）根据职业教育的特点，分析了班级文化在建设过程中存在的问题，并且进一步提出了加强班级目标以及学生风气管理等方面的建议；② Kim（2015）认为，职业学校的班级文化的重中之重是要有职业特色，不能脱离企业文化和职业特点，作为班级管理者，在营造班级文化时，要充分考虑到职业特色这一重心，使师生能够更多地把注意力放在未来就业中，此外，他还强调了学校在班级文化发展中应该起到中介作用。③

在国内研究中，张书娟（2018）采用中职案例，提出班主任发挥着至关重要的作用，并强调开展各种丰富多彩的班级活动能够激发学生能力、引领学生成长。④ 董琳琳（2018）以职业学校学生为研究对象，基于学校班级文化建设现状和问题，从组织文化的视角，提出了较多有利于班级文化建设的建议和对策。⑤ 张维维（2013）对当前中职高等专科职业院校教育的改革发展最新态势进行了深入的研究分析，强调好的班级管理文化不仅可以有效促进我国职业院校学生的整体健康成长，还有助于不断提高职业学校各级班主任对学校班级文化建设管理工作的教学负责度和教学管理水平。⑥ 宋庆华（2018）从中职院校企业文化建设的角度，深入探讨了中职院校班级文化的建设，提出在中职院校班级文化建设的整个过程中，应该把中职院校企业文化纳入其中，让中职院校学生在校期间对企业文化、企业经营管理模式有初步的认识和了解，提早适应社会的角色。⑦ 叶柳（2019）认为，班级文化建设是发展学校文化的重要方面，他认为好的班级文化建

---

① 廖善光，陆涓，戴天娇. 新常态下高职院校班级文化建设及其路径 [J]. 职教论坛，2016（32）：33-36.

② Manasee Mishra, Prajna Pani. Problems and Countermeasures in the Construction of Class Culture [J]. Asian Journal of Management，2018（1）：234-242.

③ Hae-Young Kim. On the Strategies of Class Culture Construction in Vocational Education [J]. The Korean Language in America，2015：145-152.

④ 张书娟. 在班级活动中助力学生健康成长 [J]. 中国教育学刊，2018（2）：112-114.

⑤ 董琳琳. 中等职业教育创新班级文化建设的对策研究——组织文化视角 [J]. 现代职业教育，2018（32）：223-224.

⑥ 张维维. 职业学校班级文化建设现状与策略研究 [J]. 苏州大学学报，2013（5）：256-257.

⑦ 宋庆华. 构建以企业文化为导向的中职校班级活动系列化设计研究 [J]. 科学大众（科学教育），2018（4）：18-19.

设应当遵循"以人为本""突出特色""循序渐进"的原则，在潜移默化中达到教育学生的目的。[①] 孙德魁（2015）认为，我国中职学校在学生行为习惯等各个方面都有改进的空间，认为好的班级文化能够有效约束并且改变一个学生的不良行为，同时对校园文化建设、德育实践教学等方面进行了深入研究。[②]

（三）行为习惯

1. 国外行为习惯研究

在国外学者对行为习惯的研究中，俄国教育家乌申斯基（2007）在其研究中系统地论述了行为习惯产生的基本生理学依据与教育意义，并对其行为进行了新的界定。他认为，正确的社会主义教育可以帮助人们培养和形成良好的职业道德与理性的力量，这种力量也会帮助人们抵制外界不良诱惑，进而促进儿童德智体美劳全面发展。[③] 苏联教育家马卡连柯（2005）认为，教育应该培养学生形成正确的思想和行为习惯，以及对待问题的正确认识和合理态度。[④] 而在关于行为习惯培养因素的研究中，美国教育心理学家阿尔伯特·班杜拉（2015）认为，行为的心理学习方式可以被我们当作教育，是一种基于社会的心理学习。在他的社会学习理论中，强调环境在培养人的行为习惯方面的重要作用。外部环境能影响人们的行为习惯养成，而行为习惯的培养也将改变外部环境。[⑤] 美国著名教育家杜威（2001）则提出，习惯、教育、社会之间应该紧密联系、相互影响。养成良好习惯的教育是生活中最重要的一部分，而这种教育又有机会传承孩子已有的人格和生活习惯。[⑥]

2. 国内行为习惯研究

国内对行为习惯的研究从未停止过。孔子认为"少成若天性，习惯如自然"，也就是说少年时期要受到天性影响，而习惯是长期积累的结果，可见童年时期是形成良好行为习惯的关键时期。南北朝教育家颜之推提出"教育贵须

---

① 叶柳. 论班级文化建设的价值、策略与原则 [J]. 教学与管理，2019（12）：68-70.

② 孙德魁. 中职学校德育课教学的现状、不足及改善对策探究 [J]. 中国职业技术教育，2015（21）：75-80.

③ ［俄］康·德·乌申斯基. 人是教育的对象：教育人类学初探（下）[M]. 张佩珍，译. 北京：人民教育出版社，2007：884-909.

④ ［苏］马卡连柯. 马卡连柯教育文集（下卷）[M]. 吴式颖，编. 北京：人民教育出版社，2005：357-417.

⑤ ［美］阿尔伯特·班杜拉. 社会学习理论 [M]. 陈欣银，李伯黍，译. 北京：中国人民大学出版社，2015：1-12.

⑥ ［美］杜威. 民主主义与教育 [M]. 王承绪，译. 北京：人民教育出版社，2001：123-137.

早"，即父母作为子女的榜样，应该言传身教，趁早教育孩子。他在《颜氏家训》一书中写到"习若自然，卒难洗荡"，即习惯一旦形成就很难改掉。所以他首先提出了"当及婴稚，识人颜色，知人喜怒，便加教诲，使为则为，使止则止"①，即当一个婴幼儿已经开始能够清楚地看到别人的脸色、懂得别人喜怒的时候就要开始告诉他，允许做的一切事情都可以做，不允许做的一切事情绝对不可以做。近代教育家蔡元培（2019）认为，学生行为习惯的养成应该由学生自己在实践中培养，教师从旁引导。要启发学生独立思考，养成独立思考习惯，而不是采用"注入式"教学的方式代替学生学习。②

智效民（2008）在研究中表示，现代教育家叶圣陶先生非常注意和重视对儿童良好习惯的教育和培养，叶圣陶先生一直认为："我们的孩子想要养成一个良好习惯，就必须抓好教育的开端、从一件小事情上做起、加强实践。"③他回顾，只有把学到的知识、行为转变成习惯，才能终身受用。并且，他进一步强调，在思想品德、教育教学方面，养成良好的思想品格和优良行为习惯是待人接物的重要基础和一个前提；在积极进行智育政治教学活动方面，养成良好的政治思想观和行为习惯是真正掌握所学知识和运用技能最重要的一个前提；在进行体育运动教学方面，要开展有利于身体健康的体育活动。"新教育实验"理论的主要倡导者和发起人朱永新教授一直认为，想要培养孩子良好的习惯，可以从三个主要方面开始进行自我培养：良好的家庭生活习惯、学会独立思维习惯、培养良好的学习习惯。生活习惯的健康培养是学生培养良好习惯的重要基础，能够有效地促进中小学生身体学习行为习惯、思想意识行为习惯的健康培养。朱永新教授相信学生的潜能，强调学生个性的发展，认为只要行动，就会有收获，只要坚持，就会有奇迹。④

3. 中职行为习惯的相关研究

李成超（2014）通过对职业院校学生行为习惯的现状进行分析研究，提出了一套培养职业院校学生良好行为习惯的班级文化建设的策略，以此来改变职业院校学生的不良行为。⑤ 魏振兴（2016）认为，班级作为学校最基本的单元，是学

---

① 颜之推. 颜氏家训 [M]. 桑楚，主编. 北京：北京工艺美术出版社，2017：2-10.

② 蔡元培. 蔡元培论学集 [M]. 史少秦，编. 北京：商务印书馆，2019：339-345.

③ 智效民. 叶圣陶批应试教育 [J]. 中国新闻周刊，2008（48）：81.

④ 杨茜. 城乡结合部小学低段1—2年级学生行为习惯现状调查与教育策略 [D]. 辽宁师范大学硕士学位论文，2015.

⑤ 李成超. 高职院校班级精神文化建设探析 [J]. 中国职业技术教育，2014（34）：82-85.

校育人的一个重要组织和场所，而班级文化在班级管理和建设中发挥着极其重要的作用。学生良好生活行为习惯的有效培养与人格形成都必然离不开班级这个文化环境。① 杨娟（2016）研究认为，"以人为本"的班级管理文化建设对于预防学生恶劣思想和不良行为习惯的教育培养将会产生重要影响，既有利于促进高等学校的素质教育活动的顺利开展，又可以促进学校素质教育教学方针的全面落实，对于不断提高学校教育和教学课堂的综合教学质量，为国家和地区培养优秀的管理人才具有重要的研究指导和参考价值。② 王宇（2002）认为，人是在外部环境中发展成长的，并随着外界条件和环境的改变而发生变化，对学生的自我行为规训可以从以下几个方面进行尝试：加强学生自我教育、环境氛围建设、发挥高等院校思想道德教育作用、借鉴国外成功的思想道德培养模式。③

陈元媛（2021）通过深入分析校园文化建设系统的适应功能不足、资源整合无序和模式持续性不强等现实困境，提出了促进我国学生思想和行为习惯养成良性循环的校园文化建设对策。④ 殷蕾（2018）认为，班级文化场域是学生成长的重要场所，对于形塑学生共同价值和规范学生行为发挥了重要的作用，通过分析班级场域建设的基本原则，提出了班级场域建构的发展路径。⑤ 高慧文和朱小芳（2019）认为，班级是高校开展育人工作的重要阵地，并引用布迪厄的场域理论，引入了班级场域概念，分析了班级场域的能量传递作用以及育人功能。⑥ 张文博（2017）从大学校园社团文化、体育文化、网络文化三个方面出发，分析了文化对高职院校学生的日常和行为产生的影响，提出在校园文化建设中存在着教育功能薄弱、重视程度不高、制度文化建设有所缺失等问题，然后又提出了加强制度文化建设、加强大学校园文化重点内容建设等。⑦

徐炜和张阳（2016）通过分析高职院校大学生关键能力的内涵及培养中存在的问题，认为优良的校园文化能够营造一种积极向上的环境和氛围，帮助学生正确认知自己，合理调节择业期望值，增强挫折承受能力和自控能力，进一步提高

① 魏振兴．勒温"场论"在班级文化建设中的实践运用［J］．教学与管理，2016（18）：75-77．
② 杨娟．论班级文化建设对学生行为习惯的影响［J］．科学咨询（教育科研），2016（1）：57．
③ 王宇．高校校园环境对学生行为的影响和对策［J］．教育理论与实践，2002（S1）：117-118．
④ 陈元媛．高校校园文化建设自组织研究［J］．学校党建与思想教育，2021（22）：70-72．
⑤ 殷蕾．基于场域理论的班级文化育人研究［J］．中国教育学刊，2018（2）：64-67．
⑥ 高慧文，朱小芳．高校班级场域功能与建设策略［J］．学校党建与思想教育，2019（1）：32-34．
⑦ 张文博．校园文化对高职学生良好日常行为养成的影响与实施［J］．教育教学论坛，2017（2）：253-254．

社会适应能力，同时也形塑一种符合新的时代发展需要的核心价值观。[①] 常亚慧和张鸿儒（2020）认为，教师要重视班级社群环境的建设，并积极引导，从而形塑有利于学生共同发展的班级文化，促进学生的行为规范。[②] 冯永刚（2020）认为，学校的制度文化教育具有显著的育人功能，主要体现在四个逻辑向度上，即价值逻辑的向度、认知逻辑的向度、方法逻辑的向度和理论实践逻辑的向度，四个逻辑的向度相辅相成，会潜移默化地影响和鞭策学生，强化他们的思想行为规范。[③]

（四）中等职业学校学生管理研究述评

已有的研究虽然对我们探索中等职业学校班级管理的内容以及具体的研究方法提供了有利的启示和参考，但也存在不足。一是已有的中职学校班级管理的研究大多是理论研究，实证研究较少；职业学校的班级文化研究起步较晚，对中职学校班级文化的研究较少。二是国外的理论研究相对系统、成熟，但作为一种外来理论是否适合我国中等职业学校的学生班级研究，需谨慎对待。三是我国专家学者对班级管理的研究主要包含班主任管理风格，班级管理的内容、方法，班级管理的教育价值等，较少从班级类型的角度来做对比研究。四是我国对中职学校的班级文化研究很少，未能考虑到中职学校和中职学生的特殊性，对中职院校班级文化对学生的行为习惯培养的影响进行研究的相对较少。班级文化是班级所特有的文化，对学生的成长和发展发挥着最为持久的影响力。班级文化教育在班级管理中有着重要地位，班级是学生在学校里进行学习与生活的一个重要场所。

第二节 研究设计

一、相关概念界定

（一）就业班

就业班指以职业能力和专业技能为培养目标的班集体，在中职学校实行两年

[①] 徐炜，张阳. 校园文化建设与高职院校学生关键能力培养之关系辩证 [J]. 学校党建与思想教育，2016（20）：73-75.

[②] 常亚慧，张鸿儒. 班级文化形塑的课堂教学互动 [J]. 教育科学研究，2020（12）：39-45.

[③] 冯永刚. 学校制度文化育人的逻辑向度 [J]. 山东师范大学学报（社会科学版），2020（5）：135-144.

就业相关的知识讲授，面向企业和社会所需进行人力资本输出。学生在校期间学习基本的科学文化知识和专业理论知识，为顺利步入职场、适应未来工作环境进行职业生涯规划与知识掌握的应用型学习，区别于系统、综合的知识学习，且根据不同专业类别有选择性地学习。

（二）升学班

升学班是以对口升学为培养目标的班级的简称。这种新的办学模式不仅反映了一种新的升学导向，而且也逐步推动了实施中高职贯通发展的新趋势。显然，升学班的设立是为了满足学习者继续升学的需要而组织的班型。在政府号召加快发展职业教育，大力培养高素质技能型人才的背景下，中高职院校衔接办学逐渐成为现实。学生在校学习三年，参加单独招生考试或国家单独为中职学生组织的全国统一高考——对口升学考试，可进入高职院校或高等院校就读。因此，升学班的教育质量以高职院校的生源素质要求为参考标准，对其进行基础课和专业课考试，学期末进行综合考试，以符合升学院校的考核要求。

（三）班级管理

班级是学校教育教学的落脚点，处于教育场所的第一线。班级管理从教育现象中抽离出独立的研究个体，聚焦于学生管理，研究的视角和方法决定其研究成果。因此，班级管理的定义、观念及功能各不相同。本书中的班级管理是指在民主协商的基础上，通过建立、完善规章制度，营造良好的班集体内部氛围，以班主任、学生为核心群体，围绕师生关系、同学关系、秩序与纪律、竞争、个人目标、班级目标和个人发展七个维度探究班级管理事务的共同体。

（四）班级文化

文化是一个非常广泛的概念，包括人生观、世界观、价值观等意识形态的部分，也包括语言、文字、自然科学、活动等非意识形态的部分。《美国传统辞典》把文化界定为"人类在生产经营活动、思考活动中世代相传的行为方式、艺术表现、宗教信仰及群体交往互动的本质特征"。文化是一个复杂的集合，它既来自人们日常生活的各个方面，又在潜移默化中直接影响着每一个人的核心价值观、行为准则。[①] 班级文化是由班级全体成员，包括每一位班级管理者和每一位班级学员在长期的共同努力下，在学习、生活的整个过程中，对彼此的价值观、人生观进行磨合、适应后再加以重建而形成的，是每一位班级成员共同接受

---

① 崔新建. 文化认同及其根源 [J]. 北京师范大学学报（社会科学版），2004（4）：102-104+107.

和认可并为之恪守的一种行为准则、价值原则。班级文化有广义和狭义之分：广义的班级文化是指班级活动中的一切文化要素；而狭义的班级文化则因为研究者不同的研究角度而有不一样的含义。班级文化是班级管理者通过班级组织的各种教育教学活动、社会实践活动、师生之间的交流互动等，引导学生自发形成的适合班级成员成长需要的文化模式。本书中的文化是广义的班级文化，是指产生于班级中，作为班级组织教育活动的主要载体，是班级全体成员在班级组织中开展的教育课堂、人际交往活动等过程中所形成的理想目标、价值观念、生活态度、思考模式及行为表达方式。

（五）行为习惯

行为习惯分为行为和习惯两个部分，也就是养成了习惯的行为。学界对行为习惯的界定不太统一。王雯波（2008）认为，行为习惯包含活动习惯、劳动习惯、道德习惯和生活习惯。[①] 沈建萍（2010）则认为，行为习惯分为日常行为习惯、学习行为习惯、心理品质和生活习惯四类。[②] 在本书中，行为习惯是指在班级文化的熏陶下，通过一定的教育媒介对学生进行积极引导，经过长时间的强化和巩固，使学生在潜移默化中形成的积极的行为方式。

二、研究对象

对升学班与就业班的研究，我们选择了 C 学校职教基地校区的教职工及学历教育全日制在校学生做访谈，选取了 C 学校的高一、高二年级就业班与升学班的学生做问卷调查。对班级文化的研究，我们选择了 C 学校会计专业的不同发展方向的 2 个班级进行田野研究，与升学班的 8 个学生进行多次深度访谈与非正式小组讨论，同时也对学校管理层的教师、部分任课教师尤其是班主任展开了广泛而深入的访谈。

三、研究方法

以 C 学校学生和教师为调研对象，采用田野研究、问卷调查方法对不同班型管理以及班级文化的现状进行比较研究。

（一）问卷调查法

班级管理研究借鉴江光荣的《我的班级》问卷，制定《中职班级环境问

---

① 王雯波. 幼儿行为习惯养成教育的实践研究［J］. 宁波教育学院学报，2008（5）：117-119.
② 沈建萍. 小学生不良行为习惯的现状分析及转化策略［D］. 上海师范大学硕士学位论文，2010.

卷》。问卷初稿设计之后，在 C 学校选取了高一和高二两个年级的就业班和升学班进行了预调查，根据预调查的情况对问卷进行了修改和完善，最终确定问卷，采用李克特 5 级评定量表，对就业班和升学班的班级管理差异样态进行问卷调查。问卷调查样本的选择采用分层抽样方法。先抽班级类型——就业班和升学班；然后在就业班和升学班里抽不同的年级；最后在同一年级抽具体的调查对象，根据班级花名册采用等距抽样法，随机抽取第一个样本后，每隔 3 个取一个样本。于 2019 年 6 月初，采取不记名方式在各班班主任的组织下，充分说明答题要求后进行问卷调查。初始阶段发放 120 份问卷，回收有效问卷 120 份，有效回收率为 100%。正式调查阶段共发放 470 份问卷，回收有效问卷 465 份，有效回收率为 99%。

（二）田野研究法

我们通过与 C 学校就业班与升学班的班主任面对面地交流来了解受访人心理及行为。为了更好地进行班级文化研究，我们深入班级管理现场近距离观察班级文化建设过程，了解参与主体的行为，选择 C 学校会计专业不同发展方向的 2 个班级作为研究对象，通过对 10 位班主任进行深入访谈，同时对学校管理层的教师、部分任课教师展开广泛而深度的访谈和多次交流，并与升学班的 8 名学生进行多次深度访谈与非正式小组讨论，来分析班级文化对学生行为习惯的影响。

四、研究过程

（一）班级环境

本小节通过班级环境问卷调查师生对班级内部心理环境气氛的总体认知。Moos（1979）把人们所处的社会环境从心理气氛上总结为三个维度：人际关系、个人发展与目标定向、系统的维持与变革。① 个体发展以及组织系统的稳定与变化有关联的部分为班级环境。各种社会环境都可以采用类似三个维度来解释：关系评价人们在互相支持发生影响的环境中的关系表达意向度；个人发展是指人在环境中发展和提升自我的方式；系统维持指环境中包含的结构、秩序等因素。

1. 研究假设

班级类型的差异可能会影响班级环境，进而会影响班级人际关系。根据我们

---

① Rudolf H. Moos. Educational Climates//Educational Environments and Effects：Evaluation，Policy，and Productivity [M]. California：McCutchan Publishing Corporation，1979：79-100.

的经验发现，升学班班级环境要好于就业班，班级氛围比就业班要好，人际关系更和谐。于是提出以下两个研究假设。

假设1：升学班在秩序与纪律、竞争和个人发展三个维度优于就业班。

假设2：升学班在师生关系、同学关系上优于就业班。

2. 调查对象的基本情况

此次问卷调查的调查对象的基本信息见表4-1。性别上，女生较多，占68.0%；班型构成上，就业班和升学班人数占比基本相当；年级构成上，高二年级学生稍多；生源地城镇学生占六成以上；学生干部比较多，占46.5%，此比例比总体中学生干部的比例高很多。

表4-1 接受问卷调查的中职学生的人口学特征（n=465）

项目		频次	百分比（%）
性别	男	149	32.0
	女	316	68.0
班型	就业班	223	48.0
	升学班	242	52.0
年级	高一	224	48.2
	高二	241	51.8
户口所在地	农村	164	35.3
	城镇	301	64.7
是否担任班干部	班干部	216	46.5
	非班干部	249	53.5

本次还访谈了10位班主任，班主任的基本信息见表4-2。班主任八成是女性，六成年龄在20~30岁，任职年限有一半处于1~5年，几乎都是教龄不长的年轻女性。

表4-2 接受访谈的班主任的人口学特征（n=10）

项目		频次
性别	男	2
	女	8

续表

项目		频次
年龄	20~30 岁	6
	31~40 岁	3
	41~50 岁	1
从事班主任年限	1~5 年	5
	6~10 年	4
	11~15 年	1

3. 《中职班级环境问卷》的编制

（1）《中职班级环境问卷》探索性因子分析。根据相关学者的观点，KMO值在 0.6 以上时才适合做因子分析。[1] Kaiser（1974）给出了常用的 KMO 度量标准：0.9 以上表示非常适合；0.8 表示适合；0.7 表示一般；0.6 表示不太适合；0.5 以下表示极不适合。KMO 统计量取值区域为 [0，1]。KMO 值越接近 1，变量间的相关性越强，原有变量越适合做因子分析；KMO 值越接近于 0，变量间的相关性越弱，原有变量越不适合做因子分析。

由表 4-3 可知，KMO 值大于 0.9，Sig. <0.05，Bartlett 的球形度检验 χ^2 为 19659.363，达到了非常显著的水平，结果表明适合做因子分析。接着我们对中等职业学校环境初始问卷做了碎石图，具体见图 4-1。

表4-3 班级环境初始问卷 KMO 和 Bartlett 检验

取样足够度的 Kaiser-Meyer-Olkin 度量		0.958
Bartlett 的球形度检验	χ^2	19659.363
	df	1176
	Sig.	0.000

从碎石图、模型拟合指数（见表 4-4）以及因子负荷矩阵（见表 4-5、表 4-6）可看出，六因子模型的拟合指数在临界值附近，七因子的模型拟合指数与六因子相比有了较大改善，八因子模型的拟合指数最好，但因子结果比较混乱，因子结构也比较混乱，存在多个跨负荷。从结构简洁的角度来看，选择六因

---

① Kaiser H. An Index of Factorial Simplicity [J]. Psychometrika, 1974 (39): 31-36.

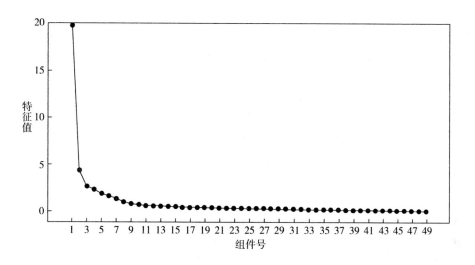

图4-1 中等职业学校班级环境初始问卷碎石图

子和七因子模型是合适的，而从模型拟合指数角度来看，选择七因子和八因子模型是合适的，同时，碎石图也支持保留七个因子，所以综合考虑后，选择保留七个因子。

表4-4 探索性因子分析模型拟合指数

模型	χ^2	df	TLI	CFI	AIC	BIC	SRMR	RMSEA（90%CI）
六因子	2460.119*	897	0.855	0.890	46962.329	48523.877	0.035	0.061（0.058，0.064）
七因子	15355.832	1176	0.913	0.937	46258.986	47998.641	0.023	0.047（0.044，0.051）
八因子	15355.832	1176	0.924	0.947	46097.775	48011.396	0.021	0.044（0.041，0.048）

注：*表示 $p<0.05$。

表4-5 七因子模型因子负荷矩阵

	F1	F2	F3	F4	F5	F6	F7
Q1	0.776*	0.026	0.147*	0.053	−0.077	0.055	0.024
Q2	0.862*	−0.016	0.027	0.005	−0.027	−0.058	0.133*
Q3	0.883*	0.004	−0.019	−0.002	0.031	−0.063	0.085
Q4	0.929*	−0.015	−0.033	0.002	0.006	0.023	−0.02

	F1	F2	F3	F4	F5	F6	F7
Q5	0.851*	−0.033	0.016	−0.019	0.021	0.041	0.042
Q6	0.915*	0.035	−0.039	−0.007	0.048	0.009	−0.055
Q7	0.863*	0.033	−0.032	0.008	0.003	0.065	−0.049
Q8	0.799*	0.042	0.057	−0.015	0.033	0.016	−0.02
Q9	0.032	−0.305*	−0.279*	0.137*	−0.168*	0.01	0.077
Q10	−0.043	0.644*	0.124*	−0.046	−0.029	0.072	0.056
Q11	0.006	0.843*	−0.062	−0.001	0.004	−0.043	0.125*
Q12	0.065	0.746*	0.02	−0.036	−0.06	−0.04	0.167*
Q13	−0.01	−0.158	−0.272*	0.128*	−0.208*	0.014	0.104
Q14	−0.014	0.675*	0.015	0.064	0.112	0.054	0.046
Q15	0.037	0.622*	0.062	0.078	0.038	0.162*	−0.136*
Q16	0.045	0.709*	−0.044	0.082	0.058	0.146*	−0.084
Q17	0.03	0.106	0.478*	0.143*	−0.035	0.062	0.210*
Q18	−0.083	0.073	−0.756*	−0.006	−0.012	0.034	0.013
Q19	−0.014	0.261*	0.550*	0.093	0.008	0.07	0.041
Q20	−0.053	0.012	−0.759*	0.04	−0.012	0.036	−0.041
Q21	−0.045	0.031	0.574*	0.203*	−0.046	0.031	0.189*
Q22	0.008	0.083	−0.700*	0.04	−0.129*	−0.028	0.059
Q23	0.002	0.096	0.585*	0.160*	0.047	0.102	0.062
Q24	0.02	0.023	0.024	0.831*	0.04	−0.008	0.007
Q25	0.054	−0.007	−0.006	0.880*	0.027	0.042	−0.057
Q26	0	0.104	0.09	0.587*	0.074	−0.036	−0.027
Q27	0.007	0.191*	0.191*	0.589*	0.035	−0.032	0.05
Q28	−0.006	0.021	0.035	0.548*	0.092	0.016	0.039
Q29	−0.011	−0.119*	−0.171*	0.553*	−0.027	0.159*	−0.007

	F1	F2	F3	F4	F5	F6	F7
Q30	-0.028	-0.019	-0.134*	0.507*	-0.073	-0.004	0.072
Q31	-0.04	0.001	-0.051	-0.005	0.042	0.714*	0.012
Q32	0.149*	0.034	0.066	0.053	-0.022	0.707*	0.003
Q33	0.151*	-0.025	0.062	0.008	0.01	0.681*	0.082
Q34	0.05	0.005	0.021	0.002	0.152*	0.633*	0.077
Q35	-0.087*	0.059	-0.004	0.004	-0.017	0.729*	0.046
Q36	0.019	0.018	-0.003	-0.003	0.189	0.635*	-0.036
Q37	0.056	0.154*	0.144*	-0.011	0.201*	0.364*	0.064
Q38	0.001	-0.061	0.068	0.091*	0.746*	0.11	-0.022
Q39	-0.01	0.012	0.064	0.06	0.734*	-0.023	0.123*
Q40	-0.034	0.033	-0.032	-0.006	0.902*	0.036	0.039
Q41	0.02	0.033	-0.034	-0.05	0.890*	0.069	0.024
Q42	0.036	0.042	-0.014	0.078*	0.785*	-0.054	0.073
Q43	0.216*	0.004	0.016	0.031	0.282*	0.006	0.318*
Q44	0.119*	0.017	0.068	0.029	0.515*	0.049	0.212*
Q45	0.056*	-0.018	0.035	-0.005	0.093	0.028	0.810*
Q46	-0.015	0.116*	0.039	0.03	0.091	-0.035	0.757*
Q47	-0.064*	0.022	0.004	0.023	0.103	0.105	0.699*
Q48	0.028	0.031	-0.065	-0.042	0.01	0.134*	0.811*
Q49	0.04	-0.019	0.066	0.036	0.035	0.04	0.802*

注：＊表示 $p<0.05$。

表4-6　八因子模型因子负荷矩阵

	F1	F2	F3	F4	F5	F6	F7	F8
Q1	0.768*	0.029	0.145*	0.052	-0.074	0.02	0.068	0.003
Q2	0.849*	-0.014	0.025	0.003	-0.01	0.123*	0.024	-0.091*

	F1	F2	F3	F4	F5	F6	F7	F8
Q3	0.877*	0.003	−0.018	−0.002	0.038	0.081	−0.017	−0.058
Q4	0.937*	−0.019	−0.028	0.004	−0.009	−0.011	−0.017	0.051
Q5	0.847*	−0.033	0.018	−0.019	0.02	0.042	0.04	0.011
Q6	0.924*	0.032	−0.033	−0.004	0.03	−0.046	−0.039	0.056
Q7	0.863*	0.034	−0.029	0.01	−0.002	−0.047	0.038	0.035
Q8	0.799*	0.044	0.06	−0.013	0.027	−0.017	0.003	0.014
Q9	0.026	−0.312*	−0.281*	0.133*	−0.155*	0.077	0.057	−0.039
Q10	−0.045	0.661*	0.125*	−0.043	−0.029	0.042	0.032	0.02
Q11	0.011	0.862*	−0.058	0.002	−0.003	0.112	−0.081	−0.002
Q12	0.042	0.777*	0.013	−0.038	−0.028	0.134	0.053	−0.144*
Q13	−0.009	−0.166*	−0.271*	0.125*	−0.209*	0.108	0.018	0.012
Q14	−0.012	0.693*	0.017	0.067	0.109	0.037	−0.001	0.029
Q15	0.041	0.641*	0.066	0.083	0.036	−0.140*	0.067	0.07
Q16	0.053	0.728*	−0.037	0.089*	0.048	−0.087	0.031	0.089
Q17	0.023	0.116	0.473*	0.144*	−0.02	0.203*	0.078	−0.021
Q18	−0.088	0.076	−0.754*	−0.007	0.005	0.008	0.044	−0.034
Q19	−0.018	0.273*	0.545*	0.094	0.012	0.033	0.059	0.014
Q20	−0.059	0.014	−0.759*	0.038	0.007	−0.046	0.053	−0.039
Q21	−0.054	0.038	0.567*	0.202*	−0.032	0.181*	0.072	−0.036
Q22	0.012	0.08	−0.695*	0.039	−0.129*	0.062	−0.036	−0.01
Q23	0.001	0.105	0.581*	0.161*	0.047	0.061	0.072	0.043
Q24	0.03	0.023	0.022	0.828*	0.03	0.016	−0.032	0.036
Q25	0.071	−0.009	−0.005	0.879*	0.007	−0.042	−0.025	0.092
Q26	−0.005	0.108	0.085	0.580*	0.083	−0.034	0.008	−0.038
Q27	0.006	0.197*	0.186*	0.583*	0.039	0.045	−0.007	−0.022
Q28	−0.008	0.024	0.031	0.540*	0.096	0.035	0.03	0.003
Q29	−0.023	−0.116*	−0.178*	0.546*	−0.011	−0.013	0.175*	0.019
Q30	−0.034	−0.019	−0.139*	0.499*	−0.065	0.067	0.039	−0.023
Q31	−0.032	0.011	−0.044	0.003	0.019	0.025	0.423*	0.383*

续表

	F1	F2	F3	F4	F5	F6	F7	F8
Q32	0.103	0.055	0.053	0.051	0.02	−0.03	0.663*	0.145
Q33	0.065	−0.009	0.036	−0.007	0.081	0.018	0.820*	0.014
Q34	0.031	0.019	0.018	0.004	0.161*	0.066	0.483*	0.241*
Q35	−0.053	0.06	0.01	0.015	−0.092	0.08	0.306*	0.559*
Q36	0.08	−0.006	0.017	0.004	0.047	0.012	0.092	0.767*
Q37	0.095	0.149*	0.162*	−0.006	0.117	0.094	0.029	0.440*
Q38	0.012	−0.07	0.072	0.090*	0.713*	−0.016	−0.01	0.187*
Q39	−0.024	0.014	0.059	0.055	0.743*	0.105*	0.019	−0.016
Q40	−0.047	0.034	−0.034	−0.01	0.905*	0.024	0.041	0.025
Q41	0.005	0.038	−0.037	−0.053	0.899*	0.008	0.071	0.023
Q42	0.041	0.041	−0.012	0.077*	0.774*	0.072	−0.086	0.04
Q43	0.185*	0.012	0.006	0.024	0.319*	0.291*	0.134	−0.119
Q44	0.096*	0.019	0.061	0.022	0.533*	0.189*	0.112	−0.025
Q45	0.048	−0.017	0.034	−0.007	0.098	0.798*	0.05	0.005
Q46	−0.01	0.115*	0.042	0.028	0.078	0.753*	−0.049	0.034
Q47	−0.05	0.018	0.009	0.024	0.07	0.711*	−0.004	0.155*
Q48	0.021	0.034	−0.065	−0.042	0.012	0.801*	0.116*	0.051
Q49	0.049	−0.025	0.069	0.036	0.013	0.810*	−0.014	0.092*

注：*表示 $p < 0.05$。

根据探索性因子负荷矩阵可知，Q1~Q8 是第一维度"师生关系"，Q9~Q16 是第二维度"同学关系"，Q17~Q23 是第三维度"秩序与纪律"，Q24~Q30 是第四维度"竞争"，Q31~Q37 是第六维度"个人发展"，Q38~Q44 是第五维度"班级结构"，Q45~Q49 是第七维度"班级目标"。

根据其因子分析，删除跨负荷与题项间在同一维度中相关系数较高的题目，最后保留 31 题，进行验证性因子分析。

（2）《中职班级环境问卷》验证性因子分析。验证性因子分析用来测试一个因子与对应的观测变量之间的关系是否符合研究者所设计的理论关系。由于测量存在误差，需要使用多个测度项，对于测度项的"质量"问题的检验，即效度检验。在本书中验证性因子分析具体由假设模型的提出和假设模型的检验两方面内容构成。

第一，提出假设模型。模型 1 为七因子模型，这 7 个因子分别是"师生关系""同学关系""秩序与纪律""竞争""个人发展""班级结构""班级目标"。模型 2 为高阶因子模型，即在以上 7 个因子之外，还存在"班级管理"这一高阶因子。

第二，检验假设模型。表 4-7 和表 4-8 将两个模型拟合指标综合，具有很好的拟合度。《中职班级环境调查问卷》由"师生关系""同学关系""秩序与纪律""竞争"等 7 个因子构成，且在其之外存在一个"班级管理"的高阶因子。结论与最初的研究假设一致，证实了《中职班级环境问卷》具有良好的建构效度。

表 4-7　一阶模型拟合度

一阶拟合度指标	关键值（建议值）	模型指标	符合
MLX^2	越小越好	873.277	
df	越大越好	413	
X^2/df	$1<X^2/df<3$	2.11	符合
CFI	>0.9	0.956	符合
TLI	>0.9	0.951	符合
RMSEA	<0.08	0.046	符合

表 4-8　二阶模型拟合度

二阶拟合度指标	关键值（建议值）	模型指标	符合
MLX^2	越小越好	936.470	
df	越大越好	427	
X^2/df	$1<X^2/df<3$	2.19	符合
CFI	>0.9	0.952	符合
TLI	>0.9	0.947	符合
RMSEA	<0.08	0.051	符合
SRMR	<0.08	0.051	符合

为了方便操作，7 个因子分别简化为拼音，依次表示为"师生关系"（shish）、"同学关系"（shsh）、"秩序与纪律"（zhixu）、"竞争"（jinzh）、"个人

发展"（geren）、"班级结构"（bjjieg）、"班级目标"（bjmub），如图 4-2 所示。
图 4-3 则展示了包含"班级管理"（bjgl）的二阶模型。

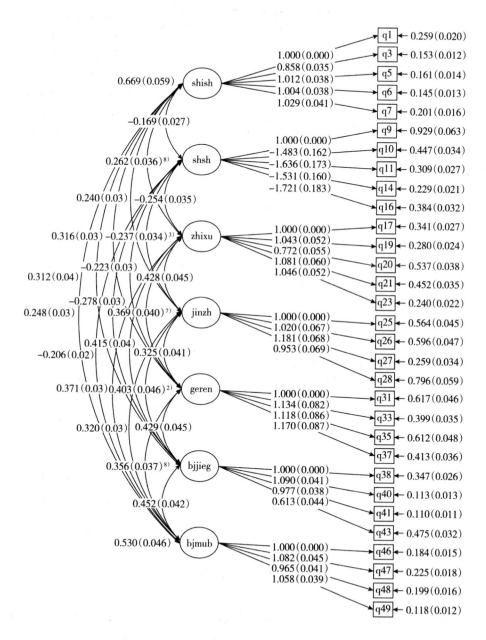

图 4-2　一阶模型

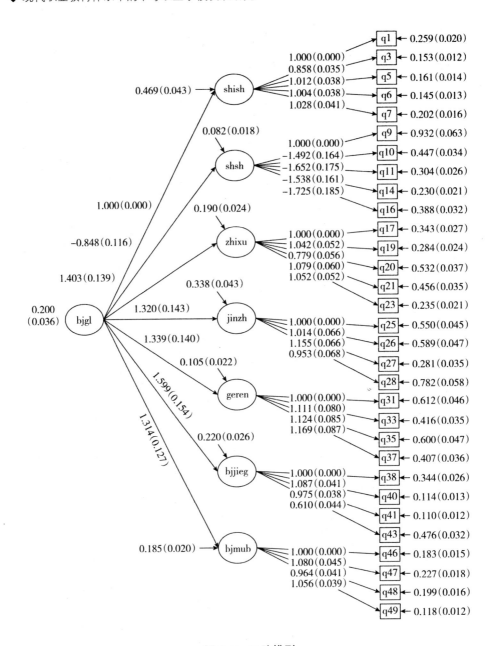

图4-3 二阶模型

　　如表4-9所示，题目的标准化系数均在0.6以上，且均显著。SMC题目对维度的解释能力大于0.6的平方，AVE维度对题目的平均解释能力均大于0.5，说明各维度有解释能力。

表 4-9 信度与收敛度

维度	项目	重要测试参数				项目信度 SMC	综合信度 CR	聚合效度 AVE
		Estimate	S. E.	Est. /S. E.	P-Value			
shish	Q1	0.849	0.015	58.361	***	0.721	0.946	0.779
	Q3	0.873	0.013	69.14	***	0.762		
	Q5	0.9	0.011	84.676	***	0.81		
	Q6	0.907	0.01	89.959	***	0.823		
	Q7	0.882	0.012	73.917	***	0.778		
shsh	Q9	0.445	0.04	11.139	***	0.198	0.767	0.546
	Q10	−0.728	0.025	−29.012	***	0.53		
	Q11	−0.815	0.019	−42.125	***	0.664		
	Q14	−0.837	0.018	−46.911	***	0.701		
	Q16	−0.799	0.02	−39.394	***	0.638		
zhixu	Q17	0.795	0.02	39.98	***	0.632	0.78	0.61
	Q19	0.834	0.017	48.069	***	0.696		
	Q20	−0.628	0.03	−20.601	***	0.394		
	Q21	0.776	0.021	36.645	***	0.602		
	Q23	0.853	0.016	53.423	***	0.728		
jinzh	Q25	0.738	0.025	29.011	***	0.545	0.843	0.576
	Q26	0.735	0.025	28.998	***	0.54		
	Q27	0.885	0.017	51.408	***	0.783		
	Q28	0.659	0.03	21.91	***	0.434		
geren	Q31	0.653	0.031	20.968	***	0.426	0.817	0.528
	Q33	0.773	0.024	32.451	***	0.598		
	Q35	0.696	0.029	24.308	***	0.484		
	Q37	0.777	0.024	33.063	***	0.604		
bjjieg	Q38	0.823	0.017	49.874	***	0.677	0.9	0.698
	Q40	0.941	0.008	116.532	***	0.885		
	Q41	0.929	0.009	106.902	***	0.863		
	Q43	0.605	0.031	19.615	***	0.366		
bjmub	Q46	0.861	0.014	60.903	***	0.741	0.925	0.756
	Q47	0.857	0.014	59.216	***	0.734		
	Q48	0.845	0.015	55.016	***	0.714		
	Q49	0.913	0.01	87.21	***	0.834		

注: *** 表示 p<0.001。

如表4-10所示，每个维度对应了3~5道题目，区别效度根据 Fornell 和 Larcker（1981）的建议，[①] 对角线为 AVE 开根号的值，下三角为构面正相关，构面的开根号值均大于其他因子相关的相关，因此，我们的构面具有区别效度。

表4-10 区别效度分析

维度	项目数	聚合效度 AVE	区别效度				
			shish	shsh	zhixu	jinzh	geren
shish	5	0.779	**0.883**				
shsh	5	0.546	−0.433	**0.739**			
zhixu	5	0.610	0.419	−0.693	**0.781**		
jinzh	4	0.576	0.358	−0.603	0.682	**0.759**	
geren	4	0.528	0.570	−0.687	0.710	0.585	**0.727**
bjjieg	4	0.698	0.447	−0.680	0.635	0.575	0.740
bjmub	4	0.756	0.417	−0.591	0.666	0.536	0.721

如表4-11所示，题目的标准化系数均在0.6以上，0.547为可接受，且各项潜变量均显著。SMC 潜变量对班级管理的解释能力大于0.6的平方，0.299为可接受。AVE 大于0.5，说明高阶因子"班级管理"具有解释能力。

表4-11 二阶模型潜变量信度与收敛度

维度	项目	重要测试参数				项目信度 SMC	综合信度 CR	收敛效度 AVE
		Estimate	S. E.	Est. /S. E.	P−Value			
bjgl	shish	0.547	0.037	14.96	***	0.299		
	shsh	−0.798	0.024	−33.661	***	0.637		
	zhixu	0.822	0.022	37.999	***	0.676		
	jinzh	0.713	0.03	23.92	***	0.508	0.84	0.606
	geren	0.879	0.021	41.665	***	0.773		
	bjjieg	0.836	0.019	43.128	***	0.699		
	bjmub	0.807	0.022	37.415	***	0.651		

注：*** 表示 p<0.001。

---

① Fornell C. , Larcker D. F. Structural Equation Model with Unobservable Variables and Measurement Error Algebra and Statistics [J] . Journal of Marketing Research, 1981（18）：382-389.

（3）《中职班级环境问卷》信度分析。信度（Reliability）即可靠性，是指采用同样的方法对同一对象重复测量时所得结果的一致性程度。本书采用克隆巴赫系数法来测量问卷的信度，α系数评价的是量表中各题项得分间的一致性，属于内在一致性系数。这种方法适用于态度、意见式问卷（量表）的信度分析。总量表的信度系数最好在0.8以上，0.7~0.8可以接受；分量表的信度系数最好在0.7以上，0.6~0.7可以接受。α系数如果在0.6以下就要考虑重新编问卷。对研究数据不同方面进行信度分析如下，不同方面的数据信度均在0.6以上，多数在0.8以上，说明数据的信度较好，如表4-12所示。

表4-12　各维度的克隆巴赫系数

方面	克隆巴赫系数
师生关系	0.932
同学关系	0.636
秩序与纪律	0.883
竞争	0.844
个人发展	0.823
班级结构	0.888
班级目标	0.924

（4）《中职班级环境问卷》效度分析。效度分析指尺度量表达到测量指标准确程度的分析，经常使用的是项目分析法、独立效标测度效度分析法和因素分析法。本问卷通过探索性因子分析和验证性因子分析，结果显示具有较好的结构效度。

（5）《中职班级环境问卷》编制小结。《中职班级环境问卷》借鉴Moos理论确定问卷框架，采用问卷调查和文献参考等方法，形成初始问卷。对初始问卷进行测试，经过项目分析、探索性因子分析，剔除不符合的项目，最终确定《中职班级环境问卷》。问卷包括师生关系、秩序与纪律、竞争、个人发展和班级结构等七个维度，共计31题。《中职班级环境问卷》各维度的α系数均在0.6以上，表明问卷具有良好的信度，同时问卷也具有良好的结构效度。

（二）班级文化建设现状调查

1. 资料的收集

对中等职业学校班级文化内容的调查耗时整整一年，包括跟班实习、仔细观察班级的文化体现以及参与者的行为。在这一年的接触中，与班级同学相处融洽，学生们愿意真实表达心中的想法。在田野调查中及时记录，收集资料的同时立马整理。

2. 研究思路与过程

首先，厘清研究的缘起与意义、相关研究基础以及研究过程与技术路线。其次，对核心概念进行界定以及介绍相关的理论基础；在此基础之上，对班级文化和学生行为习惯进行内涵阐述；进而分析两个班级不同的班级文化以及在不同班级文化影响下的学生行为习惯现状，通过学生对知识文凭的态度、对规训的表现、不同的心理状态、不同的制度机制这四个方面分析比较两种班级行为的不同；同时发现在不同文化的影响下，学生们在课堂、作业、考试中的行为表现及对时间的掌控也截然不同。再次，分析形成两种不同班级文化的现实动因，并从管理的角度分析导致文化不同的原因，以及分析班级文化中的班风、教师权威、学生榜样、班级制度如何对学生的行为习惯产生影响。最后，针对学生良好的行为习惯的养成，根据研究结论提出对策和建议，并提出对研究的总结与展望。

3. 相关概念阐述

（1）学生行为习惯中的文化基因。学生行为是基于社会、班级、社会文化、校园文化、班级文化等产生的。班级文化寓于学生行为之中。"文化从根本上并不是与经济、政治等同的领域或附属现象，而是人的一切活动领域和社会存在领域内在的、机理性的东西，是从深层制约和影响每一个个体和各种社会活动的生存方式。"[①] 英国人类学家费思说过："文化其实就是社会，社会是什么，文化便是什么。"良好行为习惯根植于文化共识和文化认同。学生的行为塑造是一个从文化冲突到文化融合，再到文化认同的波动过程，并最终达成群体层面的文化共识。不同班级皆拥有相对稳定、系统的文化价值规范体系，这些影响学生的行为规范、心理认知、角色认同与惯习。在统一的班级管理实践中，师生之间、学生之间互相磨合，最后形成班级文化共同体。

（2）班级文化的功能。班级文化具有教化、激励和凝聚功能。费孝通（1997）曾说过："文化是人为的，也是为人的。"[②] 班级文化为学生提供行为规

---

① 衣俊卿. 文化哲学：理论理性和实践理性交汇处的文化批判 [M]. 昆明：云南人民出版社，2005：12-45.

② 费孝通. 反思·对话·文化自觉 [J]. 北京大学学报（哲学社会科学版），1997（3）：15-22.

范，实现对学生行为习惯的教化功能。作为核心价值观，班级文化能够引导班级成员形成一致的行动体。班级文化包括学风、教风、价值观念、人际关系和信息舆论等非制度性文化元素，对学生的发展具有潜移默化的教育作用。班级文化规范全体成员的行为，通过从众行为来影响整个班级群体。此外，班级文化还具有激励和凝聚功能。班级文化促使班级成员在相互磨合中形成相似的思维方式、价值观和行为方式。在班级文化的氛围下，成员相互交流、共同生活，满足沟通和互助等各种精神需求，从而培养归属感、荣誉感和认同感。团结友爱、积极向上的班级文化能够使班级成员心情愉悦、精神振奋，形成积极向上的凝聚力。

第三节　中等职业学校班级管理的环境与文化现状

本节旨在探讨中等职业学校班级管理的环境和文化现状。中等职业教育作为培养技术人才的重要阶段，班级管理环境和文化对学生的学习与发展有着重要的影响。通过对中等职业学校的调研，我们将分析班级管理环境的特点、存在的问题以及文化的内涵和表现形式。通过深入了解中等职业学校班级管理环境和文化的现状，我们可以为改善班级管理和营造良好的学习氛围提供有益的启示与建议。

一、班级管理环境现状

从问卷调查结果来看，中等职业学校在学生管理方面确实存在升学班和就业班的差异，这与班级类型、师生对班级学生的期待有关。

（一）班级管理环境调查结果

为了解升学班与就业班学生的班级管理环境差异，我们对升学班和就业班在各维度上的得分均值做比较。对不同维度在班型上的差异进行 T 检验，结果如表 4-13 所示。从结果来看，在师生关系、秩序和纪律、竞争与个人发展四个维度上两个组别对应的 Sig. 值分别为 0.017、0.039、0.008 和 0.041（Sig. <0.05），表示不同班型在师生关系、秩序和纪律、竞争与个人发展四个维度上的表现存在显著性差异；另外三个维度的 Sig. 值均大于 0.05，表示不同班型在其他三个维度上均不存在显著性关系。

表4-13 升学班与就业班学生比较

维度	就业班		升学班		T检验	
	均值	标准差	均值	标准差	T	Sig.
师生关系	4.2386	0.87906	4.4223	0.76348	-2.398	0.017
同学关系	3.6717	0.62114	3.7570	0.57713	-1.535	0.127
秩序和纪律	3.5525	0.60544	3.5479	0.56607	0.083	0.039
竞争	3.5157	0.99196	3.7459	0.86841	-2.653	0.008
个人发展	4.0516	0.81001	3.9886	0.86370	0.809	0.041
班级结构	4.1771	0.84730	4.2593	0.80013	-1.075	0.283
班级目标	4.4114	0.77238	4.3564	0.78285	0.762	0.446

在师生关系维度，就业班和升学班的平均值分别为4.2386、4.4223，升学班均值大于就业班均值，表示升学班的师生关系比就业班的师生关系好；在秩序与纪律维度，就业班和升学班的平均值分别为3.5525、3.5479，就业班均值大于升学班均值，表示就业班的秩序与纪律比升学班的秩序与纪律好；在竞争维度，就业班和升学班的平均值分别为3.5157、3.7459，升学班的均值大于就业班均值，表示升学班的竞争比就业班的竞争激烈；在个人发展维度，就业班和升学班的平均值分别为4.0516、3.9886，就业班均值大于升学班均值，表示就业班的个人发展情况比升学班的个人发展情况好。

(二) 班级管理环境的人口学差异

1. 班级管理环境中竞争维度存在显著性别差异

我们用T检验来检测升学班和就业班学生在七个维度上的性别差异。升学班男生在各维度上得分均值都高于就业班男生。升学班女生在竞争维度上均值得分高于就业班女生，这无疑与升学班以考学为导向的目标培养有关。除竞争维度外（Sig. <0.05），其他维度在性别上均不存在显著差异（见表4-14）。

表4-14 升学班与就业班学生性别差异

维度	性别	就业班		升学班		T检验	
		均值	标准差	均值	标准差	T	Sig.
师生关系	男	4.30	0.91	4.54	0.69	-1.825	0.070
	女	4.22	0.88	4.40	0.76	-1.949	0.052

维度	性别	就业班		升学班		T检验	
		均值	标准差	均值	标准差	T	Sig.
同学关系	男	3.45	0.59	3.58	0.49	-1.456	0.147
	女	3.43	0.52	3.50	0.49	-1.121	0.263
秩序与纪律	男	3.12	0.50	3.13	0.33	-0.102	0.919
	女	3.13	0.35	3.09	0.35	1.151	0.251
竞争	男	3.76	0.93	3.81	0.75	-0.381	0.704
	女	3.43	0.84	3.64	0.80	-2.229	0.027
个人发展	男	3.90	0.78	4.01	0.71	-0.936	0.351
	女	3.76	0.72	3.72	0.80	0.511	0.610
班级结构	男	4.12	0.84	4.27	0.76	-1.136	0.258
	女	4.08	0.83	4.07	0.84	0.080	0.936
班级目标	男	4.41	0.74	4.50	0.66	-0.768	0.443
	女	4.36	0.74	4.33	0.74	0.338	0.735

2. 班级管理环境中师生关系、竞争维度在年级上存在显著差异

如表4-15所示，高一年级升学班的师生关系显著好于高一就业班（Sig. < 0.005)，高二升学班竞争维度均值得分高于高二就业班。高二年级的师生关系均值均低于高一年级。升学班比就业班竞争激烈，且高二年级升学班比就业班竞争维度均值高，差异显著（Sig. <0.05)。

表4-15 升学班与就业班学生的年级差异

维度	年级	就业班		升学班		T检验	
		均值	标准差	均值	标准差	T	Sig.
师生关系	高一	4.46	0.67	4.70	0.53	-3.048	0.003
	高二	4.04	1.02	4.21	0.83	-1.443	0.150
同学关系	高一	3.50	0.53	3.56	0.46	-0.880	0.380
	高二	3.37	0.56	3.48	0.51	-1.620	0.107
秩序与纪律	高一	3.18	0.38	3.09	0.33	1.959	0.051
	高二	3.08	0.42	3.11	0.35	-0.635	0.526
竞争	高一	3.76	0.81	3.83	0.86	-0.607	0.545
	高二	3.33	0.90	3.56	0.70	-2.256	0.025

续表

维度	年级	就业班		升学班		T检验	
		均值	标准差	均值	标准差	T	Sig.
个人发展	高一	4.00	0.68	4.01	0.78	-0.094	0.925
	高二	3.62	0.75	3.63	0.75	-0.049	0.961
班级结构	高一	4.30	0.70	4.26	0.86	0.436	0.663
	高二	3.88	0.90	4.02	0.77	-1.233	0.219
班级目标	高一	4.57	0.54	4.60	0.61	-0.397	0.692
	高二	4.19	0.85	4.19	0.76	-0.010	0.992

二、班级行为与文化现状

布迪厄认为，同一场域的人由于有相同的社会地位、工作环境、生活方式而形成相似的惯习，而这些因素促使他们成为社会的一个阶级，这一阶级形成后，惯习又进一步巩固了这种阶级性。班级是相对封闭、稳定的场所，中等学校班级中的学生是初中毕业分流时成绩相对差的群体，学习能力、学习习惯比较差。在这种情况下，通过文化熏陶、情感引导、活动体验等方式培养学生好的行为习惯非常有必要。

（一）不同班级的行为差异

1. 升学班学生的行为表现：积极主动

通过 C 学校一年的观察，我们发现高三升学班的学生非常努力，他们与我们之前对中职学生的刻板印象完全不一样。高三升学班的老师、学生们都在为了升本科而拼尽全力，班级拼搏向上的氛围很好，形成了一种独特的中职班级文化。

（1）学习行为表现积极。

1）课堂：自主与监督。监督包括自我监督和他人监督。升学班学生每天早自习进教室前要在黑板上签到并标注进教室学习的时间，自习时间（早、中、晚）均有值日生（一般由成绩好的同学担任）值日，值日生对每个学生的学习日常做详细记录，包括某某同学在什么时间出去上厕所，什么时间回来；什么时间站立，什么时候坐下；什么时间讲小话、撑脖子、打瞌睡、打哈欠、未动笔等。值日生会在第二天早自习快结束的时候宣布前一天大家的行为表现，最后每周汇总为一张表格，张贴在教室后面的信息栏中。

学生的自主行为。通过在班上随堂听课时观察，我们发现，班上同学几乎没有上课睡觉的，学生在发现自己有点犯困、迷糊的时候，会自觉站起来听课。如果老师提问学生，学生未能回答上来，该学生会站着听讲。但其实这些行为并不是老师硬性规定的，是同学们在学习过程中自觉形成的，并得到了班上所有同学的认可。

其实老师并没有要求回答错误的学生站着，是我们自己觉得回答错了就应该站着，这是对自己的惩罚，回答错了肯定是这个知识点没有掌握好，站着听讲可以更加集中注意力，这样知识会掌握得更牢固些。（学生DXY）

老师对学生行为的监督。科任老师上课期间会时不时提醒学生形成良好的行为习惯。比如，会计老师会要求学生做试卷时在草稿纸上写"T形账"，会对计算器的摆放、试卷资料的整理、做笔记的方法、更正作业的方法提要求；英语老师会提醒学生画重点、整理好上课笔记；语文老师会提醒学生上课记笔记；数学老师会提醒学生在老师讲解时不用低头做笔记，先认真听讲，理解后会留时间给大家做笔记；提醒学生注意坐姿，腰杆要挺直，保持好的听课状态。相对来说，中职学生学习能力不强，学习习惯不好，学习方法不对，自主能力较弱，不太会听课，所以教师在班级管理过程中会非常细致，尤其注重学生行为习惯的培养，强制推行学习方法。

宣传语对学生的激励和鞭策。对高三升学班而言，升本科是老师和学生的共同目标，为了实现这个目标，老师和学生都在拼尽全力。班级的宣传语录是"每天进步一点点，每天努力多一点点，每天再坚持一下下，态度决定一切，细节决定成败，影响他人学习的行为非常可耻！"

2）考试：分析与总结。考试作为教育测量的一种方法，教师通过考试检查学生对知识的掌握程度，根据情况调整教学进度；学生通过考试检验自己的学习效果，进而对自己知识的薄弱点进行有针对性的训练；同时，老师可通过对学生试卷的分析，了解学生对各个知识点的掌握程度。

高三升学班是财经学校对口升学的重点班级，年级组每月都会组织一次月考，月考后老师会将学生的成绩张贴在班级信息栏中，包括班级总成绩排名、单科成绩排名、成绩进步情况等，让学生对自己成绩的相对位置有直观的了解。几乎每个学生都会写月考总结，包括扣分的主要原因、学习中存在的问题（学习态度、学习方法、考试心态、虚心听取意见、学习勤奋度）、提高学习成绩的措施等。月考之后学生们会带着试卷和月考总结找老师面谈，老师会针对学生近段时间的学习状态、月考成绩来点评，分析成绩下降或提升的原因，给予加油鼓劲。

3）作业：独立与协作。大多数同学能独立完成作业。学生们的作业完成时间是晚自习，各科课代表会在晚自习前将作业任务写在教室后面的黑板上，同时会在班上提醒大家，今天某科目的作业是什么，明早几点前上交。据学生反映，老师每天布置的作业很多，仅靠晚自习时间基本完不成，大部分同学需在下晚自习后再挤时间做。在跟班观察中，我们了解到，班上同学的作业基本都是独立完成，课间休息时同学们也在讨论题目。

为拉动后进生组织学习小组。当然也有极个别"差生"没法按时完成作业。于是班上根据学习成绩将学生分成学习小组，小组组长一般为成绩较好的学生，老师要求组长负责监管组员的作业完成情况，老师负责组长，组长负责组员，组员将信息反馈至组长处。一次 WZX 老师检查学生 LZR 的作业，发现没有写完，于是询问组长 DXY，组长表示之前有检查，没有完成，但是上课之前没有再次检查。WZX 老师觉得组长没有完成督促组员完成作业的任务，也没有将组员未完成作业的情况告知老师，于是罚组长 DXY 带着组员 LZR 去副教室完成作业。WZX 老师在班上常说的一句话就是"不抛弃不放弃每一个孩子"。

其实一个班你不放弃一个，班上整体的氛围就好一些，你只要放弃了几个不管，这个（放弃的）队伍就越来越大，因为这是我历年来的经验，所以我带的班很少自习课分教室，我就是让他们感觉到整体的水平在提高，整体的氛围在提高，也许它的尖子生没有别的班那么拔尖儿，但是它整体的氛围上来了，它整个塔基建起来了，慢慢地，尖子生也就出来了。（WZX 老师）

在班上实行先进带后进的政策，成绩好的学生带动成绩不好的学生，成绩好的学生做好表率，拉动后进的学生，不仅仅是帮助了后进生，也促成了先进生更严格的自律行为，最终形成良好的班级学习氛围。

怎么做表率，就怎么严格要求自己。任何时候进教室都是最早的，进教室就开始搞学习，然后还要关注周围的同学，有人吵闹就及时制止，在班上形成一种学习的氛围。（WZX 老师）

我们也观察到，会计专业各学习小组组长经常会组织成员在副教室里核对答案，遇到有异议的情况会相互讨论，如果讨论未能达成统一意见，就会将题目标记出来交给老师。

（2）生活行为表现为学习服务。

1）生活时间压缩到最小。高三的生活时间包括三次就餐时间（每次半小时）和三次课间休息（每次 20 分钟）。上午、下午的课间匀为 20 分钟，上午的课间为固定的跑操时间；下午的课间 20 分钟，很多同学会洗澡、洗头发；晚间的 20 分钟则主要用来洗衣服。

现在我吃饭尽量只用 5~10 分钟，一般我最长的时间是搞学习的，所以我会尽量多出时间来学习。可能就是每个星期有那么一两次要洗澡的时候就不来那么早了……其他班是 22：00 下晚自习，但我们班老师要求我们 22：30 下晚自习，而宿舍是 22：40 熄灯，所以我们晚自习中间休息时间大部分同学都会洗澡、洗头或洗衣服，这样下晚自习就只需要洗漱了，平常我们课间休息也会用来做这些，不然根本没时间。（学生 ZYB）

2）日常休息时间也被压缩到最小。

休息的时间也几乎用来学习。班上同学几乎没有早于 24：00 睡觉的。每个人都有一盏小台灯供宿舍熄灯后继续学习。早上他们大多五点多起床，因 6：00 要集合跑操。

3）周末几乎不休息。

升学班几乎没有周末，每月休 2 天月假，平常周末补课。即便月假放假时也有部分同学不回家，自动留校学习。

周末休息的时候，我们班有一部分同学就留下来，自己搞学习，因为回家了没有学习氛围，所以就干脆留在学校学习。（学生 LS）

2. 就业班学生的行为表现："混日子"

熊春文等（2014）对北京市一所农民工子弟学校初三年级进行田野调查后发现，"混日子"是在农民工子弟中盛行的一种就学文化，表现为课堂混乱（睡觉、看小说、玩手机、窃窃私语、无秩序）、抄作业、考场抄袭、与老师对立等。[①] 高三就业班中大部分学生的表现与熊春文等的描述极为相似。

（1）学习行为表现：应付。

1）课堂：嘈杂。就业班的课堂非常吵闹，坐在教室后排及周边靠墙的学生在课堂上讲小话，有时候声音还很大，授课老师提醒也没有效果，不得不提高讲课的音量。还有一部分人在上课的时间睡觉。就业班学生有 63 人，上课睡觉的

---

① 熊春文，王毅，折曦．"混日子"：对农民工子弟就学文化的一种理解 [J]．南京工业大学学报（社会科学版），2014（2）：108-117．

有 20 多个，老师叫也叫不醒，或者被叫醒后接着睡。还有一小部分学生在课堂上吃零食。课堂上，师生常常互怼，互怼又会引得全班哄堂大笑。学生们还很会察言观色，他们知道哪些老师可以调侃，哪些老师不能开玩笑。班主任老师的课堂上，睡觉、吃零食、讲小话的学生大大减少，与老师开玩笑的也很少。语文老师上课非常风趣，喜欢与学生开玩笑，学生就喜欢跟他互怼。面对其他的老师，学生们会时不时地寻找机会插科打诨，课堂就变得热闹起来，一些本来在睡觉的学生被同学们的吵闹惊醒后，也会加入到喧闹的行列中来。老师们对此习以为常，但也无意改变这种状况。课堂上的对话大抵是这样的：

"动笔了没？""我没笔。""回顾一下这一单元我们学到了什么？""什么都没有学到。""学又学不会，还在玩游戏啊！""嘘，就快死了，玩儿完这一把。"

学生之间也经常开玩笑，言语间带着脏字，口无遮拦地骂同学。

上课认真听讲的极少，全班不超过 10 人。他们会跟上老师的教学进度，在课堂上回应老师，与老师互动。

2）晚自习：与学习无关。就业班晚自习很安静，几乎不需要值日生维持秩序。但学生不是在搞学习，他们都在干自己"想干的事情"——看小说、玩游戏、听歌、看电影等。据观察，大概 10 人在做自己的作业。班上 20 多位学生有手机，他们几乎都是上课睡觉，下课玩手机，甚至玩到凌晨，晚上没睡好觉，上课的时候睡倒一大片。

班上授课老师曾戏言：

"不晓得你们来这里干什么？你们的日记也非常好写，吃饭、睡觉、看手机、看小说；吃饭、睡觉、看手机、看小说……周而复始。好美慕你们，18 岁就已经过上了 80 岁的退休生活。"

3）作业：蒙混过关。就业班老师留的作业非常少，英语作业有时就是记 8 个单词，再加上书本后面的课后练习，语文作业则是一段文言文翻译。很多同学为了应付，将书上的翻译在作业本上抄一遍。老师对学生写作业也没什么要求，甚至都没有安排课代表按时收作业，只在第二天上课时询问一下完成情况，然后在课上讲解作业。为了应付老师偶尔的作业检查，部分同学会在晚自习的时候抄成绩好的同学的作业。虽然有部分学生想成为好学生，但是班上的学习氛围太差，自己"基础太差，跟不上"，只能"混日子"。部分学生觉得自己反正考不上本科，单招也不一定有希望，连抄作业都不愿意了，来学校就是为了混到毕业，混张文凭。

我们已经好几个月没有写过作业了，之前是自己不想交作业，老师也不会向我们要作业，后来作业都不用写了。我们往年寒假是要写试卷的，今年寒假好像都不用做作业。（学生 LX）

高三就业班是高二分流后成绩较差的那部分群体，部分同学感觉他们被学校抛弃。之前已经经过两年的行为规范管理，因分流的影响化为乌有，学生的行为习惯甚至比高一、高二的表现还要差。

班上有极少数努力学习的学生。学生 CY 就是其中一个，她的成绩在班上排名前五，上课时非常认真，晚自习在安静地学习，不受周边同学的影响，还自己额外买了一些练习册来巩固自己的知识，但是能做到她这样的，整个班上不超过5 人。

班主任只求学生平安、不闹事，课堂纪律管理缺乏有效的手段，即便科任老师在班上强调学生的行为习惯，也是效果甚微。

（2）生活行为表现：懒散。

1）休息时间绝不搞学习。就业班的学生非常懒散，作息时间与高一、高二一致。8：00 开始早读，20：20 结束晚自习，班主任老师在班上提出，如果有部分学生想上第三节晚自习，可以向她申请，她可以让学生晚一点到宿舍，但实际上没有学生愿意留在教室里学习。

我其实是想上第三节晚自习的，想搞学习，但发现班上没有同学申请，我也不敢向老师申请了，班上学习氛围也不好，我都不知道自己该不该参加高考了。（学生 L）

2）学生没有时间观念。就业班上课迟到早退的现象时有发生，早自习还未到下课时间，已有 4 位同学离开座位在教室走动，有学生开始讲话。

（二）不同班级的文化差异

在跟班观察中，我们明显感觉到两种班型有着不一样的班级文化。在班级文化的影响下，学生的行为表现存在明显差异。具体表现在以下五个方面：

1. 班级制度：顺从与抗拒

高三升学班纪律非常严格，制度非常细，也很严苛，类似于军事化管理，学生的生活与学习管理严格遵照制度要求，在班上几乎看不到学生对这些要求的反抗，学生们都很服从老师的管理。他们认为班级管理非常严格，管制很多，但都是为了他们好。老师很专制，但这是为了他们好，为了他们能考上大学。

来这里的学生都不是很自主的学生，然后我们班管得特别严格，跟别的班相比要求也更高一些，比如打传票，学校的要求是 200 分优秀，但老师对我们的要求是 200 分及格。所以我们就要严格要求自己，一定要及格，结果成绩出来后发现，我们班全部是优秀，会特别开心。（学生 DXY）

因为讲台上有人监督，所以台下平常本来就做得好的就会做得更好，然后做得不好的也会有一定的约束力，后来慢慢地改掉自己的一些不好的行为习惯，这是从他律性到自律性的一个过程，然后主要还是看个人自不自觉。我们班要做的是把学习成绩差的那一部分给抓上来，先从他们的行为习惯开始慢慢纠正，一个集体就是必须要把后面的给拉起来，整个集体才会提升。所以说，其实严格管理、严格监督实际上都是必要的。（学生 LS）

我觉得管一定是要管的，这方面我觉得还挺好的，每个人都会有压力。我有没有做得不好的地方，如果觉得不合规矩，就会一点点去改变。开始的时候不习惯，但习惯后会觉得很正常，就会觉得学习是最重要的事情。（学生 ZYB）

班上的这些管理制度、管理规范是没有明文规定的，都是 WZX 老师通过这些年来带高三升学班总结出来的经验，一代代沿袭下来。WZX 老师历年所带的升学班都非常优秀，取得了非常好的成绩。WZX 老师会在班上向学生们讲往届学长学姐们的故事，通过学长学姐们的励志故事和取得的优秀成绩来激励学生。学生们打心底信任、认可老师，他们愿意遵守班上的这些管理制度和行为规范。

就业班对自己的将来不抱希望，高三分流让他们觉得自己被抛弃，然后通过不配合来反抗学校和教师对他们的抛弃。教师对就业班学生的要求很低，只求学生平安、不闹事。班级的管理制度、管理规范形同虚设。在手机管理方面，班级明确规定，进学校后要将手机上交，但许多学生有不止一部手机，交上去一部，自己留一部，或者租手机玩。

2. 知识态度：认同与质疑

高三升学班的学生大多数都认为知识是有用的，可以让自己在将来找工作的时候拥有更多、更好的选择。大部分同学认为知识是个"好东西"，"多学肯定有好处"，"对专业谈不上多喜欢，但必须得通过这个专业考大学"，"拿到更好的文凭对自己的工作更有帮助"，对自己要求更高的学生觉得"进大学读本科只是个门槛，自己更高的要求是要读研"。同时，老师们也不断地在班上强调知识的重要性、读本科的必要性，让学生们认可知识的力量。

高三就业班的学生则认为知识的作用不如资本，认为现在是资本的时代。部分同学认为进大专很容易，学不学无所谓，考上考不上都一样，能考就考，不能考也没什么，反正读专科是没有问题的。对知识和文凭价值的质疑导致了学生对班级制度和规范的不服从，也影响着他们在班上的行为表现。

3. 心理状态：努力与自卑

高三升学班、就业班是从高二升学班分班考试中分流而成的，成绩优异的进入升学班、成绩较差的进入就业班，这样的分流使就业班的学生感觉是被淘汰的。

升学班的同学竞争更激烈，他们感觉身边的人都是成绩好的或者是比自己更优秀的，不拼不行。升学班的学生目标很明确——考大学，拿本科文凭，在这样的氛围下，班上的学生学习都非常的努力。

就业班的学生自认是被淘汰下来的，甚至部分同学将自己定义为分流考试的失败者，觉得自己比升学班学生差，于是自卑情绪蔓延。他们对自己的未来越来越迷茫，反正也考不上大学，对学习便更加不在乎了。

4. 学习氛围：拼与混

升学班的学生都很拼。升学班的课内行为文化表现为师生间的积极互动，师生之间互动频繁，教师在讲解时往往会耐心引导，并布置作业巩固加深学生对知识的理解；学生遇到不明白的地方会采用递纸条、举手示意、组长反馈或直接请教等方式向老师请教答疑，课堂上学生如遇到精神不济的情况会自觉站起来听讲，直至注意力集中再坐下。升学班学生学习很拼，将时间用到极致，几乎没有课外活动，学校组织的活动一律取消，每周只有一小节体育课。生活时间能省则省，课间20分钟都会被学生见缝插针地用来洗头、洗澡、洗衣服。

就业班同学大多在混。就业班的课内行为文化被戏称为"睡文化"，近一半学生上课时就趴在桌子上睡觉，还有学生在"干自己想干的事情"，认真听讲的学生寥寥无几。在就业班几乎感觉不到学习的压力，学生活动积极性很高，班级会参加学校组织的每周一次的班会活动、黑板报的展示，课间也非常活跃，学生们嬉笑打闹、轻松愉悦。

5. 制度选择：主动与被动

成绩好的学生可以主动选择升学班，成绩比较靠后的则只能被选到就业班。升学班、就业班最开始都是从会计升学班分流过来的，会计班的学生基本可算作学校基础好的学生。学生进入C学校，学校会通过专业分配将成绩较好的学生挑选到会计升学班，这些学生从高一开始便以进会计升学班为努力目标。分流考试安排在高二第一学期期末，分流主要看成绩。据了解，2020年高二升学1902班的分流考试，班上 60 名学生中仅有 8 名学生选择就业班、4 名学生选择单招班，而余下的 48 名学生的意愿是进升学班。6 个会计升学平行班通过分流考试分为升学班、就业班、单招班。进入升学班的学生通过他们自身的努力拥有了主动选择权，而就业班的大部分学生则因为成绩不够理想而被选择，是一个逐渐自我放弃的过程。

（三）班级文化与行为的内在关系

在特定的制度情境与互动结构中具有效力的"底层文化资本"，就其结果而言意味着那些"寒门贵子"非常善于在当下的基础教育场中"玩学习游戏"，他们形成了跟这一游戏相适配的惯习。① 升学班和就业班都形成了跟班级制度游戏相适配的惯习。升学班因严格的制度而形成良好的学习氛围，让每位学生将所有可能的时间都运用到了学习上，而就业班因松散的制度而形成懒散的学习氛围，使大部分学生在混日子。

人的一切行为均被行为所发生的场域所影响，学生的深度学习情况和学习场域有着千丝万缕的关系，这个学习场域不仅包括学习的物质环境，也包括他人的行为以及与此相关的其他因素。教育者要创建有利于深度学习的场域，进而影响学生心理及行为，调动学生的学习主动性，促进学生学习行为的发生，促使学生深度思考。②

"惯习与场域之间的关联有两种作用方式：一方面，这是一种制约关系。场域形塑着惯习，惯习成了某个场域固有的必然属性体现在身体上的产物。另一方面，这又是一种知识的关系，或者说是认知建构的关系。惯习有助于把场域建构成一个充满意义的世界，一个被赋予了感觉和价值，值得你去投入、去尽力的世界。"③ 布迪厄和华康德（2015）认为，场域和惯习密不可分，场域制造惯习，惯习成就场域，两者相互依存。班级文化形成的文化场域形塑着学生的行为习惯，同时学生的行为习惯也会反作用于班级文化，影响着班级文化的走向。

---

① 韩怀珠，韩志伟. 从"底层文化资本"到"底层的文化资本"——基于布尔迪厄场域理论的分析[J]. 中国青年研究，2021（3）：90-95+102.

② 侯海冰. 场域概念下学生深度学习的环境创建[J]. 教育理论与实践，2021（5）：7-10.

③ [法]布迪厄，[美]华康德. 反思社会学导引[M]. 李猛，李康，译. 北京：商务印书馆，2015：148+124+158+146+263.

第四节　影响中等职业学校班级管理的因素

毫无疑问，良好的班级环境对个人发展有着积极影响，而在塑造良好班级环境的过程中，多种因素共同影响着这一过程。无论是学校或者班主任层面的理念或策略失当，还是班级文化构建过程中的有选择或被选择，都在有意或无意中塑造了两种班级截然不同的管理风格。

一、管理理念和策略对中职学校班级管理的影响

（一）学校层面的政策引导不力

对于中职院校来说，学校层面常规管理制度的制定有利于整体学生管理环境的提升，形成整个校级层面的学生管理氛围。学校层面的管理理念是班级管理工作的指挥棒，从育人理念出发，中职院校学生管理不仅应该关注学生的专业学习，还应该关注学生的日常言行、品质塑造。为了能够为中职院校学生创造良好的学习和生活环境，学校在开展学生管理工作时应当合理考虑各种影响因素，对学生的思想价值观念进行正确引导，营造良好的班级氛围，促进学生良好个人品质的形成，为学生顺利就业提供保障。然而从调查来看，目前的中等职业教育学生管理在学校层面政策引导不力。

1. 学校缺乏对学生的个性化管理

中等职业学校学生处于青少年发展期，他们的外化表现复杂且多样化。有些学生可能存在控制力差、自我认知偏差大、缺乏劳动观念和责任感等问题，同时情绪波动也相对较大。这给班级管理带来了一定的挑战。然而，目前学校存在一个突出的问题，即缺乏对学生的个性化管理。在中等职业学校的班级管理中，需要充分考虑到学生的个体差异。学生在学习基础、学习方法、吸收能力、学习效能和成败归因等方面存在差异。有些学生可能具有较好的学习基础，能够较快地解决学习中的困难，而另一些学生可能面临学习困难并需要额外的支持和帮助。此外，学生的学习方法和吸收能力也不尽相同，有的学生对特定的学习方法更感兴趣和适应，而其他学生则可能需要不同的教学策略来提高学习效果。学生对学习的效能和动机也存在差异，这将直接影响他们在学习过程中的投入程度和学习成果。不同的学生对于自己的成功或失败可能会有不同的归因方式，这也会影响

他们对待学习的态度和反思结果的方式。此外，对于中等职业学校的就业班学生来说，他们在班级管理中往往忽视职业态度的端正和对就业岗位的深入了解。这可能导致他们对自己的职业身份认同不足，职业精神也无法真正形成。因此，学校在班级管理中应该改变管理者的意识，从约束、压制、要求转换为鼓励、交流、期待，管理要从学生单向度的被动服从转向"基于参与、因为理解、出于认同、自愿遵从"，① 更加注重对学生的职业素养和职业精神的培养，让学生明白规范管理的意义，以便他们在未来的职业生涯中能够更好地适应和发展。

2. 学校忽视班主任队伍建设

班主任队伍建设也是一个影响班级管理水平的重要因素。在走访中，我们发现学校对年轻班主任的培训存在一定的疏漏。部分年轻班主任缺乏管理经验，而学校并未对他们进行相关的培训和指导。然而，班主任的工作是琐碎而烦琐的，他们的经验和能力对于班级管理至关重要。从管理者的角度来看，班级的管理和经营取决于班主任的综合管理能力和方法运用。因此，班主任队伍的建设是实施学生管理和班级建设的先决条件。学校应该重视班主任的培训工作，为科学管理输送优秀的人才，并为管理者提供精准的支持和指导。此外，学校也未能很好地协调班主任的工作。班主任面临着大量的事务和教学工作，而班级管理的工作又非常烦琐，这使班主任感到分身乏术，疲于应对。学校应该正确评估班主任的工作量，合理安排班主任的教学任务，确保他们有足够的时间和精力进行班级管理工作。

（二）班主任层面的执行不力

班主任层面的执行不力是中等职业学校学生管理中的一个重要问题。班主任作为学生管理的关键角色，他们的工作执行情况直接影响着班级的管理效果和学生的发展。从观察和调研中可以看出，一些班主任在班级管理工作中表现出缺乏热情和积极性的情况。这可能是受到学校对班主任工作的考核制度的影响，导致他们更关注个人的教学任务，而忽视了班级管理的重要性。这种情况使班主任无法有效地安排班级管理的时间和精力，导致班级问题得不到及时解决，进而影响班级的秩序和学生的发展。此外，一些班主任在面临着工作量繁重的挑战，无法充分履行班主任的职责，导致工作积极性下降。

---

① 朱德全. 职业教育统筹发展论 [M]. 北京：科学出版社，2016：256-258.

1. 班主任无心班级管理

福勒（Fuller）于 1969 年提出了教师专业发展阶段理论，① 将教师的专业发展划分为四个阶段：①任教前的关注；②早期生存关注；③教学情境关注；④关注学生。当教师将个人关注点从生存转移到自身教学水平和学生发展上时，就完成了优秀教师发展的转变。然而，学校对班主任工作的考核往往在很大程度上影响了班主任工作的实施。目前，对班主任的工作绩效考核有两种量化评定路径：一是年级教务组对各班级进行检查，二是学生处对班主任进行期中和期末评价。然而，这样的评定制度并不能有效触发竞争机制，反而在一定程度上阻碍了教师的积极性和主动性。在实地走访中，我们发现大部分班主任的教学任务非常繁重。由于上课时间与班级管理时间的冲突，班主任无法合理安排班级管理工作，导致无法及时有效地处理班级问题，从而使问题积累下来。中职班主任在面对学生有不良学习行为且不愿改正的情况时往往容易产生放弃心理。班级的日常工作管理已经消耗了班主任大部分的时间和精力，使其无法深入履行班主任的职责，对学生的思想政治和道德水平提升投入的精力很少。中职生不仅难以教育，而且难以管理。班主任通常投入了大量的工作，但收效甚微。长此以往，班主任的自我成就感普遍偏低，加之待遇不高，班主任的工作积极性普遍降低。

2. 班级管理缺乏深度

班级管理的问题不仅体现在班主任的执行不力上，还存在班级管理缺乏深度的情况。尽管近年来人性化、生命教育等概念越来越受到重视，但实际的实施却并不容易。一些班主任在班级建设中可能会利用信息化手段，采取封闭式的管理方式来完成班级管理的任务。然而，这种管理方式往往缺乏温度和深度。班级管理不仅仅是管控的手段，更重要的是达到理想的目标。班级管理的对象是学生，其作为独立的个体，不能仅仅进行管控，而应更多地展开思想、精神、品质等全方位的教育。高效且有深度的班级管理需要运用管理的艺术和实践经验。这也需要班主任们在班级管理的一线上，以自愿和主动的态度积极探索，不断与时俱进。他们应当意识到班级管理工作的重要性，并在实践中寻找适合自己班级的管理方法和策略。只有这样，班级管理才能具备深度和温度，真正满足学生的发展需求。

---

① 肖丽萍. 国内外教师专业发展研究述评 [J]. 中国教育学刊，2002（5）：61-64.

二、班级文化对中职学校班级管理的影响

班级文化影响、制约着学生的行为习惯。班级文化形成班级文化场域，使在这个空间的班级学员之间相互影响。人的每一个行动均被行动所发生的场域所影响，场域并非单指物理环境，更包括人的行为以及与此相连的诸多因素。① 通过长期的跟踪观察，我们发现班级文化影响班级管理的逻辑主要有以下四个方面：

（一）班级精神文化引导学生精神面貌

管理思想是一切管理行为的基础，思想的存在能够决定管理方法、管理内容等具体行为的施用方向与尺度。②

1. 升学班"向上向善"

升学班的管理理念是"向上向善"，学校对高三升学班非常重视，每个班安排两位班主任，LK 老师主要负责班级的常规管理，而 WZX 老师主要负责学生的思想教育工作。WZX 老师是学校会计专业的金牌老师，以她多年来的教学经验总结了一套教学理念，教导学生"向上向善"。

我的一个教育理念是成长比成绩更重要，只要他们有进步、思想品德好就可以。我经常对班上的学生说两个词，一个是向善，另一个是向上，也是全方位地给他们鼓励，学生如果有了这种既向善又向上的精神，便会自我追求，我不仅仅是在培养他们的行为习惯，更是要培养他们持续发展、追求幸福生活的能力。（WZX 老师）

WZX 老师经常会用自己独特的方式来引导教育学生，引导学生做一个明辨是非的人，教导学生要从小事入手，做一个善良的人。据学生们反映，该老师经常教导学生要向善向上，要学会感恩，老师在课堂上会跟学生讲她的生活经历，教学生一些做人的道理；老师也非常注重学生协作能力的培养，培养学生互帮互助的意识，提醒学生要团结。班上成立学习帮扶小组，由成绩好的学生负责辅导成绩较差的学生，老师要求成绩好的学生做好表率，营造一种研究型的班级学习氛围，带动更多学生自主学习。

2. 就业班"包容忍让"

就业班的老师推崇"包容忍让"的教育理念，对不守规则的学生好言相劝。

---

① 白凌，袁丽丽. 教育场视域下的班级文化建设 [J]. 教育理论与实践，2022（35）：17-20.
② 刘素芹，陈洁洁. 以生为本理念下班级精细化管理的厘定与重构 [J]. 教学与管理，2020（9）：59-61.

班主任会充分尊重学生，与学生的沟通都是有商量的，希望通过劝导感化学生，进而可以多配合老师的工作，哪怕学生犯了错，也不会有严厉的惩罚。老师们担心对这些处于叛逆期的学生管教太严厉，会造成无法挽回且无力承担的后果。

（二）学习目标定位指引学生的学习行动

1. 升学班学习目标明确，学生干劲足

升学班上大部分的同学都希望能考上本科院校，目标非常明确。升学班教室设置了目标墙，每一个学生都在上面写下自己在某一个学习阶段的具体学习目标，如下次月考要考多少分、要提高多少名次、需要巩固的知识点……可操作性很强。老师对班上学生的指导也很细致，每次月考后，WZX老师会根据班上的成绩分层次开月考总结会，第一梯队为月考成绩500分以上的学生，第二梯队的学生成绩为450~500分，第三梯队则为450分以下的学生，WZX老师会分别来开总结会，分析各个梯队目前学习上存在的问题，提出提高学习效率的方法，帮助学生制定下个阶段的目标等，给予学生足够的精神支持，对成绩好的或者进步较大的给予表扬，提升学生的自信心；对暂时落后的同学，帮助他们寻找更好的学习方法，确定努力的方向。在班级中，学习先进者带动后进者，互帮互助、互相促进，创造良好的班级学习氛围。

2. 就业班没有目标，得过且过

就业班的学生大多没有目标或目标不明确。原则上，就业班的同学还是有机会进入到升学班的，提交申请后，如果能通过升学班的月考就可以进入升学班学习，两个班级的学生都可以参加对口高考。但不管是就业班的老师还是学生，都认为班上学生学习不认真。大部分学生感觉自己高考无望，针对高考的上课内容、教材教辅对他们来说都不匹配，对于他们这种只能参加单招的学生没有对口的资料，学校放弃了他们。学生没有自己期待的目标院校，也不清楚自己应该参加单招考试还是对口高考，对未来很迷茫，学习跟不上，学习氛围也很差，每天都得过且过。

（三）制度文化规范学生的行为

班级管理制度是班级管理理念的具体表现，是班主任老师根据学校的要求、学生的行为所制定的，是对班级学生的行为约束。班级存在风格差异，班规也会有差异。每个班都会根据各自班级及学生的特色、班主任的管理理念来设置班规内容。

1. 升学班制度严格，严抓严管

（1）纪律严明。升学班严抓学生学习、生活的方方面面，班规非常严格。WZX 老师用龟兔赛跑比喻中职生与普高学生，中职学生虽然学习能力差、听课能力差、自主能力差、行为习惯不好，但只要能坚持，最后也能跑赢普高学生。在班级管理中，既要让乌龟跑起来，让其看到进步，以此来提高其自信心；又要严抓班级管理，将行为规范具体化、可操作化。通过对学生行为进行持续的强制化管理，使其形成良好的学习习惯，如物品要按统一标准摆放整齐、试卷要收纳整理、笔记要用统一的方式记、时间安排具体到每一分钟、形成时间观念，学习纪律相当严格，要求入室即静、入座即学等。

（2）学习高标准。学校也会给升学班安排教学能力较强、极具奉献精神的中青年教师，老师对学生的学习也是高要求、高标准。

高三的教师队伍是由学校党委研究决定的，采用的是以老带新模式，每一年高三都会有新的力量，新的老师加进来，但同时会有相对固定的、经验丰富的老师，每一个科目都至少会有两个或两个以上有经验的、能够把关的老师来指导新老师……高三升学班的老师并不是随便一位老师就能胜任的，能带升学班的老师都很不一般。（WZX 老师）

2. 就业班制度形同虚设，懒散懈怠

（1）纪律涣散。就业班也会制定很多管理制度，但都会在学生的抗议下降低标准。学校规定学生 7：30 进教室，同时进行卫生检查，但很多同学抱怨时间太早，没法按时进教室，班主任只好向学校申请只要求值日生 7：30 进教室，其他同学可推迟 10 分钟。允许学生申请回家自己复习，直接来参加单招考试即可。部分同学觉得在学校混日子还不如申请回家，在学校还要受学校规章制度的限制，63 名学生中有 16 名学生申请回家。这样的班集体学习氛围肯定不理想。

在就业班，只要不违纪就是好学生，但是在升学班不学习就是错的……就业班有个特别难克服的问题就是环境，学习氛围真的很懒散，其实班上还是有几个想进对口班、想考本科的，但是受环境影响，自己又不够努力。（学生 HGZ）

（2）学习低要求。就业班的教师大部分是即将退休的教师，虽有高三带班经验，但精力有限，不是很愿意加班。任课老师对学生的要求也极其低，有没有听讲不重要，不在课堂吵闹就好。课堂上几乎一半学生在聊天，老师也不太管。就业班的上课进度比升学班慢，挑简单的知识来讲，老师对学生的作业也不提要求，很少检查、批改作业。

（四）物质文化强化学生的行为

班级物质文化是文化的外显部分，进入班级能瞬间直观感受到班级的物质文化。班级物质文化是班级精神文化的重要载体，班级精神文化通过班级的物质文化来体现、表达。班级全体成员在班级组织的一系列活动中，共同参与班级物质文化的建设，比如教室卫生打扫、座位编排、班规班训的制定、墙壁标语的拟定和张贴、黑板报的设计等都是班级物质文化建设的重要内容，班级中的每一位成员都发挥自己所长，为班级物质文化的建设添砖添瓦，容易培养班级成员的主人翁意识。通过对两个班级最直观的了解，两个班级的物质文化也截然不同。

1. 升学班物理空间完善、整洁、肃穆、催人上进

学校为升学班配备了 2 个教室，一主一副，主教室是平时上课、学习的重要场所；副教室便于学生之间开展学习讨论，有利于师生之间的交流，给紧张的学习释放一点讨论的空间。升学班教室最前方贴着"距离高考××天"的字样，每天都会有值日生进行更新，给学生营造一种紧张的学习氛围。在教室信息栏张贴处，升学班设置了"目标墙"，学生们将自己的长期目标、近期目标用便利贴张贴在目标墙，提醒并激励自己努力实现目标。教室黑板上会特意空出一部分写班级语录，学生们每天都会进行朗读，以此提醒自己遵守班级公约。每个学生旁边都摆放着一个收纳箱，书本都收纳整齐。开学班整体给人的感觉就是整洁、肃穆又催人上进。

2. 就业班物理空间简单、没有个性、杂乱

就业班只有一个独立的教室，学生们平时上课、学习和学生之间开展学习讨论、师生之间的交流都在这一个教室，并没有配备单独讨论空间，对比之下，就业班在教室空间的设置上没有升学班完善。就业班并没有设置值日生，教室空间场所也没有粘贴"距离高考××天"的字样，与同为 6 月参加对口高考的升学班相比，就业班没有关于考试即将来临的明显标识。在教室信息栏张贴处，仅仅张贴的是学校下发的通知文件、班级的管理制度、班级信息，没有设置自己班级所特有的班级语录和可以体现班级中不同学生不同规划的"目标墙"。在就业班中，个别同学会在座位旁边摆放着收纳箱，但与升学班相比，箱子较小，而箱子中摆放的物品大部分是生活用品，只有少部分书籍，且总体而言，书籍摆放得并不整齐，桌面也不够整洁，整体感觉较为随意散漫。

第五节　中等职业学校班级优化管理的对策

中等职业学校班级管理是职业教育发展的基石，是学生学习与发展的场所，研究中等职业学校的班级管理问题有着重要的现实意义。从前文中我们了解到中等职业学校班级环境存在升学班与就业班的班级差异，也存在年级差异、性别差异，从研究中能够发现学生行为习惯和班级文化场域之间的内在关系，班级文化场域与学生行为习惯相互作用、相互影响，以及班级管理对学生的行为习惯的养成也有着潜移默化的影响作用。所以中等职业学校班级管理面临如何有针对性地进行优化管理的问题，从而升级班级管理，优化班级环境，创新班级文化，培养更高素质的中等职业学生，推动班级管理不断发展与完善。

一、就业班班级管理优化

（一）学校层面

1. 学校政策积极引导

学校积极进行政策引导，以促进中职学生的全面发展和班级管理的提升。当前，许多中职学校将人才培养的重点放在就业上，注重培养学生的技术应用能力和实际操作能力。然而，在这种背景下，C学校作为市教育局直属首批国家级重点中职学校示范校，采取了积极的政策引导。该学校根据学生的意愿，特别开设了职业生涯规划课程，为学生提供了更多的选择和指导。通过这门课程，学生可以更好地了解不同职业领域的发展前景，有针对性地规划自己的职业发展道路。该学校还采用了就业班特有的"工作场域"教学模式，通过模拟职场的竞争氛围，将班级管理的竞争机制与职业竞争相结合，激发学生的学习动力和竞争意识。中职生的职业学习生涯被划分为两个阶段：前两个学年主要以校内学习为主，后一个学年则以校外顶岗实习为主。这种明确的培养目标和教育教学安排，使学生在学习过程中更加明确方向，更好地适应职业要求。学校还积极推进校企合作，邀请高技能的职业讲师来授课，通过实践中的理解和应用，激发学生的学习兴趣和动力。这种与实际工作紧密结合的教学方式，使学生能够真正体会到实践中的知识和技能的价值，为他们的职业素养的培养提供有力的支持。在C学校的努力下，劳动技能培训与思想品德教育得到了平衡和并驾齐驱。学校注重培养学生的职业素养和道德品质，使他们能够成为有社会责任感和职业道德的优秀员工。这种综合培养的模式进一步促进了"职业竞争—班级竞争—个人发展—班级环境优化"的联动发展，使学生在竞争中获得成长，班级管理也得到了全面的提升。

2. 学校积极引入职业生涯指导

我国的职业生涯规划体系起步相对较晚，目前还未形成完善、成熟的体系，中职学校的就业指导和职业生涯指导仍然存在较大的不足。在普遍对就业指导工作认知不足的情况下，人们往往将职前培训简单地理解为职业指导，而学校也只设立了学生就业指导中心、就业办等部门，这些部门很少涉及职业生涯规划。针对中职学生的职业生涯指导问题，学校应当充分考虑学生的个性化需求，制定合适的职业生涯规划课程。通过这门课程，学校可以引导学生完成从学生到职场人的角色转换，培养学生的职业素养。这包括引导学生正确认识自我，培养学生的学习能力和生存能力，使他们能够在职业发展中做出明智的选择。为了实现这一目标，学校层面也需要加大校企合作的力度，积极推进教学改革，并发展"双师型"教师队伍。通过与企业合作，学校可以为就业班开设实训课程，使学生能够在产教融合的环境中培养生产技能和组织管理能力。学校还应规范学生的职业意识和职业道德，培养学生的职业精神和工匠精神。这样的努力可以帮助学生在职业生涯中更好地适应社会需求，提高就业竞争力。

3. 重视学生的理论素养培养

David（2004）在研究会计专业学生职业伦理教育时指出，职业伦理教育应与现有的专业课程有效整合。[①] 然而，中职学校往往只注重培养学生的技能素养和职业素养，忽视了理论素养的培养。这导致部分学生在综合素质和文化素养方面存在较大的不足。为了解决这一问题，中职学校应在教学过程中注重学生理论素养的培养，而不仅仅局限于专业技能的训练。教师可以采用研究式教学和情境教学等创新方式，加强对学生职业认知和理论素养的训练。通过实践和案例分析，学生可以深入了解相关职业领域的理论知识，并将其应用到实际问题中，培养他们的综合素质和分析能力。与此同时，学校还应与企业保持密切联系，了解劳动力市场的最新需求动态，并有针对性地培养综合实力强、竞争力大的毕业生。通过与企业合作开展实践项目和实习，学生可以接触到真实的职业环境，提

---

① David Molyneaux. After Anderson: An Experience of Integrating Ethics into Undergraduate Accountancy Education [J]. Journal of Business Ethics, 2004 (54): 385-398.

前适应工作要求，并获得实践经验和技能提升。作为基础的职业教育，中职学校不仅可以为市场提供合适的劳动力，还可以为高等职业技术教育输送更多的人才。通过重视学生的理论素养培养，中职学校可以为学生打下坚实的知识基础和职业素养，为他们的未来职业发展奠定坚实的基础。这也有助于提高中职学校的声誉和影响力，吸引更多学生选择职业教育，并为社会经济发展做出贡献。

（二）班主任层面

1. 提升班主任的职业素养和班级管理能力

班级管理的成功与班主任的职业素养和班级管理能力密切相关。作为班级管理的核心力量，班主任需要具备一定的职业素养和专业技能，以提升班级的凝聚力和管理效果。首先，班主任应关注学生的个体发展和职业生涯规划。他们需要引导学生思考自己的人生和职业发展方向，并提供相关的指导和支持。通过开展学生生涯规划教育，班主任可以帮助学生明确自己的职业目标，提高综合职业能力，并为他们的未来职业发展做好准备。① 其次，班主任需要具备良好的沟通和管理能力。他们应与学生建立良好的关系，了解学生的需求和问题，并及时提供帮助和支持。班主任还需要与家长、教师和学校其他相关部门进行有效的沟通和合作，共同促进班级的发展和学生的全面成长。此外，持续的职业发展和学习也是提升班主任职业素养和班级管理能力的重要途径。班主任可以参加培训课程、研讨会和专业交流活动，不断更新自己的教育理念和管理技能。学校可以建设名班主任工作室等平台，为班主任提供合作交流和共同提高的机会，通过工作室活动的开展，促进班主任的成长和综合素质的提升。C 学校在建设名班主任工作室方面做得很好，名班主任工作室成为班主任合作交流、共同提高的平台，通过工作室活动的开展助力班主任成长，提升班主任综合素质和德育工作方法。②

2. 提升班主任的个别化学生管理能力

传统的教学评价和班级管理常常忽视学生的个体差异，采用"一刀切"的方式对待学生。然而，作为学生成长时期的引导者，班主任应该更加注重个体化的学生管理能力的提升。个体化的学生管理意味着班主任需要关注学生的个体差异，并将其纳入评价和管理的考量中。班主任应该选择一些可变的观测差异项，

---

① 史吉海. 中职班主任实施学生生涯规划教育的现状及策略研究 ［J］. 职教论坛，2017（35）：25-28.
② 我校召开湖南省中等职业教育王朝霞名班主任工作室建设推进会 ［EB/OL］. http：//www. cscjedu. com/xyxw/xydt/content_400533.

将个性心理差异作为评价标准，并建立起班主任与学生之间、学生与学生之间的良好对话关系。这样的对话关系体现了班主任对学生的认可，认为学生是独立的个体，能够自我负责、自我管理。班主任应采用平等的、因材施教的沟通方式，而不是单向灌输和指令性的教学方法。班主任应该充分考虑学生的兴趣、爱好和特长，了解学生的优势和潜力，并将这些因素纳入个别化管理的实施中。为提升班主任的个别化学生管理能力，需要建立深入且平等的沟通和对话关系。这样的对话关系不应受到强制性的标准和功利性的目标的限制，而应鼓励妥协和接受沟通失败的可能性。① 班主任可以通过参加专业培训和教育研讨来提升个别化学生管理的能力，同时学校也应提供相应的支持和资源，为班主任的个别化管理工作提供良好的环境和条件。只有通过深入的沟通和对话，班主任才能更好地发挥个别化管理的作用，为学生的成长和发展创造更加有利的条件与机会。

（三）班级文化管理层面

1. 构建完善的班级制度，以制度的硬性特征约束学生行为

班级作为学生群体学习生活的场所，班级制度在维持其稳定方面发挥着重要作用。将班级制度贯穿于学生的日常学习生活中，影响和制约学生的行为规范，是班级文化管理的一个层面。班级制度应该以学生为核心，尊重学生的人格和主体性，并结合班级的实际情况来制定，以符合班级共同利益、目标和价值观。② 在执行班级制度时，需要采取温和而公正的方式来约束学生的行为。我们可以建立奖惩机制，通过奖励来激励学生的积极表现，如表彰优秀学生、提供特殊待遇等。在惩罚学生不合适的行为时，我们可以采取教育为导向的方式，帮助学生反思自己的行为并纠正错误，以培养他们正确的行为习惯。在班级制度的制定和执行过程中，应尽量考虑学生的个体差异，并与学生建立平等的沟通和对话关系。我们要尊重学生的权益，让学生感受到制度的公正和尊重。在制度的执行中，我们也要注重灵活性，根据实际情况进行调整和改进，以适应学生的发展需求和变化。通过构建完善的班级制度，并以温和而公正的方式执行，我们可以帮助学生形成良好的行为习惯和规范意识。③ 班级制度不仅是约束学生行为的工

---

① 肖振南. 班级治理：以"平等"和"对话"重构班级管理 [J]. 教育理论与实践，2016（2）：24-26.

② 田建伟. 基于"行动共同体"的中学民主化班级管理 [J]. 教学与管理，2019（7）：33-35.

③ ［苏］马卡连柯. 马卡连柯教育文集（上卷）［M］. 吴式颖，编. 北京：人民教育出版社，2005：270-277.

具，更是培养学生自律和责任感的平台。在班级中，我们应该注重引导学生的发展，关注他们的个性特点和兴趣爱好，并通过制度来支持他们的成长和发展。

2. 根据就业班班级文化特性开展班级活动、社团活动、社会实践

部分中职学校的学生学习成绩欠佳，并不意味着学生其他方面的能力同样不足，针对就业班的文化特性，通过开展班级活动、社团活动、社会实践活动营造的班级软性文化氛围更能让学生充分发挥自己的特长、挖掘自身的优点、锻炼自己的能力、拓宽自己的交际面，增长见识。"班级主题教育活动教育价值的开发，是班级建设重要的内容。它不仅是综合的教育活动，而且是学生日常生活的呈现。"① 应针对就业班学生所具备的区别于升学班的开展活动的特性，为学生提供良好的社会实践活动场所和实践素材，培养学生的社会经验，利用活动开展过程中的文化氛围促进学生社会责任感的培养、批判性思维的发展以及社会性成长。组织学生将班级活动与校外社会实践相结合，以班级的形式组织学生校外开展素质拓展活动、与企业合作开展企业研学活动等，通过校外活动的开展促进师生之间、学生之间的情感互动，增强班级的凝聚力，为班级文化发展注入新的活力，也为学生争取更多的发展机会。C 学校的"双创"育人教育经过十多年的探索，取得了长足发展，为顺应大数据新零售的时代趋势，学校建设了"双创"直播基地，先后在五个乡村振兴点建立了直播基地，参与学生成为"双创"教育的最大受益者。

我是学校"双创"教育的最大受惠者，不仅拥有了国赛金奖的光环，而且因"双创"保送进入了大学，更重要的是"双创"实践锻炼了我，为我打开了一片新天地。(学生 JRA)②

二、升学班班级管理优化

(一) 学校层面

1. 畅通升学渠道，建立自主选拔制

首先，从制度设计上，让出类拔萃的中职生有机会继续深造是鼓励中职生积极上进的必要措施，但如果升学比例过大，势必会要求高等院校降低招生门槛，

---

① 孙秀庆. 主题教育活动中资源的有效利用与开发——由"吃饭那些事"主题教育活动谈开去 [J]. 思想理论教育，2013 (22)：83-86.

② 长沙财经学校双创直播基地落户浏阳永安芦塘村 [EB/OL]. http://www.cscjedu.com/xyxw/xydt/content_399388.

这样既不利于鼓励中职生刻苦努力趋近高等院校的招生条件，也无法保证高等院校的生源质量。教育部门应该制定明确的政策和指导方针，保障中职生的升学机会。这包括与高等院校合作，设立特殊的招生计划和名额，为中职生提供更多的升学机会。为了确保高等院校的生源质量，还可以制定相应的升学标准和选拔机制，确保招收的中职生具备相应的学术能力和潜力。其次，学校应加强对中职生的学业指导和培养，改善和提高他们的学习习惯和学术能力。通过提供专门的升学辅导和选课指导，帮助中职生理解升学的必要性和过程，并为他们提供合适的学习资源和支持。加强对学生自主能力的培养，鼓励他们独立思考、分析问题和解决问题，以便能够自主决策自己的升学选择。此外，还应该加强社会对中职教育的认可和支持。中职生在升学过程中可能会面临一些挑战和偏见，因此需要改变社会对中职教育的观念，将其视为一种有价值的教育路径。这需要宣传中职教育的优势和成就，展示中职生在就业和升学方面的成功案例，以提高中职教育的声誉和吸引力。

2. 落实科学的班主任培训工作

有经验的班主任可以担任指导新任班主任的角色，帮助他们适应班级管理工作，并提供相关的培训和指导。在这样的协同管理机制下，有经验的班主任可以与新任班主任合作，分享自己的管理经验和成功实践。他们可以指导新任班主任处理各种班级管理问题，如建立良好的班级氛围、处理纪律问题、促进学生的参与等。通过与有经验的班主任合作，新任班主任可以更快地适应环境并成长为优秀的班级管理者。[①] 为了确保班主任的个别化培训和发展，学校可以提供专业培训和教育研讨会的机会。这些培训和研讨会可以涵盖班级管理的各个方面，如学生心理健康、团队建设、沟通技巧等。通过不断学习和提升自身的能力，班主任能够更好地应对班级管理中的挑战，并为学生提供更好的教育环境和支持。新教师跟班管理，在实时管理环境中锻炼独立处理班级事务的能力并积累经验，同时在实施过程中定期汇报、指导、反思、总结，并通过完善的考核评价机制加强新教师的职业认同感和归属感。

3. 健全班主任工作激励机制

给予班主任工作足够的权重。将班主任工作与职称评定、评奖评优挂钩。对班主任工作成绩不佳、未能获得相关德育方面表彰的实行一票否决制，以职称评

---

① 向先. 中等职业学校班主任工作任务分析与能力培养研究［D］. 湖南农业大学硕士学位论文, 2016.

定为杠杆，调动教师积极性。[①] 学校将职业素养培养与提升纳入激励机制之中，势必要考虑职业素养包含内容之多、专业性之强的特点。随着人们对教育质量的关注度日益提高，对职业院校班主任职业素养的绩效考核与效能鉴定更多偏向科研理论研究与实战训练。C学校在师资培训上有很好的实践借鉴与管理启发。学校校长秉承办校方针与教育政策高度一致的理念，邀请联合教育学研究领域的专家，以学术讲座会或者研修班的形式开展教学研究方法等内容的训练，提高教师的科研能力。班主任培训也可通过此类方法参与学习，内容结合班主任日常工作进行管理案例分析研究。为此，有序开展职业素养训练工作与评价考核制度，是提升中职班主任职业素养水平的关键。

（二）班主任层面

1. 营造学习互助型班级生态

构建一个学习互助型的班级生态，班主任在工作中扮演着关键角色。班主任应当全面了解班级中每个学生的情况，包括他们的思想动态、心理状态和学习进展。基于这些了解，班主任应制定相应的班级管理制度，旨在激发学生的主动性和积极性，进一步促进学生参与班级管理的热情，增强班级的凝聚力，并提高学生对班级的认同感。特别是针对中等职业学校学生学习难度较大的情况，班主任可以鼓励同学们展开互助学习活动，通过先进生帮助后进生，相互之间共同进步。这种互助学习不仅能提高学生的成绩，还能增强班级同学之间的互动和沟通。班主任可以促使学生形成学习小组，让他们共同解决学习难题、分享学习资源、相互辅导和讨论。班主任也可以提供必要的学习资源和指导，如推荐优秀学习资料、分享学习方法和技巧，以及提供学习辅导的机会。除了互助学习，班主任还应努力营造一个积极向上的班级氛围，鼓励学生之间互相分享知识、互相支持和鼓励。班主任可以组织团队合作的学习任务，鼓励学生合作解决问题，培养他们的合作能力和团队精神。班主任还应定期组织班级活动，促进学生之间的交流和合作，让他们感受到班级大家庭的温暖和归属感。

2. 引导学生制定学习目标和职业发展目标

班主任在引导学生制定学习目标和职业发展目标方面扮演着重要角色。为了帮助学生建立自我认知和分析能力，班主任应引导学生客观评价自身的优势和不

---

① 章宏，姜汉荣，林德华，陶华山，周蒋浒. 中职班主任队伍建设：现状、问题与对策——以江苏省为例 [J]. 中国职业技术教育，2018（27）：70-76.

足，并鼓励他们建立明确的学习发展目标。为此，定期开展励志教育活动是必不可少的。这些活动的目的是在精神上持续激励学生，鼓励他们不断突破自我，追求进步，并挖掘自身潜能。通过这样的励志教育，班主任能够激发学生的自我发展能力，满足他们对自我实现的需求，同时激发班级整体的内驱力，提升班级整体水平。为了营造积极向上的学习氛围和解决学习倦怠的问题，班主任可以邀请已毕业且成绩优异的同门学长学姐和学生们分享学习习惯、学习方法等。这样的经验交流可以为学生提供宝贵的指导和启发，让他们从优秀的同学身上学习，并受到鼓舞。班主任还可以制定完善的班级竞争机制，以创建一种勇于追求、积极学习的良好氛围，如设立奖励机制激励学生学习目标的实现、组织学习竞赛或小组合作项目等促进学生之间的竞争和合作。通过这样的竞争机制，班级中的学生将被激发出内在的学习动力和发展潜力，从而推动班级学习的长期机制。

（三）班级文化管理层面

1. 树立教师权威，学生尊师重教是培养学生良好行为的关键

学生在学习过程中的最佳模仿对象是教师，教师的言传身教时刻都在影响着学生。WZX 老师曾被评为"最美班主任"，是会计专业的"定海神针"。WZX 老师除了教授学生知识外，还会教导学生要向上向善、知恩感恩、坚强勇敢，培养学生追求幸福的能力。WZX 老师用她的热心、责任心、爱心征服了班上的学生，学生都喜欢称她为"王妈妈"。学生对 WZX 老师很尊敬，学生认可老师的权威。有同学将 WZX 老师平日里的教导写了一课桌。

不做懒汉，不留遗憾；不忘责任，不问结果；只求耕耘，天道酬勤；超越自我，实现理想；每天进步一点点，每天努力多一点点，每天再坚持一下下；态度决定一切，细节决定成败；影响他人学习的行为非常可耻！（WZX 老师）

WZX 老师要求学生们养成每天写日志的习惯，她自己也以身作则，每天记录当天完成的工作、尚未完成的工作及工作反思。WZX 老师通过写日志能很清楚地知道自己每天的工作状态，可以知道今天的自己有没有比昨天更进一步，这个习惯对她的帮助很大，坚持了十几年了，于是她把这个方法和同学们分享，要求她带的每一届的学生都养成记日志的好习惯。

2. 榜样是形成良好行为习惯的标杆

榜样的力量是无穷的。榜样不只是其他同学的标杆，榜样还能在同学的监督中变得更优秀。榜样具有很强的说服力、号召力，引导学生向先进人物学习是形

成积极班级舆论的有效途径。① 洛克（1999）曾提到："在各种教导儿童以及培养他们的礼貌的方法中，其最简明、最容易而又最有效的办法，是把他们应该做的或者是应该避免的事情的榜样，放在他们眼前。一旦你把他们熟知的人的榜样给他们看了，同时说明他们为什么漂亮或丑陋，那种吸引或阻止他们去模仿的力量，是比任何能够给予他们的说教都要大"，"没有什么事情能像榜样这样能够温和而又深刻地进入心里"。② 升学班将优秀学生确立为全班同学学习的榜样，要求榜样以身作则，做出表率影响身边的同学，不仅拉动了后进生，还严格约束了榜样学生的行为。卢梭（1985）说过："需要使他们模仿我们希望孩子们养成习惯的行为，以便他们最终能够凭他们自己的判断和对善的喜爱去实践这些行为。"③

① 陈国平 . 班级精神文化的构建［J］. 教育评论，2008（1）：71-72.

② ［英］洛克 . 教育漫话［M］. 傅任敢，译 . 北京：教育科学出版社，1999：50+59-60.

③ ［法］卢梭 . 爱弥尔（上卷）［M］. 李平沤，译 . 北京：人民教育出版社，1985：107.

第五章　中等职业学校"双导师制"

为了适应"互联网+""工业 4.0"等政策的发展,我国面临着新一轮技术技能型人才短缺的挑战。为解决这一问题,教育部于 2014 年印发《教育部关于开展现代学徒制试点工作的意见》(教职成〔2014〕9 号),明确提出了"双导师制"的建设,将专兼结合的师资队伍作为重点。随后,2017 年和 2018 年的《现代学徒制试点实施方案》中,也将"完善双导师制"列为重要任务。此后,2019 年国务院印发了《国家职业教育改革实施方案》,要求总结现代学徒制试点经验,并将新技术、新工艺、新规范纳入教学标准和教学内容,推动"双师型"教师队伍的建设。同年,教育部办公厅发布了《关于全面推进现代学徒制工作的通知》,明确提出要推广并完善"双导师制"。

职业教育质量的核心是人才的培养,在这一过程中,"双导师制"起到关键作用。高质量的师资队伍,包括校内导师的学术水平和校外导师的专业实践水平,为人才的培养提供了保障。而学生的培养制度也要求建立起指导教师的构成机制,并激励导师对学生的指导。因此,从"双导师制"的角度来看,学校需要重视并建立相应的制度,以保证指导教师的质量和学生的高质量培养。这样的制度保障是职业教育类型特色的体现,能够为培养适应现代产业需求的高素质技术型人才打下坚实基础。

第一节　中等职业学校"双导师制"问题的提出

中等职业学校"双导师制"引入企业导师和学校导师的双重指导,旨在培养更符合行业需求的高素质技术型人才。企业导师帮助学生了解实际工作场景,传授实用技巧,学校导师则协助学生制订学习计划,全面发展潜力。这种紧密合作的双导师体系将使学生在校园和职场之间无缝切换,更好地适应未来职业发展，推动中职学生的综合素质提升和职业技能培养，实现中职教育与社会、产业的紧密对接。这一教育探索为中职学生提供了更广阔的发展空间。

一、"双导师制"的重要意义

"双导师制"是指在学生培养过程中，为每位学生配备校内导师（学校导师）和校外导师（企业师傅）。专业课老师担任的校内导师负责培养学生的专业基本知识与素养及初入职场的指导与建议；校外导师作为企业在职人员，主要负责培养学生的岗位技能与岗位适应能力，给学生提供更专业的职业规划与建议。[①] 两位导师共同负责指导和帮助学生的学习和发展，"一校一企'双带人'"，[②] 教学任务由学校导师与企业师傅共同承担，[③] 这是较为流行的人才培养模式。[④]

（一）提供多样化指导资源，实现理论与实践结合

"双导师制"能够充分利用校内和校外导师的优势，为学生提供丰富的指导资源和经验。校内导师可以提供学科知识和学校资源的支持，而校外导师则能带给学生实践经验和行业洞察力，校内导师和校外导师的协同指导，使学生能够获得全方位的指导和培养，将理论知识与实践经验相结合，在学习过程中能够更好地理解和应用所学知识，提高实践能力和解决问题的能力。

推动中等职业学校现代学徒制中"双导师制"的有效实施，不仅能提升中等职业学校教师的教育教学水平，还能提高中职学生走向市场的核心竞争力。从更深层次来说，能为当地企业提供大量高素质技能型劳动力，缩短岗位适应时间；能为基层服务业组织提供较多的人力资源；能提高国民素养，在缩小贫富差距、减少犯罪率、增强中职学生社会责任感等方面产生重大的社会效益；能提高企业生产率、减少失业率和增加贫困家庭收入等。国外研究发现，学徒制有利于

---

① 窦祥国，张成武，李学强. 借力现代学徒制试点构建双主体育人新模式 [J]. 中国职业技术教育，2018（10）：94-96.

② 杨利静. 校企合作模式下高职院校人才培养模式研究 [J]. 学校党建与思想教育，2021（4）：89-90.

③ 李军，刘立轩，冷晓红. 基于"双导师制"的高职院校教师培养路径研究 [J]. 教育教学论坛，2020（36）：52-53.

④ 丁颂等. 应用型本科校内双导师制人才培养模式探索与实践 [J]. 职业技术教育，2020（2）：67-70.

技能形成，有助于软技能的获得以及建立社会关系。①

（二）提升职业教育质量，培养专业素养和综合能力

"双导师制"在职业教育质量提升方面是从学生培养模式的角度进行改进的。传统的教学模式可能存在一些不足，例如，只注重理论知识传授、缺乏实践环节、与行业接轨不足等。而"双导师制"作为一种国内外较为流行的人才培养模式，②通过将校内导师和校外导师结合起来，可以弥补传统教学模式的不足之处，提升职业教育的质量。通过"双导师制"，学生可以在校内导师的指导下获得系统的学科知识和学校资源的支持，同时在校外导师的指导下接触实践经验和行业动态，从而实现理论与实践的结合。这种模式能够使学生更加深入地了解自己所学专业的实际应用和职业发展方向，从而培养出更具实践能力和综合素养的专业人才。

该制度的实施可以有效解决校内教师数量不足、专业老师实践力弱、企业兼职教师管理考核有名无实等问题。③通过校内导师和校外导师的交流与合作，联合指导、相互补充，有助于学生对学习产生积极性，能够更全面地了解和掌握自己所学专业的知识和技能，培养专业素养和综合能力。这种指导模式也能够促使学生形成批判性思维和创新能力，为其未来的职业发展奠定基础，此外还能调动学校、企业和行业等资源给予学徒充分的职业培训，不仅提高了劳动者的技术能力和职业素养，而且促进了经济社会的发展。④

（三）增强政策的执行效力，促进职业教育内涵式发展

在推动职业教育人才培养和校企合作上，相关制度起着重要引领作用，但仍存在诸多不完善、不健全的地方，在政策制度及法律上的维护较少，多方利益主体在培养学生过程中所承担的风险较大，更需要政府及相关部门能及时制定相关保障制度解决相关政策在实施过程中的后顾之忧，更好地发挥现代学徒制"双导师制"的作用。

---

① Sharpe, Andrew James Gibson. The Apprenticeship System in Canada: Trends and Issues [R]. Ottawa: CSLS, 2005: 20.

② 丁颂等. 应用型本科校内"双导师制"人才培养模式探索与实践 [J]. 职业技术教育，2020（2）: 67-70.

③ 单文周，李忠. 现代学徒制试点中"双导师制"：内涵、瓶颈及路径 [J]. 社会科学家，2019（8）: 143-148.

④ Steedman H. Overview of Apprenticeship Systems and Issues [R]. ILO Contribution to the G20 Task Force on Employment Geneva: ILO, 2012.

加快提升职业教育人才培养质量，缩短员工进企业岗位适应时间，较快服务于区域产业。我国目前面临着社会的快速发展与转型升级，需要大量的人力资本。这就需要职业教育校企合作、深入对接，招生即招工，教学过程对接生产过程，教学标准对接企业标准，让校企双方共同培养人才，为市场服务。通过"双导师制"的实施，有效提高师资队伍建设水平，能大幅度提高学生的就业率与就业稳定性，从而提升中职学校的社会影响力；提升教学质量和学生满意度，学生在双导师的指导下能够得到更加个性化和专业化的教育，指导教师也能够更好地了解学生的需求和问题，提供及时有效的指导和支持。

二、国内外"双导师制"研究进展

(一)国外"双导师制"研究

国外的"双导师制"在职业教育领域备受瞩目，其中最著名的有德国的"双元制"、澳大利亚的"新型学徒制"以及英国的"现代学徒制"。这些制度在培养学生技能和职业素养方面取得了显著成就。德国的"双元制"强调学校和企业的深度合作，通过将理论学习与实践工作相结合，为学生提供全面的职业培训。澳大利亚的"新型学徒制"注重培养学生的实际技能，并通过职业资格的认证来确保其就业竞争力。英国的"现代学徒制"强调学徒与导师之间的密切合作，使学生能够在实践中不断提升自己的技能和知识。

1. 德国的双元制

德国的双元制在职业教育中取得了显著的成就，其成功的原因主要包括以下几个方面：强大的师资队伍建设、政府的政策支持、职业教育标准的研发和实施、教师专业发展的保障、完善的质量保障体系以及学徒权益的保障。这些经验对于其他国家的现代学徒制发展具有重要的借鉴意义，需要注重师资队伍建设、政策支持、标准制定、教师培训、质量保障和学徒权益保护等方面的工作。

一是德国双元制中等职业学校拥有强大的师资队伍建设。首先，学校专业教师队伍与企业培训师傅呈多样化。其次，高度重视企业培训师的质量。在德国要成为企业培训师并非易事。成为双元制教育企业培训师一般有三种途径：第一种是职业学校教师转成企业培训师；第二种是企业工程师，有专业学历，有不少于3年的工作经验，再到教育部或者研究型大学学习职业教育1~2年，通过企业培训师能力考试获得培训师资格；第三种是从职业学校毕业后，参加实际工作不少于3年，获得高级技师证书，再学习职业教育1~2年，通过考试取得培训师执教资格。此外,企业培训师的能力组成和知识结构在《企业培训师能力要求》（AEVO）上也有明文规定,不仅要具备令人信服的技能和相应的专业知识,还要具备教育学、心理学、经济学和法学等相关知识,并能紧跟时代步伐,了解相关专业的新技术和新方法,完全能胜任职业教育企业培训师工作,成为双师型教师的典范。而国内的现代学徒制的企业导师技能水平与能力参差不平,有企业骨干,也有企业职员、企业师傅,缺乏规范的选拔及聘任条件。[①]

二是德国中等职业学校生源质量高的根本原因在于中职教育质量高。其出台相关政策,加大资源投入,通过教师交流、学生交换、招收国际学生等方式提升中职教育质量,从而提高社会认可度及社会地位,吸引更多的优秀生源自主选择就读职业学校。而我国中职教育的生源质量较差,社会认可度及声誉低。[②]

三是德国职业教育标准研发和实施[③]。王菁华等（2020）在德国经过 17 天的考察学习,分析出德国职业教育成功的原因在于,《职业教育条例》将职业标准与部分教育标准进行了融合,根据国家立法企业教学《企业职业培训条例》、学校教学《学校框架教学计划》针对其培养目标、教学内容建立了课程标准,且通过法律保障所有规定的学习项目、学习内容、时长、企业实习和学校学习等各个环节都能得到有效执行。通过《联邦职业教育法》《手工业条例》《州学校法》等规定形成职业教育利益共同体,使各利益相关主体达成思想上的统一。

四是德国在教师专业发展上给予多方保障,从而使"双导师制"能有效发展。德国的企业作为主导方,在校企合作中也尤为积极主动,给学校提供实习的场所和仪器设备。学校也尽可能让教师的教学实践场地与企业生产和服务场所保持一致。职业教师和企业培训师经常一起学习、一起交流,大大地促进了双方之间的协作契合度。而且,职业教师被要求定期到企业学习,参加企业的培训班,培训师也经常进学校参加培训,提升教学能力,这为职业教师实践能力的发展提供了充分的条件。这正是国内职业教育教师的需求所在,即将教师培训作为职业

① Blossfeld H. P. Is the German Dual System a Model for a Modern Vocational Training System?［J］. International Journal of Comparative Sociology，1992（3）：168.

② Li J.，Pilz M. Modularisation in the German VET System：A Study of Policy Implementation［J］. Journal of Education and Work，2017（5）：471-485.

③ 王菁华、梁伟祥、李钧敏、贺星岳、郑文山、陈德泉. 德国"双元制"成功奥秘：职业教育标准研发与实施［J］. 职业技术教育，2020（24）：66-70.

教育教师培养的重点，且大力开发能力导向性的职业教育课程。①

五是有系统的职业教育与培训的质量保障体系②。通过政府、企业及企业师傅多方合作，严把培训质量关，并为其培养质量确立了法律保障，对于是否达到预期目标以及实施情况，要定期向政府报告，研发企业培训项目，制定培训标准以及监管程序，提供学徒职业指导与支持；此外，还有健全的学徒技能评价制度，由第三方机构进行考核；为确保教师培训质量得到保障，提出了相关因素，包括企业是否适合培训、确立企业培训权利与责任以及学校的合作程度、培训计划与培训合同。反观国内现代学徒制，其质量保障缺乏实施步骤上的落实。

六是切实保障学徒权益，围绕学徒工资水平、培训时间、数量、福利待遇、企业员工工资、工作时间、劳动保护与福利待遇等方面，与行业企业雇主进行谈判与协商，其结果具有法律效力并受到法律保护，且有工会监督。国内现代学徒制中的学生以学徒身份进入企业实习，据调查，有部分学生认为自己成为企业学徒是从事流水线工作，只是学校与企业拿来获得利益的工具，情绪上充满了对学徒身份的不认同及排斥，在实施"双导师制"过程中，经常出现学生以请假、旷工、冲突等负面行动表达自身的不满，造成教学效果的不理想。③

2. 英国的现代学徒制

1995 年，现代学徒制在英国 54 个行业中被普及推广。2005～2006 年至2015～2016 年，英格兰新注册的学徒人数从最初的 17.5 万人上升至 50.94 万人④。根据 2013 年英国学徒制管理中心（National Apprenticeship Service，NAS）公布的调查数据，当前有 54% 的青少年将学徒制看作未来个人发展的首要选择⑤，并且企业更倾向于实践技能更高的学徒制。

Nickse 和 McClure（1981）强调，在双导师制度下，学生不仅是企业需要的员工，也是正在成长为社会人的个体。现代学徒制的目标是培养具备灵活性的个

---

① 郭赫男. 德国双元制新观察：我们到底应该向它学什么？[J]. 中国职业技术教育，2020（15）：57-62.

② 黄乐辉，孙程. 德国双元制系统企业培训质量保证体系研究 [J]. 职教论坛，2019（10）：169-176.

③ Deissinger T. Germany's Vocational Training Act：Its Function as an Instrument of Quality Control within a Tradition—Based Vocational Training System [J]. Oxford Review of Education，1996（3）：317-336.

④ 郭达，申文缙. 世界一流学徒制标准探析及启示——基于七国学徒制发展经验的分析 [J]. 职教论坛，2020（7）：168-176.

⑤ 李赟，林祝亮，王泽文. 英国现代学徒制改革成效分析 [J]. 职业技术教育，2015（22）：72-78.

体，能够独立解决书本之外的未知问题。① Wallis（2008）着重介绍了英国前现代学徒制的经济学，说明了培训费用和还款在学徒合同中的分配情况，强调了无论是师傅还是学徒都不会因为提前终止合同而受到重大损失，符合前现代学徒制的特点。② Steedman（2005）对欧洲的学徒制进行了横向比较研究，将其分为两种类型：一种是需求引导型（demand-led），特点是高企业合作与低学校整合，如德国、奥地利、瑞士；另一种是供给引导型（supply-led），特点是低企业合作与高学校整合，如英国、荷兰、丹麦、法国。③ 2014 年，英国教育与培训基金会（SET）颁布新的职业教师标准《教育与培训者标准》，明确指出英国职业教师要成为"双专业"专家的身份，即职业或者学科专家（vocational or subject staff），同时是教学专家（pedagogical experts），他们必须致力于维持和发展这两方面角色的专门知识，以确保学习者的学习成效。④

3. 其他国家的现代学徒制

丹麦的现代学徒制注重以学生为本的人性化考量。丹麦的职业教育与培训体系具有高度的参与性、灵活性、包容性和动态发展等特征。其制定个性化学徒制培训方案是根据学生的期望和实际需求进行的，关注学生的立场和需求，注重培养适应个体差异和多样化需求的职业能力。⑤ 澳大利亚的职业教育体系相对完善，由培训包、职业证书框架体系和质量保障框架体系三部分构成。其中，培训包是主要组成部分，通过能力评估指南和职业资格标准来规范职业培训的步骤。澳大利亚的职业教育体系能够有效地将职业培训机构和企业岗位技能需求有机结合起来，促进学生获得实际应用能力。⑥ 荷兰的学徒制在校企深度融合方面表现出色。荷兰的学徒制建立了牢固的合作伙伴关系，实现了校企深度融合。企业与学徒制相关组织之间形成了共识文化，共同合作推动学徒制的发展。这种深度融

---

① Nickse R. E., McClure L. E. Competency - Based Education: Beyond Minimum Competency Testing [M]. New York: Teachers College Press, 1981: 2-17.

② Wallis P. Apprenticeship and Training in Premodern England [J]. Journal of Economic History, 2008: 68.

③ Steedman Hilary. Apprenticeship in Europe: Fading or Flourishing? [R]. London: Centre for Economic Performance, 2005.

④ SET. Continuous Professional Development (CPD) Policy [EB/OL]. https://set.et-foundation.co.uk/help/set-policies-and-procedures.

⑤ Aarkrog V. The Standing and Status of Vocational Education and Training in Denmark [J]. Journal of Vocational Education & Training, 2020 (2): 170-188.

⑥ Smith E. A Review of Twenty Years of Competency-Based Training in the Australian Vocational Education and Training System [J]. International Journal of Training and Development, 2010 (1): 54-64.

合使学徒制的培训内容更贴近实际工作需求，学生能够在真实的工作环境中学习并获得实践经验，为他们未来的就业做好准备。[①]

（二）国内"双导师制"研究

从国内已有研究内容来看，与现代学徒制中"双导师制"研究相关的内容主要有以下四个方面：其一，"双导师制"教学团队建设；其二，"双导师制"实施现状；其三，"双导师制"教学模式探索；其四，有较少部分学者研究"双导师制"的内涵、必要性、考核、培训、聘任、路径等相关内容，研究较为零散。

1. 现代学徒制中"双导师制"的内涵界定

从国内外已有文献来看，对"双导师制"的内涵界定大致分为两大类观点，一类是基于数量上的不同，另一类是基于运行形式上的不同。

朱厚望和谢盈盈（2021）将"双导师制"定位为一支有技术、有教学能力、有教师素养的"企业师傅+学校教师"的双导师队伍。[②] 单文周和李忠（2019）将"双导师制"定义为校企共建双导师队伍，并提出双导师的学识水平与专业技能尤其重要。[③] 李军等（2020）提出，教学任务是由学校导师与企业师傅共同承担。[④] 王虹（2015）认为，"双导师制"就是在人才培养中安排学校的专业教师和企业技术人员共同担任导师，双方导师建立相对固定的对应关系，由一个校内导师与一个或几个企业导师共同指导同一批学生。[⑤] 毛少华（2021）提出，校企"双师"团队由学校专业教师和企业的兼职教师共同组成。[⑥] 丁颂等（2020）将"双导师制"定义为国内外较为流行的人才培养模式，并认为该模式弥补了传统教学模式的不足。[⑦] 朱碧宁和陈铭中（2019）提出，"双导师制"中学校导

---

① Verhagen A. M. C. The Dutch Vocational Education and Training System ［R］. ROA. ROA Technical Reports No. 005.

② 朱厚望，谢盈盈. 航空工匠人才培育困境：基于现代学徒制的审视与突围 ［J］. 中国职业技术教育，2021（5）：93-96.

③ 单文周，李忠. 现代学徒制试点中"双导师制"：内涵、瓶颈及路径 ［J］. 社会科学家，2019（8）：143-148.

④ 李军，刘立轩，冷晓红. 基于"双导师制"的高职院校教师培养路径研究 ［J］. 教育教学论坛，2020（36）：52-53.

⑤ 王虹. 基于"双导师制"的高职人才培养对策与路径 ［J］. 教育与职业，2015（3）：29-31.

⑥ 毛少华. 职业院校全面推广中国特色现代学徒制面临的问题与对策 ［J］. 成人教育，2021（1）：65-70.

⑦ 丁颂等. 应用型本科校内"双导师制"人才培养模式探索与实践 ［J］. 职业技术教育，2020（2）：67-70.

师与企业师傅发挥的作用不同，学校导师主要由专业课老师担任，负责培养学生的专业基本知识与素养及初入职场的指导与建议，而企业师傅是企业在职人员，主要负责培养学生的岗位技能与岗位适应能力，提供学生步入职场后能更加切合实际的职业规划与建议。还有其他学者将"双导师制"定义为专兼结合的师资队伍，或认为只有在学生实践环节才采用"双导师制"等。①

2. 现代学徒制中"双导师制"的实施困境及对策研究

国内学者通过研究发现，我国现代学徒制中的"双导师制"在运行过程中存在诸多问题。毛少华（2021）提出，"双导师制"在实施过程中存在教师选拔、考核难度大，校企教学资源整合共享不足，教学运行与质量监督作用缺失等问题。② 韩旭和张俊竹（2020）提出了导师联动动力不足、质量管理保障不够、学徒培养各自为政、双导师运行混乱、校企考核融合度不够等问题。③ 龚添妙和杨虹（2020）提出，要提升学徒留任率、降低企业成本投入风险、保障企业投入回报率、制定补贴逐步提升机制。④ 杨青（2020）提出，要聚焦制度环境、认同环境、政策运行环境、资源保障、管理集约等方面的困境进行分析。⑤ 朱国华和吴兆雪（2020）从微观层面提出了师徒关系不紧密、学徒利益保障缺失、双重身份陷阱、双重体系困境、双导师异化等困境。⑥ 牛彦飞和杨丹子（2020）提出，有的试点过于强调学生的学徒身份，而忽视对学生全面素质的培养，企业积极性不高，较多工作成了一纸空谈、流于形式，反而使社会认可度大大降低。⑦ 单文周和李忠（2019）认为，现代学徒制中"双导师制"的实施可以有效解决校企导师人员配置比例不对称、学校导师职业能力不高、企业导师教学经验不足、保

① 朱碧宁，陈铭中. 基于食品专业"双导师制"的人才培养模式在高职现代学徒制中的探索与实践——以阳江职业技术学院为例 [J]. 科教导刊（上旬刊），2019（16）：24-25.

② 毛少华. 职业院校全面推广中国特色现代学徒制面临的问题与对策 [J]. 成人教育，2021（1）：65-70.

③ 韩旭，张俊竹. 中国特色现代学徒制的成效、困境与方向 [J]. 教育与职业，2020（24）：41-46.

④ 龚添妙，杨虹. 企业新型学徒制的内涵特征、发展瓶颈及推进策略 [J]. 教育与职业，2020（22）：34-39.

⑤ 杨青. 关系厘清：高职院校全面推进现代学徒制之基本逻辑 [J]. 教育理论与实践，2020（27）：15-18.

⑥ 朱国华，吴兆雪. 中国特色现代学徒制的问题导向、三大核心关系及制度设计 [J]. 成人教育，2020（10）：65-70.

⑦ 牛彦飞，杨丹子. 职业院校推行现代学徒制的现实困境与解决路径 [J]. 教育与职业，2020（18）：39-44.

障机制缺失等瓶颈问题。①

仇杏梅（2017）主要从"双导师制"实施教学的角度出发，研究双导师在课程设置、教学方式、评价机制上的问题，从而提出其教学内容的衔接是有难度且较模糊的，校企双方的教学标准不统一，双导师的教学评价方法各异，学校关注质量，而企业更为关注效率，学校采用国家等级证书的考核制度，而企业采用自制的考核机制。为此，她提出，其课程设置要创新，实行轮岗式多学期教学，构建相统一的专业课程体系，在教学内容上采用四递进选择性课改体系，服务于地方产业，在教学管理机制上采用多学期制，在教学模式上构建四维课堂，并采用星级评比考核的评价机制，对学生进行多方面综合评价。②

代锋和罗美霞（2019）提出，现代学徒制的纵深推进首先缺乏针对性的法律保障，政府相关部分本身对制度的实施条件、运作机制、保障体系和评估制度等方面的定性和要求存在分歧，加大了规则层面的协作难度；其次缺乏保障企业权益的制度安排，使企业缺乏安全感，导致企业在做相关工作时缺乏主动意愿与行动自觉。同时，他们认为现代学徒制忽视身份认同的激励约束设计，其政府配套性顶层制度设计稀缺，企业生产过程与人才培养进程"两张皮"式剥离错位，并提出要强化相关政策制度的执行跟踪和督导评估。另外，还有一些学者提出了不同的观点，认为要从双导师队伍的规划、组建、建设、管理这四个方面进行研究，形成较完整的体系；从政府、学校、企业三方面进行探索；要加强导师与学生之间的交流沟通，校企双方共同制定课程体系，借鉴其他国家的职业教育师资队伍建设经验等。③

3. 现代学徒制中双导师交流与合作研究

李鑫和李梦卿（2020）提出，学校在定位过程中要对学徒身份进行精准解读与宣传，增强学生对学徒身份全方位的了解与认同，要优化导师选聘制度，明确职能边界，制定职业标准，加大对双导师的培训力度。④ 李博和马海燕（2020）

① 单文周、李忠. 现代学徒制试点中"双导师制"：内涵、瓶颈及路径 [J]. 社会科学家，2019（8）：143-148.
② 仇杏梅. 基于现代学徒制的烹饪专业双导师创新教学探索——以中式面点制作技艺课程为例 [J]. 职业技术教育，2017（17）：43-46.
③ 代锋，罗美霞. 现代学徒制实施中"虚"过于"实"的原因及对策 [J]. 职业技术教育，2019（27）：32-36.
④ 李鑫，李梦卿. "双高计划"背景下高职院校现代学徒制建设的逻辑审视 [J]. 教育与职业，2020（18）：5-12.

就师徒关系进行了分类，建立了师徒关系依附性、知识共享、共生伙伴关系。[1] 徐国庆（2021）强调，现代学徒制的首要要素不是校企合作，而是师徒关系，校企合作只是现代学徒制实施的一个理想平台，而师徒关系的稳定性是影响现代学徒制实施的重要因素，应当把师徒关系的构建作为核心内容。同时他指出，要使师徒关系得到现代化的发展，使师徒关系适应现代技术技能创新。[2]

韩玉辉和张庆玲（2018）认为，为了使课程设置更合理，需要双导师共同参与企业调查，相互交流与协商，联合调查企业需求并确定培养目标，学校导师与企业师傅要查找自身的不足并进行能力的提升，帮助与支持对方的工作。[3] 韩旭和张俊竹（2020）认为，双导师是现代学徒制的实施主体，是决定现代学徒制是否成功的关键要素之一。[4] 王学峰等（2020）提出，要专门组织拜师仪式，增强学生对徒弟的理解的同时，还能使企业师傅的使命感更强，加深双方情感与责任意识；通过专业老师与企业师傅结对子，形成团队精神，其中，双导师分工考核，校内老师侧重根据实训项目完成、专业能力呈现、服从管理等方面进行学生评价，企业师傅从工作态度、专业技能掌握情况和应用解决问题能力等方面进行学生评价；另外还要求学生写现代学徒日记，并提出考核学生的目的在于促进和指导。[5] 冯小军和吴琼（2016）提出，校企合作离不开双导师团队，在人才培养规格设定、教学标准制定、课程体系构建、教学实施和教学评价以及考核等方面，双导师都具有不可替代性。国内还有一些学者认为，双导师共同指导学生，将理论与实践结合，能加强学生的实践操作能力，提升学生的学习质量。要推动校内导师之间的交流合作，促进学科发展，加强校企导师合作模式，加强产学研结合。[6]

（三）中等职业教育"双导师制"研究存在的问题

从已有研究来看，现代学徒制中的"双导师制"已经引起了多学科的关注。

---

[1] 李博，马海燕. 现代学徒制师徒关系重塑研究 [J]. 教育与职业，2020（23）：56-59.
[2] 徐国庆. 职业教育实现现代化的关键是完善国家基本制度 [J]. 华东师范大学学报（教育科学版），2021（2）：1-14.
[3] 韩玉辉，张庆玲. 基于现代学徒制的高职"双导师"队伍建设探索与实践 [J]. 中国职业技术教育，2018（34）：88-90.
[4] 韩旭，张俊竹. 中国特色现代学徒制的成效、困境与方向 [J]. 教育与职业，2020（24）：41-46.
[5] 王学峰，李朝霞，王国妮. 高职院校现代学徒制人才培养研究 [J]. 教育理论与实践，2020（21）：24-26.
[6] 冯小军，吴琼. 高职院校现代学徒制"双导师"团队建设探索 [J]. 中国职业技术教育，2016（31）：88-91.

学者们从不同学科的视角、采用不同的方法对"双导师制"进行了划分和研究。然而，针对现代学徒制中"双导师制"的实施过程以及中职学校作为个案的研究还相对较少。目前的研究主题较为分散，涉及制度建设、师资建设、培训、内涵、必要性、现状等方面，缺乏对整个实施过程中的困境和挑战的深入研究。因此，需要弥补理论与实践结合方面的空白。此外，现有研究中，对现代学徒制"双导师制"的探究主要集中在建设层面的共性问题，更多的是理论思辨而缺乏实证分析，研究结论缺乏有效验证。在"双导师制"的研究方法方面，少有学者采取混合研究方法，如文献研究法、问卷调查法、访谈法和个案法相结合，对其进行综合探究。综上所述，关于中国特色的现代学徒制中的"双导师制"的研究仍存在一些不足之处，需要进一步加强对实施过程的研究，弥补理论与实践结合方面的空白，并采用多种研究方法进行深入探究，以提供更有实践意义的研究结果。

第二节　研究设计

一、相关概念界定

（一）现代学徒制

学徒制被认为是最早的职业教育形式，最早起源于德国的"双元制"，通过将学校教育与企业工作要求紧密结合培养高素质的技术技能型人才。"现代学徒制"概念在 1993 年英国政府的"现代学徒制"改革项目中出现。学者们对现代学徒制的界定存在分歧，对现代学徒制是人才培养模式、教育改革制度还是教学模式的意见不统一。本书中的现代学徒制偏向人才培养模式，是一种由政府主导、行业指导，校企双主体育人，教师、师傅联合传授的人才培养模式。受教育者既是学生也是学徒，学习地点既包括课堂也包括企业。具体而言，现代学徒制是以市场需求为出发点，以知识与技能为内容，以作业与产品为评价依据，行业引领的"校企合作、工学交替"的一种具有现代性的人才培养模式。

（二）"双导师制"

"双导师制"不同于"双师型"教师。2019 年，国务院印发了《国家职业教育改革实施方案》，其中双师型教师就被定义为"同时具有理论教学和实践教学能力的教师",而"双导师制"则是基于教师整体,校内的专业课老师来担任校内导师,主要是教授学生基本知识和基本素养以及给学生提供初入职场时的指导与建议;校外的导师则由与本专业相关的在职人员担任,主要是对学生专业知识上的动手实践能力进行更加深入的培养,并在学生实习期间根据学生的具体表现给出更加具体、更加切合实际的职业规划与建议。

学校教师和企业师傅共同培养学生,分别指导学生的校内专业基础知识能力和校外岗位技能专业实践,双方各有侧重,两者相辅相成,发挥更大效力。而传统的师徒关系与"双导师制"下的师生关系也有较大的区别:传统的师傅带徒弟,师傅会什么,徒弟就学什么,学习内容有很大的局限性,而"双导师制"下的师傅带徒弟,是多人传授,学生不仅要学技能,还要学理论知识,比如有的师傅只会三项技能,但职业教育的目的在于学生要学会他所在专业的所有技能,这时就需要通过轮岗的方式学习所有技能,以满足社会劳动力市场的需求。

二、调研基本信息

本次调研的主要目的是以 C 学校为例,了解现代学徒制中"双导师制"在中职学校的实施现状,发现实施过程中存在的现实困境,了解与分析困境存在的成因,并提出优化对策。

本调查主要分为三个研究步骤。

首先是问卷调查部分。笔者于 2020 年 9 月至 2021 年 3 月前后 6 个月的时间在 C 学校进行实地调研。选取了 C 学校正在实施"双导师制"教学模式的 2019级中餐烹饪专业学生为典型研究对象,主要原因是受新冠疫情影响,学校刚开学不久,大多数专业缺少企业师傅数据部分,仅 2019 级中餐烹饪专业学生到企业实践,"双导师制"数据完整,采用整群抽样方法,使用问卷星在线软件,通过班主任的协助,在现场发放问卷链接,采取匿名形式保障学生完成问卷,共回收问卷 62 份。

其次是采用访谈法进行调查。采访现代学徒制试点的主要参与者与实施者,包含就业办领导、企业人事部领导、校企双方现代学徒制负责人、双导师以及学生(学徒),其中 C 学校教育管理人员 7 人,企业管理人员 4 人,学生(学徒)9 人,共计 20 人。

在选取访谈对象时,主要考量有:其一,学校教育管理人员。其就业办领导负责现代学徒制所有工作,现代学徒制负责人是本次烹饪专业学生下企业的学生管理与企业接洽和带队主负责人，并且承担着该专业的教研教改编写工作，全过程接触现代学徒制的实施，专业教师为现代学徒制的校内专业教师及兼职教师。其二，公司管理人员。其公司人事部领导是本次学生下企业实践，给予学生评价的主要领导，公司现代学徒制负责人是负责安排师傅指导学生的主要负责人，学生在岗实践的相关工作主要由他安排，并与学校现代学徒制负责人沟通和衔接。企业师傅是笔者前往门店随机抽选的 2 名师傅，在指导学生过程中，他们有很多自身的想法与见解。其三，学生（学徒）的选择。以门店的形式，抽取其中 9 个小组的代表，讲述他们在"双导师制"实施过程中的感触，其间还会有较多学生的参与，但因为他们表述的情况与这 9 位学生共性较高，在对象选取上，充分考虑较大范围覆盖，并以这 9 位学生作为典型。被调查对象具体信息详见表5-1。

表 5-1 访谈对象的基本情况

学校教育管理人员基本情况			现代学徒制学生基本情况			企业管理人员基本情况		
代号	性别	职务	代号	性别	职务	代号	性别	职务
W1	男	就业办领导	X1	男	门店 1：师傅很好	Q1	女	公司人事部领导
W2	男	现代学徒制负责人	X2	男	门店 2：师傅教得好	Q2	男	现代学徒制企业负责人
W3	女	现代学徒制专业教师	X3	女	门店 3：发生冲突	Q3	男	企业师傅
W4	女	现代学徒制专业教师	X4	男	门店 4：经常违规	Q4	男	企业师傅
W5	男	专业教师	X5	男	门店 3：发生冲突			
W6	女	专业教师	X6	女	门店 6：很感恩师傅			
W7	女	专业教师	X7	男	门店 5：师傅让他经常去			
			X8	女	门店 6：师傅教得好			
			X9	男	门店 3：发生冲突			

最后是采用个案进行调查。以 C 学校现代学徒制"双导师制"教学模式试点专业——2019 级中餐烹饪专业为个案调查群体，通过课堂观察、面对面交谈、小组交流、企业实践等多种现场参与形式，现已收集第一手学校资料以及相关记录达 20 万字，其中包含图片、文字、录音、录像等方式。

三、调研内容分析

为了能够更全面地呈现出研究效果，体现研究的真实反映，笔者灵活采用问卷调查法、访谈法、个案研究法等混合性研究方法为研究问题服务。

1. 调查内容介绍

基于中职学校现代学徒制中"双导师制"实施现状调查，笔者从实施前、实施中、实施后三个方向全面覆盖"双导师制"的实施情况，主要从试点专业"双导师制"建设情况、对双导师的管理与督促情况、"双导师制"实施成效与期待三个部分入手。

第一部分，试点专业"双导师制"建设情况，分为制度建设、师资建设两个模块。其中，制度建设涵盖制度保障、制度激励、专项经费、校企双方制定的具体实施细则四方面内容；师资建设涵盖师资基本情况、双导师筛选条件与聘用情况、双导师培养任务与职责履行情况三方面内容。

第二部分，对双导师的管理与督促情况，分为交流与合作、培训与考核、教学指导与评价、教学冲突与维稳四个模块。其中，交流与合作涵盖师生沟通与交流情况（沟通频率、沟通时长、沟通方式、沟通少的主要原因）、双导师沟通与交流情况（双导师交流互动机制、矛盾化解、沟通随机性、双导师沟通内容、双导师教学内容关联性、双导师对接、学生学习衔接、双导师交流教学问题 8 个因子）、双导师合作情况、指导情况；培训与考核涵盖培训基本情况（包含培训制度、双导师培训、学生培训）、考核情况（考核规定、导师考核、学生考核）；教学指导与评价涵盖教学内容、教学考核、教学指导、实践操作机会、指导行为、指导方式、教学设计、教学期望、教学效果等方面的教学评价共 13 个因子；教学冲突与维稳涵盖教学冲突情况、教学维稳情况。

第三部分，"双导师制"实施成效与期待，分为实施满意度、实施期待两个模块。其中，实施满意度涵盖指导满意度、教学水平满意度、实践操作能力满意度、实施效果满意度、教学网格满意度、教学安排满意度、自身岗位表现满意度等 9 个因子；实施期待涵盖学生想通过"双导师制"获得帮助等共 14 项。

2. 问卷内容

《C 学校现代学徒制中"双导师制"的实施现状问卷调查》学生卷分为四个部分，共计 40 道题。其中 1~7 题为单选题，主要包括基本信息、导师配备、师生交流与沟通三个部分；8~15 题为双导师沟通与交流量表；16~28 题为教学评价量表；29~30 题为多选题，主要为导师指导、实施期待；31~39 题为实施满意度量表；40 题为开放题，学生认为导师需要努力的方面。

问卷中有双导师沟通与交流、教学评价、实施满意度三个量表，是以长沙市下达的《长沙市预备员工制双导师遴选与培养办法（试行）》（以下简称《办法》）为依据（预备员工制为现代学徒制试点前身，《办法》中包含双导师的具体培养任务、教学方向），并且结合现代学徒制中"双导师制"相关文献关于实施满意度的表述，自编《中职学校现代学徒制中"双导师制"实施现状调查问卷》。

针对现代学徒制中"双导师制"的实施现状部分，笔者设计了 8 大模块，但在问卷中其量表仅设置了 3 个维度，主要是考量每一个模块的设计是为问题服务，为了能更好地呈现现状的具体情况，采取最适合的方法，具体情况见表 5-2。

表 5-2　各维度方法使用情况

项目	使用方法
制度建设	资料收集+访谈法
师资建设	单项+资料收集+访谈法
交流与合作	单项+量表+访谈+资料
培训与考核	问卷+访谈+资料
教学指导与评价	量表+访谈+资料
教学冲突与维稳	个案教学记录+深入访谈
实施成效	量表+访谈+个案
实施期待	开放式问题+多选+访谈

问卷前测与修改。在正式调查前，笔者选取了 45 位学生进行了先行性测试，发放问卷 45 份，回收问卷 43 份，回收率 95.5%，并且对问卷数据进行了统计分析，与相关专业人员以及填写问卷的学生进行了前期的沟通，修改并删减了部分表述不符合本研究且表述不清晰、学生较难理解的问题，使正式问卷更加容易理解。

3. 访谈内容

访谈提纲的设计主要分为两大部分：第一部分是基本信息，包括访谈人、访谈时间、访谈主题、访谈地点以及访谈对象的情况介绍。第二部分是具体的访谈问题。笔者在设定访谈问题时，主要分为教师访谈、学生访谈以及校企负责人访谈三个方向，这三个访谈主要是根据前期对框架的设定，先了解"双导师制"在实施过程中的所有基本情况，再根据 8 大模块的方法设定，访谈相关问题。其中，学生访谈问题较多，文字记录长达3万字，是前期6个月的跟班积累，主要是基于跟班过程中观察到的教学情况及师生之间的互动等方面存在的疑问，会在课后或晚自习的时间找学生沟通了解情况；教师访谈是基于现代学徒制中双导师合作、培训、激励、师生等方面涉及8大模块的中观问题进行提问；校企负责人的访谈是基于学生、双导师、校企教学管理问题等宏观把控方面的重大问题进行提问，文字记录2万字左右，具体问题的罗列详见附录。

四、问卷信效度检验

1. 问卷主体信度分析

采用李克特量表作为本问卷的评估量表。双导师沟通与交流量表、教学评价量表采取了"1＝极不符合""2＝不太符合""3＝不能确定""4＝基本符合""5＝非常符合"五个等级。实施成效满意度采取了"1＝非常不满意""2＝不太满意""3＝一般""4＝基本满意""5＝非常满意"五个等级。

将31个题项进行信度分析，信度系数越高即表示测试结果越可靠。一般情况下，信度系数在0.7以上表示良好，0.8~0.9表示非常好。从表5-3可知，该问卷信度为0.985，表示整个问卷具有非常好的信度，问卷数据内部一致性比较高。

表5-3 问卷整体信度分析

克隆巴赫 Alpha	基于标准化项的克隆巴赫 Alpha	项数
0.985	0.987	31

将问卷三个量表分别进行信度分析，如表5-4所示，其中沟通与交流维度为0.926，教学评价维度为0.974，实施满意度维度为0.974。表示该问卷三个量表都具有非常好的信度，量表数据内部一致性较高。

表5-4 三维度可靠性统计

维度	基于标准化项的克隆巴赫 Alpha	项数
沟通与交流维度	0.926	8
教学评价维度	0.974	13
实施满意度维度	0.974	9

2. 问卷主体效度分析

效度是指测验结果的准确性、有效性。在现代学徒制"双导师制"实施现状的调查研究中，运用 KMO 和 Bartlett 检验，如果 KMO 值高于 0.8，说明效度高。如表 5-5 所示，KMO 值为 0.887>0.8，说明整个问卷效度高。Bartlett 值中，近似卡方为 2271.210，自由度为 435.000，显著性为 0.000（<0.05），说明这份问卷达到显著水平，适合做因子分析。

表 5-5　KMO 和 Bartlett 球形度检验

KMO		0.887
Bartlett 球形度检验	近似卡方	2271.210
	自由度	435.000
	显著性	0.000

将问卷三个量表做效度分析，如表 5-6 所示，其中双导师沟通与交流运用 KMO 和 Bartlett 检验，KMO 值为 0.787，在 0.7~0.8，说明效度较好；教学评价 KMO 值为 0.926>0.8，效度高；实施满意度 KMO 值为 0.898>0.8，效度高。并且三个维度的显著性均为 0.000（<0.05），已达到显著水平，适合做因子分析。

表 5-6　三维度 KMO 和 Bartlett 球形度检验

维度	KMO	显著性
双导师沟通与交流	0.787	0.000
教学评价	0.926	0.000
实施满意度	0.898	0.000

公因子提取的部分比例数据，提取的公因子均大于 0.8，说明提取的公因子可以比较好地解释问卷的数据，如表 5-7 所示。

表 5-7　公因子方差（部分数据）

	初始	提取
V1	1.000	0.871
V2	1.000	0.919
V3	1.000	0.871

续表

	初始	提取
V4	1.000	0.896
V5	1.000	0.889
V6	1.000	0.915
V7	1.000	0.871
V8	1.000	0.897
V9	1.000	0.893

总方差解释数据方面，从表5-8可以看出，前3个因子是大于1的，所以提取前3个因子，前3个因子的方差贡献率占所有方差的81.912%，高于60%。考虑到本问卷的维度为3个，因此最终保留3个。

表5-8　总方差解释

成分	初始特征值			提取载荷平方和			旋转载荷平方和		
	总计	方差百分比（%）	累计百分比（%）	总计	方差百分比（%）	累计百分比（%）	总计	方差百分比（%）	累计百分比（%）
1	22.470	72.483	72.483	22.470	72.483	72.483	9.554	30.820	30.820
2	1.669	5.385	77.868	1.669	5.385	77.868	8.812	28.426	59.246
3	1.254	4.044	81.912	1.254	4.044	81.912	7.026	22.666	81.912
4	0.908	2.929	84.841						

注：提取方法为主成分分析法。

由表5-9可以看出，共同因子一为1~13题，共同因子二为15~22题，共同因子三为23~30题，总题项共31题，其中14题包含了共同因子一和共同因子二，故剔除。结合题项本身所具有的维度，这三个维度不变，仍为双导师沟通交流、教学评价、实施满意度。

表5-9　旋转后的成分矩阵

	成分		
	1	2	3
1	0.784		
2	0.773		

	成分		
	1	2	3
3	0.766		
4	0.759		
5	0.753		
6	0.736		
7	0.731		
8	0.714		
9	0.698		
10	0.694		
11	0.653		
12	0.625		
13	0.591		
14		0.828	
15		0.815	
16		0.815	
17		0.799	
18		0.779	
19		0.774	
20		0.764	
21		0.744	
22		0.729	
23			0.788
24			0.785
25			0.748
26			0.741
27			0.699
28			0.653
29			0.635
30			0.622

第三节 "双导师制"实施现状与问题

为贯彻落实《国务院关于加快发展现代职业教育的决定》（国发〔2014〕19号）、《教育部关于开展现代学徒制试点工作的意见》（教职成〔2014〕9号）要求，C学校在生活服务类专业进行现代学徒制教学改革，经过五年多的经验总结，学校已经形成了完善的校企合作机制及"双导师制"教学模式建设。

一、中餐烹饪与营养膳食专业"双导师制"建设情况

中餐烹饪与营养膳食专业（简称"中餐烹饪专业"）是该校国家级示范校重点建设专业，其现代学徒制"双导师制"教学模式自2015年开始运行。

中餐烹饪专业"双导师制"采用"1+1+1"的教学形式，依照"学生—学徒—准员工—员工"的人才培养方式。第一年学生主要在学校学习，该阶段校内导师负责公共、专业基础课程教学以及基本实训；第二年除了主要的学校学习外，学生还会被分批、分段送到企业当学徒，实行校内外双导师共同指导模式，校内导师主要负责学校教学，校外导师（企业师傅），包括一师多徒和一徒多师的指导方式指导学生岗位技能；第三年学生进入企业进行顶岗实习，该阶段校内导师主要负责教学管理与成绩考核，企业师傅主要负责日常管理与岗位指导工作。

该专业2019级学生于2020年9月在长沙市XCF（顶岗实习企业合作方）餐饮集团开始现代学徒制双导师教学模式的企业实习，实地调查也由此进入企业顶岗实习现场。

（一）"双导师制"制度建设越来越完善

制度建设主要包括国家政策法律保障、当地政府政策落实、校企合作三个方面。

（1）国家政策法律保障。教育部于2014年发布了《关于开展现代学徒制试点工作的意见》，制定了工作方案，并于2015年遴选165家单位开始试点工作，至2019年提出全面推进现代学徒制，多次提出要完善"双导师制"。

（2）当地政府政策落实。2013年，长沙市人民政府颁发了《长沙市人民政府关于建立预备员工制度深化校企合作的意见》，提出校企共同招生、共同教学、

共同管理、共同评价，实现共同育人的培养目标，在实施现代学徒制过程中对实施现代学徒制试点的单位提供了相应的专项经费。《长沙市预备员工制试点工作实施方案》提出，要推进校企共聘互用的师资队伍建设，建立健全双导师的选拔、培养与考核。《长沙市预备员工制双导制遴选与培养办法》对双导师提出了遴选条件和任务、导师管理、导师考核的相关规定。

（3）学校与企业积极践行校企合作。C 学校与企业双方协商，以学校为主，拟订了"双导师制"详细周密的实施计划，制定了"双导师制"的实施细则，明确双导师工作职责与分工，并建立了《C 学校中餐烹饪与营养膳食专业教师队伍建设计划》《C 学校学生实训管理教师考核办法》《C 学校学生见习实施方案》等制度，并在实施过程中不断修订和完善《C 学校中餐烹饪与营养膳食专业教学标准》《2019 级烹饪专业学生企业见习工作方案》等 20 多项工作（见表 5-10），其合作企业长沙市 XCF 餐饮集团则从见习时间安排、导师选配与分工、学徒岗前培训、学徒管理与监督、企业与学校即时动态沟通与联系等方面积极做好学徒见习工作。但从调查来看，C 学校与长沙市 XCF 餐饮集团共同实施的现代学徒"双导师制"大多还只停留在制度的制定层面。

表 5-10　C 学校 2019 级中餐烹饪专业学生见习各项工作（部分资料汇总）

编号	学生在企业见习期间相关资料汇总
1	《2019 级烹饪专业学生企业见习工作方案》
2	《C 学校中餐烹饪与营养膳食专业教学标准》
3	《C 学校中餐烹饪专业人才培养市场调研报告》
4	《烹饪专业人才培养目标及毕业标准》
5	《中餐烹饪厨房岗位技能要求》
6	《XCF（顶岗实习企业合作方）现代学徒制老师下企业情况表》
7	《C 学校校企合作工作制度》
8	《C 学校专业教师企业实践手册》
9	《C 学校学生实训管理教师考核办法》
10	《C 学校中餐烹饪与营养膳食专业教师队伍建设计划》
11	《C 学校教师到企业参加专业实践工作实施方案》
12	《C 学校中餐烹饪与营养膳食专业人才培养方案》
13	《C 学校中餐烹饪与营养膳食专业校企合作管理办法》
14	《C 学校中餐烹饪专业师资队伍建设项目总结》

续表

编号	学生在企业见习期间相关资料汇总
15	《C 学校中餐烹饪与营养膳食专业学生顶岗实习要求》
16	《C 学校中餐烹饪专业见习经费情况》
17	《校企合作长效机制分析与报告》
18	《C 学校中餐烹饪与营养膳食专业师资培训管理办法》
19	《C 学校专业学科带头人选拔培养办法》
20	《C 学校骨干教师选拔培养办法》
21	《C 学校国家示范校建设兼职老师聘任管理办法》
22	《C 学校国家示范校建设激励机制》

（二）"双导师制"师资建设标准越来越完善，但执行还欠标准

1. 双导师筛选标准越来越完善

为保障"双导师制"的有效实施，该学校就双导师的遴选与培养确定了相关实施细则（见表5-11），分别对学校专任教师、兼职教师、企业师傅提出了相关能力要求。

表 5-11 C 学校双导师筛选条件

导师类型	筛选条件
校内导师（专任教师）	①原则上具备中级及以上专业技术职务，有教师资格证，教学一线；②教学经验丰富，较强专业动手能力及教学效果良好；③近5年内在省级以上学术刊物发表学术论文3篇；④有相关职业资格认证或指导学生竞赛获奖者优先
校内导师（兼职教师）	①热爱教育事业，遵纪守法，身心健康；②较高专业素养与技能水平，能胜任教学工作；③中级以上专业技术职称（职务）或高级工以上等级职业资格（职务），可聘请特殊技能、有一定行业声誉的能工巧匠、省级传人；④初次退休人员不超过2年，年龄不超过65周岁
校外导师（企业师傅）	①原则上大专及以上学历；②中级及以上专业技术任职资格或工人系列技师及以上；③具备企业一线工作经验并取得一定成绩；④能保障年累计指导学生时长2个月及以上或可连续指导学生时长1个月以上者

从双导师筛选条件可以看出，校内导师（专任教师）较侧重于教学经验、学术研究以及指导学生技能竞赛三方面的能力；校内导师（兼职教师）对技能技术的要求较高，对特殊技能、有一定行业声誉的能工巧匠、省级传人的需求比较大，如能胜任教学工作可以放宽年龄要求；校外导师（企业师傅）要求有一

线工作经验，并特别强调要保障指导学生的时长。

2. 中餐烹饪专业现有师资欠标准

中餐烹饪专业自 2011 年经国家教育部、财政部、人力资源部批准，进入第一批中等职业国家示范校重点建设专业行列，现本专业专兼职教师人数稳定在 25 人（专职专业教师 18 人），市级专业带头人 2 人、省级专业带头人 1 人、市级骨干教师 4 人，2 名校级专业带头人和 4 名校级骨干教师，"双师型"专业教师达到 85% 以上。18 名专业教师中，35 岁以下仅 5 人，35 岁以上 13 人，校内专业教师整体年龄偏大，如表 5-12 所示。

该专业教师大部分是本科学历，本科学历有 15 人，本科以下 4 人，本科以上 1 人；职称集中在初级和中级，初级职称 10 人，中级及以上 8 人；基本都是"双师型"教师，但企业实践经验不足，企业实践经验在 1 年以下者 7 人，比重较大，教师的企业实践经验亟待加强（见表 5-12）。

表 5-12   中餐烹饪专业校内导师基本情况

教师人数	年龄结构	学历结构	职称结构	双师型教师结构	企业实践年限结构
专业教师 18 人	35 岁以下 5 人	本科以下 4 人	初级 10 人	高级技师 4 人	1 年以下 7 人
	35~50 岁 11 人	本科 13 人	中级 7 人	技师 7 人	1~3 年 7 人
外聘教师 7 人	50 岁以上 2 人	本科以上 1 人	高级 1 人	高级烹调师 7 人	3 年以上 4 人

校外导师（企业师傅）经验丰富，但 42% 的学历在专科以下，专科以上学历者占 58%，而具有四年以上工作经验者占 77.4%（见表 5-13）。

表 5-13   中餐烹饪专业校外导师（企业师傅）基本情况

	选项	频数	有效百分比（%）
企业师傅筛选	专科及以上/4 年以上工作经验	26	41.9
	专科及以上/不足 4 年工作经验	10	16.1
	专科以下/4 年以上工作经验	22	35.5
	专科以下/不足 4 年工作经验	4	6.5

该专业有 42% 的师傅是专科以下（不包含专科）学历，根据该校对校外导师"原则上具有大专及大专以上学历"的相关规定，其学历要求是达不到相关

标准的。由此可见，现阶段，较高学历的校外导师（企业师傅）供不应求。

3. 双导师任务分工明确，企业导师较校内导师做得更好

C 学校现代学徒制对双导师的培养任务做了相应的规定，如表 5-14 所示。

表 5-14　现代学徒制双导师培养分工

分类	现代学徒制双导师培养任务
校内导师 （专任教师/兼职教师）	①思想教育方面，引导学生遵纪守法、激发学习兴趣、专业思想、职业道德、端正求学态度、身心关怀、素质培养；②专业能力方面，熟悉和掌握培养计划中的教学内容、指导实验、实习、辅导专业学习；③实践能力方面，指导学生参与社会实践、竞赛，培养创新能力和科学思维能力（有指导次数要求）
校外导师（企业师傅）	①指导学生按照岗位要求和标准，完成实训项目；②师带徒，现场操作设备；③主动参与实训项目制定与开发，协助学校完成技能操作步骤的视频制作工作；④在不涉及企业机密前提下，主动指导生产工艺、操作步骤到实践教学中，开发相应实训指导书或操作手册；⑤按照企业员工标准要求学生，灌输企业文化理念，树立职业风范（无指导次数要求）

我们对其执行情况进行了走访，结果发现：

第一，大部分专业导师能发挥教育者功能，他们耐心引导学生学习，在教学方法上大胆创新，教学效果良好。但部分专业教师在专业教学上存在以下问题：一是课堂管控能力较弱，课堂纪律较差；二是课堂吸引力不足；三是无法脱离传统的教学模式，教学设计内容以书本为主，需要从自身态度出发进行教学改革。

第二，校外导师（企业师傅）指导到位。校外导师主要承担技术指导，将某项技术或岗位要求教给学生，使学生快速成才。我们对企业师傅在教学过程中是否根据培养任务指导学生的情况进行了走访。

他会给我们讲这个东西该怎么做，比如我过去是先学习切一些食物，后面是教我怎么调蒸柜，有粤式蒸还有湘式蒸。湘式蒸就是腊味合蒸，还有包子馒头等。馒头还好，只是蒸一些时间，蒸菜就需要记住放一些什么、放多少。粤式蒸的话，主要有龙虾，还有一些海鲜之类，我就要记住需要放哪些东西，还要摆盘（龙虾要摆），控制蒸的时间。我没有主动和他说我想学些什么，但是他都会跟我说，然后就是帮他上菜。（学生 X6）

企业师傅会根据岗位要求和制作标准，指导学生完成在岗的具体工作，并且细节指导到位，包括设备操作、生产工艺指导、操作步骤，做到了精细化教学。虽然学生没有主动告知企业师傅他想学的内容，但是企业师傅会主动安排学生相关工作，跟从师傅的安排来开展相关教学。

在对其他学生的走访过程中，他们还反映企业师傅对工作要求严格，对学生热情友好。

师傅对我们的工作约束较为严格，但对我们热情友好。（学生X1）

企业师傅也会教给学生职场规则，教学生如何快速融入社会。

教了我们在企业里面应该怎么做，就是教你怎么快速步入社会。（学生X3）

二、中餐烹饪与营养膳食专业"双导师制"管理情况

"双导师制"管理情况主要从交流与合作、培训与考核、教学指导与评价、教学冲突与解决四个方面来进行分析，涉及师生沟通、师师沟通、考核制度完善、学生考核、导师考核、教学指导、教学冲突与正常秩序维系等方面，从不同角度对"双导师制"管理情况进行分析，以期提高"双导师制"的实施效果，促进学徒的学习和实习质量的提升。

（一）交流与合作

1. 师生之间的沟通以面对面为主，导师主动性较高

师生沟通与交流包括沟通的主动性、沟通时长、沟通方式三个方面。

如表5-15所示，从沟通的主动性来看，校外导师主动者较多。校内导师主动者占41.9%，校外导师主动者占61.3%。沟通时长上，校内导师稍长。沟通方式上，面对面的沟通是一种最常见的沟通方式，校外导师的实训方式使校外导师与学生面对面沟通的方式更普遍。

表5-15　师生沟通与交流情况

	选项	频数	有效百分比（%）
沟通的主动性	校内导师：主动	15	24.2
	校内导师：比较主动	11	17.7
	校外导师：主动	20	32.3
	校外导师：比较主动	18	29

续表

	选项	频数	有效百分比（%）
沟通时长	校内导师：15 分钟以内	38	61.3
	校内导师：约 30 分钟	18	29.0
	校外导师：15 分钟以内	35	56.5
	校外导师：约 30 分钟	15	24.2
沟通方式	校内导师：面对面沟通	48	77.4
	校内导师：电话或短信	6	9.7
	校外导师：面对面沟通	56	90.3
	校外导师：网络沟通	3	4.8

2. 双导师之间的沟通与交流不充分

双导师之间的沟通和交流能更好地实现"双导师制"的指导目的。只有将校内导师的理论学习指导和校外导师（企业师傅）的实践操作指导更好地结合，才能培养出既有理论知识又有实操能力的、满足市场需求的高质量的劳动力。

表 5-16 数据显示，以 3 为中值，表示"不确定"，男女生均值普遍较高，说明学生认可学校现代学徒制中双导师的工作。在现场调研时，发现 C 学校在实施"双导师制"的过程中，不论是师资力量还是各项国省类比赛都成绩突出，在学生心中，C 学校是他们初中毕业最想去的学校，各类社团活动、技能队训练能使学生获得很大的专业成长空间，学校的各项工作也筹备得相当完善，其硬件条件给予了学生较多的施展平台，学校教师大部分是双师型教师，既有工作经验又有丰富的教学经验，在专业教师的筛选上，学校优先选择专业技能突出、能带比赛的教师。

表 5-16　双导师之间的沟通与交流

题项	男（N=41）	女（N=21）	合计
	平均值	平均值	平均值
1. 双导师形成紧密的交流互动机制	3.9	3.2	3.7
2. 双导师在教学过程中与学生产生的矛盾容易找到化解的途径	3.7	2.7	3.4
3. 双导师就现代学徒制问题的沟通都是临时和随机的	4.0	3.4	3.8
4. 专业老师和企业师傅之间会就人才培养方案和教学模式进行经常性的沟通交流	3.4	3.3	3.4

续表

题项	男（N=41）	女（N=21）	合计
	平均值	平均值	平均值
5. 学校老师教的内容同企业师傅教的内容有较多关联性	3.7	3.3	3.6
6. 专业老师与企业师傅在学生教学上的对接经过规范的安排	3.5	3.3	3.5
7. 学生在学校与企业之间的学习形成了紧密的衔接和有机的融合	3.7	3.1	3.5
8. 企业和学校共同建立了由企业能工巧匠和学校教师组成的教学团队，共同交流教学问题	3.7	3.2	3.6

从表5-16分析得出：第一，男生认为双导师之间形成紧密的交流互动机制，平均值为3.9，几乎接近于"比较符合"，而女生接近理论中值3，为"不确定"，说明仍有较多原因使女生在评分上难以评判，需要进一步通过访谈进行验证；第二，双导师在教学过程中与学生产生的矛盾容易找到化解途径，男女性别上存在显著性差异（p<0.01），男生3.7，接近"比较符合"，女生已经低于理论中值3，大部分都是认为"不符合"，教学矛盾是一个需要关注的重要问题；第三，双导师就现代学徒制问题的沟通是临时和随机的，男生均值为4.0，"比较符合"，说明男生认为双导师之间的沟通基于临时安排；第四，双导师所教内容的关联性，男生均值为3.7，接近4，女生均值为3.3，每一个企业的特色不一样，执行标准也会不一样，从而可以看出，企业与学校存在两套不同的执行标准。

3. 双导师之间的合作比较困难

校内导师与企业师傅的双向合作主要分为以下四个方面：其一，学校教师与企业人员会共同重构"现代学徒制"课程体系，建立"公共课+核心专业课程+教学项目"为主要特征的适合现代学徒制试点工作的专业课程体系；其二，根据技能人才成长规律和工作岗位的实际情况，共同设计实施教学、组织考核评价、开展教学研究等；其三，共同完善现代学徒制实施过程中的配套标准与制度，企业课程以企业评价为主体，学校课程以学校评价为主体，双考核结合，兼顾理论与操作双考核评价制度，并且包括学徒考核标准、企业师傅标准、学生出勤率、工作效率、学习效果、工作态度、合作态度、遵守管理情况及对企业贡献等方面；其四，由企业师傅与专业老师共同承担教学任务。

通过对参与的专业教师与企业师傅进行访谈，了解具体的情况。据教研老师所说："企业师傅参与其中进行编写难度较大，其教学标准、教材均由专业教师编写。"（老师 W4）。而 Q3 师傅说："教学内容上不能统一，且学徒要根据当天的生产一起进行工作。每个师傅所持有的技能不一样，师傅会的以及师傅正在做的事情是学生所学习的内容，大部分时间是学徒对其生产过程进行观摩学习或利用师傅休息时间进行练习。"该师傅说每一个学徒在进到企业后，都是跟着生产流程开展工作，且每一个学生所学的内容都是不同的，教学内容无法做到统一，说明教学安排上存在难度。

校内导师与校外导师基于教学上的合作存在较多的难题。一般情况下，"双导师制"的实施是基于教学合作，以实现人才培养方案的制定与更新，相对应的学科知识构架体系的编写要与社会需求接轨，其教学标准的设定、教学内容的调整等都需要双导师进行沟通与合作。学校与企业共同培养现代学徒制模式的学生，其间涉及多方面的沟通，比如双导师的筛选与配备、学徒培养成本、前期的准备工作、岗位的安排与培训、导师考核与学生考核、学徒住宿等各个方面都需要交流，这就包括人力、物力、财力方面的筹备。C 学校在与企业合作过程中，学校会专门安排一名负责现代学徒制的老师负责与企业进行接洽商谈，在带学生去见习过程中，每天都会汇报学徒相关工作进程。双导师之间的交流主要是校内导师定时与企业师傅交流学徒培养进展情况，在学生发生教学冲突时，企业也会第一时间与校内导师进行协商，由校内导师负责做调解工作。

（二）培训与考核

1. 培训制度越来越完善，培训工作有条不紊

第一，培训制度进一步完善。学校制定了《C 学校国家示范校重点建设专业（中餐烹饪与营养膳食）师资培训管理办法》，修订了《C 学校专业学科带头人选拔培养办法》，完善和制定了《C 学校骨干教师选拔培养办法》《C 学校中餐烹饪与营养膳食专业教师参加社会实践实施办法》等相关制度。

第二，培训工作有条不紊。据统计，学校在国家示范校建设期间共送培师资78 次，其中出省考察培训 57 次，重视对专业教师的培训。培训工作包括校内导师培训、校外导师培训和学生培训三个方面。

（1）校内导师培训包括六个方面：①教学名师培养，推出具有引领作用的教师，号召全体老师向教学名师学习。②专业带头人培养，选派培养对象外出培训与考察，支持到中高职院校进修深造，到相关企业培训和挂职锻炼，参与行业

或企业技术研发，主持科研项目及核心课程建设等。③骨干教师培养，对其额外要求每年参加餐饮行业企业顶岗实习2个月以上，参与7门主干课程建设，指导学生技能大赛等。④兼职教师培养，要求其参与教学任务、专业建设、课程建设、校内外实训基地建设等工作，并达到教学任务每年5600节以上。⑤双师教师培养，要求其定岗定期到企业顶岗锻炼，参与企业专业培训及职业资格认证考试等。⑥开展以老带新的"青蓝工程"师徒结对工作。专业带头人和骨干教师与刚参加工作的年轻教师签订师徒合同，从教学和教育方面对年轻教师进行培养和指导。

（2）校外导师培训主要是由企业安排对企业师傅定期进行岗位培训，岗位培训以企业为主。企业师傅因工作需要，很少能到学校进行额外的教育教学能力方面的提升培训，因而企业师傅的教育教学能力得不到保障。

（3）学生岗前培训与安全教育。学生进企业前，学校老师在班级对学生进行岗前安排及安全教育。企业也会在学生去企业实习前安排一次集中培训或者实习动员大会。集中培训大部分是介绍企业的基本情况，宣传企业文化，以及学生在企业实习时需要注意的事项，同时介绍企业的发展前景，希望学生在企业实习结束后能够把握机会争取留在企业工作，还包括对学生的赞美、鼓励等。

企业是把我们一起进行培训，主要是教我们一些关于企业的东西，而不是讲关于专业技能方面的东西。（学生X5）

我们一起集体培训过，培训了一天，告诉我们该怎么做，该做些什么，就是调动大家的情绪。（学生X7）

2. 考核有针对性，强调个别化

C学校对导师的考核分为两条线：校内导师根据学校相关规定进行考核，建议考核周期为1年，考核结果向评优评先、职称评聘等方面予以倾斜；企业导师参照企业相关规定进行企业考核。

学生考核采用学校考核与企业考核相结合的方式，兼顾理论考核与操作考核，主要包括学生出勤率、工作效率、操作的学习效果、工作态度、合作态度、遵守纪律及对企业贡献等方面。学生在企业学习一段时间后，学校对学生进行阶段性考核，学校根据企业的反馈信息以及带队负责老师与企业的沟通确定考核内容。因学生学的内容都不太一样，技能考核主要考查学生动手操作的熟练程度。

（三）教学指导与评价

教学指导常称指导学习（guided learning），指在教育者仔细指导下，按规定程序进行的学习，是"双导师制"的关键环节，也是"双导师制"的具体过程。格兰朗德（N. E. Gronlund）提出，教育评价是为了确定学生达到教学目标的程度，收集、分析和解释信息（课堂）的系统过程。教学评价是所有成功教学的基础。

1. 教学指导包括校内和校外，校外指导更细致

C 学校现代学徒制中"双导师制"的教学指导方式包括校内专业教师集体授课或小组指导，以及校外企业师傅一对多或多对一的指导。

教学指导的内容方面，校内专业教师主要以课堂教学为主，教授专业基础知识与专业基础实践操作；校外企业师傅主要根据岗位工作安排带领学生开展岗位相关工作，事无巨细，指导到位。

他会告诉我，今天会出哪些菜，然后告诉我认哪些菜。告诉我菜应该放在哪里。到时候如果菜少了，他就会告诉我去哪里拿。（学生 X4）

我第一次去店里，他把所有的事情都跟我讲了个遍，就是我们那个蒸柜。所有的东西都告诉我了，不管是湘蒸还是粤蒸，师傅做什么，我都会帮他打下手。（学生 X5）

我们师傅出菜的时候让我们拿一个小碗装一点，把他刚炒出来的菜给我们品尝，说如果要过来实习的话，就必须要知道要求，筷子要干净，抹布是并排放的，所有的菜盘要等它出来再弄，不然会烫到自己。（学生 X8）

企业师傅在指导内容上聚焦岗位工作，指导细致，非常详细地介绍具体的做法及各种注意事项，毫无保留，给予学生动手操作的机会，同时在行业规则方面要求严格。

为了详细了解企业师傅对学生的指导情况，我们对企业师傅指导的学生人数和每个学生接受指导的企业师傅人数进行了统计（见表5-17）。从学生接受企业师傅指导的情况来看，超一成的学生得到过 5~10 个企业师傅的指导，近五成的学生受到 3~5 个企业师傅的指导，两者之和达到 58.1%。学生能得到越多企业师傅的指导，就越有机会接触不同的岗位工作或得到不同师傅的操作技能指点，其操作能力更可能得到提升。从企业师傅指导学生的数量来看，一对一指导的有近二成，指导 3 个学生以内的超四成，有近四成的师傅指导 3~5 个学生。在某种程度上来说，企业师傅指导的学生数量越少，其对单个学生的指导时间可能越充裕，其给予学生的实践机会可能越多。

表 5-17　学生受企业师傅指导和企业师傅指导学生的情况

	选项	频数	有效百分比（%）
受企业师傅指导人数	10 人以上	1	1.6
	6~10 人	7	11.3
	3~5 人	29	46.8
	3 人以内	25	40.3
师傅指导学生数	只有我一个	11	17.7
	3 人以内	25	40.3
	3~5 人	24	38.7
	6~10 人	1	1.6
	10 人以上	1	1.6

就此，我们也跟学生详细了解了情况。部分企业师傅的指导是很随机的，哪里需要就往哪里去。

我们那儿是组长安排我，就是看哪个师傅需要帮忙，就把我安排在哪个师傅的旁边。还有很多部分，是分湘菜、粤菜。企业安排的师傅是做得久的、做得好的那种师傅，肯定是要有一些经验，要老师傅。（学生 X1）

也有固定企业师傅指导的，根据菜系或菜式分配。

每个人就分一个师傅，我那个师傅我们学校就带了我一个，有专业负责湘菜、粤菜、切配的、烧腊的，然后像我们店还有刺身，还有蒸柜、凉菜之类这种分配的。（学生 X2）

当然也可以根据学生自己的兴趣来选择。

我们的师傅是厨师长安排的，如果自己想学哪个部分，也可以跟他提，他给你分好之后，你可以跟他说一下你自己想怎么样。（学生 X6）

学生的选择空间较大，企业根据学生的兴趣会安排其在相应的工作岗位。

2. 男生比女生教学评价高，影响最大的是专业技能、责任心和沟通交流能力

我们用五级李克特量表表示学生对教师教学的总体评价，具体设计为"1＝极不符合""2＝不符合""3＝不能确定""4＝比较符合""5＝完全符合"。从结果来看，学生的评价都比较高，男生的教学评价比女生更高（见表5-18）。从前文我们得知男生对师生的沟通、交流的认可度更高。由此大概能推断，日常教学

中，师生沟通交流越多，学生对该教师的教学评价就越好。从群际接触理论的角度来看，群体成员互相不接触的情况下，往往对对方的真实情况不会特别了解，增加不同群体成员之间的社会性接触有助于群体间关系的改善，减少群体偏见。也可能是女生对该行业的认可度比较低，对行业的兴趣也比较低，参与相对就比较少。

表5-18　学生对教师的教学评价

维度	男（N=41）	女（N=21）	合计（N=63）
	平均值	平均值	平均值
1. 学校教学内容在企业见习中发挥作用	3.93	3.43	3.70
2. 专业老师教学考核采用理论+技能	4.27	3.86	4.06
3. 见习后会进行技能考核	3.78	3.62	3.67
4. 指导技能引导我充分表达自己意见	3.95	3.43	3.71
5. 给我提供很多实践操作机会，对我帮助很大	4.12	3.52	3.86
6. 指导行为令我感受到尊重	4.20	3.86	4.02
7. 引导我循序渐进地学习专业技能	4.15	3.57	3.89
8. 安排的技能经过精心设计、科学系统	4.10	3.48	3.83
9. 对学生进行职业素质教育	4.07	3.38	3.78
10. 给学生提供职业规划建议	3.93	3.48	3.71
11. 我认为企业师傅教的专业内容和我的期望一致	3.98	3.38	3.71
12. 通过"双导师制"，我清晰了解行业岗位工作内容和工作流程	4.17	3.57	3.90
13. 经过学徒体验，我相信自己能设立清晰目标	3.98	3.43	3.73

我们也详细询问了企业导师在学生见习过程中给学生带来的积极影响（见表5-19）。该题采用不定项选择的形式，让学生选择积极影响比较多的选项。从结果来看，学生感觉自己在专业技能、责任心以及沟通交流能力这三项上获得的积极影响较多。①专业技能提升很快。学生在企业见习，跟着企业师傅一同参与生产过程，师傅做什么，他们就跟着做什么，企业师傅对细节把控很严格，学生做得不好的地方，师傅会及时给学生指正。通过岗位实践，学生近距离了解工作岗位、熟悉工序、把握工作细节，专业技能提升很快。②责任心增强。由于XCF非常注重产品的精细化，严格把控产品的细节与品质，学生在操作过程中稍微有错误，菜品会被直接报废。学生在见习过程中，感同身受，增强了责任心。③沟

通交流能力得到提升。由于企业实施轮岗制，学生在见习中会遇到很多企业师傅，每个师傅的处事风格存在差异，学生在与这些师傅沟通过程中体会到沟通能力的重要性。

表5-19　企业导师在见习期间给学生带来的积极影响

	选项	频数	有效百分比（%）
企业导师在见习期间给学生带来的积极影响	专业技能	51	82.3
	责任心	44	71
	沟通交流能力	41	66.1
	职业素养及职业规划	37	59.7
	自信心	33	53.2
	培养学习兴趣	31	50
	待人接物	28	45.2
	品行培养	22	35.5
	没有任何积极影响	3	4.8

（四）教学冲突与解决

在双导师教学过程中，由于不同导师之间和师生之间的差异，可能会出现磨合问题，从而导致教学冲突的发生。此外，沟通不畅、期望不一致、权责不清等因素也可能导致教学冲突的发生。这种冲突可能在学校课堂学习或企业实践中出现。

1. 校内课堂教学冲突主要体现为违反课堂纪律

笔者在跟班过程中，课堂教学冲突较少发生，但也会出现1~2起教学冲突情况，主要源于学生在上课期间违反课堂纪律，常见的有玩手机、讲小话、吃零食、睡觉，使教师不得不停下教学对学生进行教育。教师会把这四种情况作为影响班级学习风气及正常的课堂教学秩序的重点关注事件。教师在面对这些冲突时会采取不同的应对方式。有些教师可能选择直接忽视，而有些教师则会多次提醒或提醒多次后不再管束，还有一些教师会采取严厉批评的方式。另外，一些教师可能会通过旁敲侧击的方式来引导学生改正行为，或者在教学过程中停下来，耐心教导并制定规矩。

2. 校外企业师傅教学冲突相对复杂

笔者在采访过程中发现，企业实践过程中的教学冲突较为常见的情况有学徒违反门店的相关制度遭到领导教育、顶撞类言语冲突、旷工、师徒平日工作产生的矛盾等，但大多数属于言语冲突产生的矛盾。

有个男生替我打抱不平，上去怼了他几句，然后我就被人抓到办公室，他带领我们去，安慰我们两个，我们就在里面心平气和地说了这些事情，然后他还指着我的鼻子骂我们老师，骂我们学生，我当时就很恼火，但是我没有发脾气，一直是心平气和的。（学生X3）

从该学生的描述中笔者了解到教学冲突的来龙去脉，主要情况是X5学生因下班时间被留下来切菜，与师傅发生了冲突，X9帮助X5顶撞了师傅后，被主管叫到办公室训话，其中X5说主管抨击中职学生工作能力不行、素质差、学校不行等，导致学生X5被训哭，X9再次顶撞主管，主管把学校老师叫到企业来，并想劝退X9学生。

其一，事件的产生源自一开始的言语不适，采用了"打抱不平""怼"等直接攻击性言语行为，方式与场合都较体现冲动；其二，当领导安慰学生时，学生言语的不当使领导对学生的评价过于激烈。在这个过程中，教师如何维稳教学冲突带来的不良影响？

笔者采访了此次协调教学冲突事件的W2老师，该老师收到了企业方对该事件的传达，了解到学生出现了教学冲突，立即到达现场予以协调。一开始，W2老师并没有专断是哪一方的错误，而是分别与企业直接当事人、学生了解了冲突的来龙去脉，并做好了双方意图的解释工作。

三、"双导师制"实施成效及学生期待

（一）学生对"双导师制"实施满意度比较高

满意度测量使用的是李克特五等级量表，"1＝很不满意""2＝不满意""3＝一般""4＝比较满意""5＝非常满意"。总体平均分在4分左右，学生对"双导师制"的实施整体满意度较高，男生与女生在评分上存在差距，女生整体上打分比男生低，女生满意度普遍低于男生，如表5-20所示。

表5-20 "双导师制"实施满意度

维度	男（N=41）	女（N=21）	合计（N=63）
	平均值	平均值	平均值
对企业师傅指导满意程度	4.15	3.76	3.95
对专业导师指导满意程度	4.12	3.71	3.92

续表

维度	男（N=41）	女（N=21）	合计（N=63）
	平均值	平均值	平均值
对校内导师教学水平满意程度	4.24	3.81	4.03
对校内实训教师实践操作能力满意度	4.15	3.81	3.97
对"双导师制"实施效果满意程度	4.24	3.91	4.06
对学校课程教学安排满意程度	4.29	3.96	4.11
对自己在专业岗位的表现满意程度	4.27	3.95	4.09
对企业师傅教学风格的满意程度	4.24	3.95	4.08

（二）学生期待通过"双导师制"获得的帮助

学生对"双导师制"存在更多期待，他们期待通过"双导师制"获得更多方面的帮助。如表5-21所示，期待最多的是"培养学习兴趣"和"全面认识自己，确定发展方向"，有近七成学生选择。其次是"学习方法"和"排除就业心理压力、调节心理状态"，有近六成学生选择。从学生的选择来看，他们期待"双导师制"能多给学生提供与就业相关的培训、企业岗位实践，提升就业竞争力。学生们有积极向上的主观能动性，这是做好教育工作的前提，我们要好好激发并保持学生的能动性，把学生培养成高质量的满足市场需求的人才。

表5-21 学生期待通过"双导师制"获得的帮助

	选项	频数	有效百分比（%）
	培养学习兴趣	43	69.4
	全面认识自己，确定发展方向	43	69.4
	学习方法	37	59.7
	排除就业心理压力、调节心理状态	37	59.7
	人际交往	33	53.3
学生想通过"双导师制"获得的帮助	思想政治品德	30	48.4
	多提供就业相关学生培训	30	48.4
	学习成绩的提高	29	46.8
	思想状态的稳定	26	41.9
	就业竞争力的提高	26	41.9
	多参加企业岗位实践	25	40.3
	多加强校企老师之间的沟通	25	40.3
	多举办专业项目类活动	20	32.3

当然，最期待的可能也是学生目前最欠缺的。有的学生提到班级学习氛围很不好的问题。

我们班学习氛围一点都不好。不听话是因为老师太温柔了，喜欢的课就听，不喜欢的课就不听。私底下就是睡觉、打游戏、玩手机。（学生X8）

也有一些学生提到，他们目前对自身认识不足以及缺乏明确的定位和发展方向，他们急需双导师的指导来帮助他们厘清思路。此外，部分中职学生面临着较大的心理压力，可能出现抑郁、焦虑等症状，甚至有些学生出现失眠、情绪低落、心慌、呼吸困难、脱发等问题。对于就业方向，很多学生希望通过单招考试获得继续升学的机会，然而学校却安排了学生去企业实习，导致时间上的冲突，同时学生对实践内容也缺乏兴趣，进一步加深了他们的迷茫感。

另外，中职学生在学习方面常常面临困难，他们非常需要指导，尤其是学习方法的指导。他们希望通过双导师的引导和帮助，改善学习方法，取得更好的学业成绩。这些学生渴望能够得到双导师的关注和支持，以帮助他们克服学习上的困难，增强自信心，并在学业上取得进步。

第四节　现代学徒制中"双导师制"的实施困境分析

当前职业教育质量进入内涵式发展的关键时期。破解现代学徒制中"双导师制"的实施困境是实现职业教育走向高质量化的重要着力点。"双导师制"的有效实施需要政府、学校、企业、行业四位一体，共同深入参与到其中发挥相关利益者的重大作用。

一、政策制度支撑不够，"双导师制"难以为继

（一）经费机制不合理：难以支撑学徒培养机制

2015年，C学校开始纳入"现代学徒制"试点单位，至2019年，国家全面推广现代学徒制，到目前，学校已经历了五年多的时间开展学徒培养工作，国家提供学徒培养专项经费。学校在实施"双导师制"过程中，发给企业师傅的培养学徒补贴是1000元/人，数额较少，且在培养学徒过程中校企双方还需要额外使用其他项目经费及运营成本来维持学徒培养的有序性。

根据笔者调查了解，国家及各级政府强调了现代学徒制的重要性，要求完善

"双导师制"建设，但在实施过程中，其配套设施及资金维持却远远跟不上学徒培养过程中的成本消耗。

> 我们现有的经费来源，企业就靠它的盈利空间来负责这个项目，学校的经费是有限的，都是靠我们做的这些课题经费往这个里面贴，我那年立的现代学徒制的课题经费基本上都砸到这里面了。（老师 W1）

根据 W1 老师的表述，现代学徒制的实行，其专项经费远远满足不了学徒培养过程中的消耗，而企业需要通过盈利空间来负责这个项目，学校仍需要使用教师的课题经费来维持学徒培养的有序性。在过去几年里，老师们研究现代学徒制所获得的课题经费基本上全部用在了现代学徒制的运营上。

> 如果经费来源不够，那纯粹就需要靠私人感情去维持现代学徒制的运行，新冠疫情的缘故，很多餐饮行业都倒闭了，XCF 今年培养学徒都是靠现在的成本去做。我们在中间也很难办。企业在这个项目里面得不到任何的利益，我们也不好向企业提要求。（老师 W1）

XCF 培养学徒过程中，本身企业就有大量员工需要支付工资，门店长时间处于关闭状态，其门店租金费用高昂，长期处于负收益。学徒培养动用到了企业成本。在这个过程中，学校处于被动的一方，需要借助私人感情去维系学徒培养机制的运行，但要保障现代学徒制的有序运行，这种方法并不是长久之计，当经费消耗过大，又没有额外经费补充时，学徒培养随时面临中断或效果难能如意。

从当前分析来看，其一，学校的经费有限。学徒培养过程中成本损耗较大，基础的经费是无法保持学徒培养可持续性的。双方都有困难，但短时间的学生培养速成效果无法持续下去。学生能力的提升需要大量的岗位学习与技能培养，长时间的学徒培养需要产生较高的成本消耗费用，资金从哪里来？如何解决最基本的运转问题？当运转出现较大问题时，其培养质量也令人担忧。

其二，学校负担过重。对于学生的培养，很多企业都认为是学校的事，和企业无关，学校总是主动的一方，承担着主办方、策划者、组织者、监督方、事务处理者、协助者等各类责任。单靠学校的校企合作导致合作关系不稳定、不牢固、不持久。

其三，学校老师要运用私人关系去与企业达成项目上的合作，但学徒培养中各类问题与矛盾的产生，很容易打消学校与企业的积极性。而企业在培养学徒过程中得不到利益，在进行此项目时，学校如履薄冰，寸步难行，无法向企业提要求。

（二）政策立法不完善：导致多方承担风险过大

从政府层面来说，虽然政策上提出要重视现代学徒制的实施，但实际行动又较为滞后，主要表现为现代学徒制顶层配套不完善、政府部门管理碎片化、部门之间缺乏有效沟通与合作、部门保护、资源与服务分散与割裂、部门与部门之间出现了不同程度的权职重叠等现象，影响了现代学徒制的可持续性发展，现有的政策舆论存在运行隐患。

目前尚未针对"双导师制"的实施提出针对性的保障与激励制度。地方政府除给予专项经费外，尚未有具体的保障与激励政策下达。在 C 学校相关文件中，我们可以发现，现代学徒制中的"双导师制"仍停留于实施层面，其保障及激励机制因受经费影响，开展受阻。在参与现代学徒制学徒培养过程中，多方主体承担了诸多风险与责任。

1. 成本损耗风险

据企业 Q2 负责人说，学生在企业当中无法产生效益，相反他们还要损耗原材料。他们生产的产品达不到企业所要求的质量标准。

还有一个就是交通费，每天我们开车其实都还不在这个费用里面。我们租了两台车，分别是 1600 元和 800 元一天，还有一个就是学生的伙食费。（老师 W3）

学生去企业的交通费不包括老师开车的费用，老师租用的两台中巴车的费用 800~1600 元/天。伙食费是学校向企业方提出的要求，为包吃形式。

学校与企业在培养学徒过程中需要花费较多的成本，尤其是社会用人需求量大，但材料成本价高的专业实践，其中仅基础类成本就包含导师课时费、实训耗材费、学徒食宿、导师津贴、学徒损坏耗材成本等，而国家在现代学徒制的培养过程中给的费用仅能提供基础的标配，要想促进学生质量的提升，需要更多的成本投入，不仅仅是短时间的培养，学徒的培养是长期的，而在这一过程中，需要学校与企业自行承担，很多企业不愿意接受长期的额外的开销，而学校需要动用私人情感拉动企业参与，但并不是长久之计，在这一过程中，学校不能放心大胆地提培养要求，更多地要顾虑到企业的意愿程度，很多需要按标准来实行的条件都会出现较多的障碍。

2. 学徒安全风险

笔者在采访企业管理者时了解到，"学徒到企业学习期间，在生产一线出现安全事故，企业需要承担学徒的安全风险"，责任重大是企业不愿去接这个项目的核心因素之一，现在的安全风险稍一出问题，就会出现重大的经济纠纷或企业风评受损，导致企业出现难以承担的经营隐患。

在采访学校专业教师时，了解到有一些导师很想通过现代学徒制模式使学生获得非常好的培养，但导师又是无奈的。

不敢让学生参与进来，一旦学生出现安全事故，轻则记过，重则丢了工作。这样的工作风险也是老师们不敢做的。（老师 W7）

校企双方导师在培养学生过程中，对于想做的实践操作都会考虑到学生的安全因素，进而使学生只能从事安全性高的基础类工作，对于想教学生高难度、高技术含量但安全风险偏大的技能操作，导师会有所担忧。有很多老师有自己的教育情怀，想要教好学生，但考虑到自身有家庭及生活保障问题，如果达不到心理预期，也会使他们的工作缺乏热情与动力。与此同时，学生学不到深入的技能，会认为在当学徒过程中纯属杂工，是劳动机器，从而让学生缺失了较多的技能训练，而达不到好的培养效果。

3. 内动力消耗

政府对企业培养现代学徒制人才，做得好的情况下对企业、学校及校企双方导师缺乏激励措施，只是发一张荣誉证书，而培养现代学徒制的学生需要消耗更多的人力、物力和财力，使利益主体靠自身的公益性去维持其动力是不够的，企业也需要生存，要维持正常的运营，而导师在带学徒过程中，若缺乏激励手段，单靠责任感是不够的，企业师傅也需要生活，减轻家庭压力，在这个培养学徒的过程中，没有激励手段会缺失动力。

一个是企业师傅的，还不能说是报酬，只能说是一个很微薄的补贴。比如说在那里干了一个月，两个班，1000 元，别人干一个月拿 1000 元，你怎么能够说是报酬。（老师 W6）

根据这位老师的描述，其师傅在培养学徒过程中本应该有教学报酬，但由于经费有限，只能给到师傅 1000 元的补贴，实际上，这 1000 元并不能激发师傅的教学动力，也无法过多要求师傅提升教学技能和教育理论。

4. 流失率风险

企业为什么不愿意合作呢？

其中一个问题就是投入与回报。我们辛辛苦苦培养一个人，一个厨师，我们需要五六年的时间，等到他学成五六年以后，他走了，到别的地方应聘去了，企业没有获得任何的回报，我们也不太愿意培养，你换成任何一个人，他成为一个

高手，都会想着他已经学成了，能够独立胜任这个工作了。不愿意进行现代学徒制，就是流动性太大。（企业负责人 Q1）

企业不愿意和学校合作践行现代学徒制在于：投入与回报不成正比；培养一个厨师需要五六年的时间，大部分学生学成以后就离开了岗位，另谋高就，对于企业来说损失是很大的。

学徒经过企业花很大的代价培养出来，但却可以让学徒自由选择自己的工作，这对于企业来说面临着付出与回报不对等的风险，学徒转身就往待遇更高的企业去了，而企业的投入怎么支撑？人力怎么维持？出于长时间的培养考虑，企业更愿意用招工的方式来获取看得到的人力回报，短时间的招工进企业直接上岗是最节约成本的方式。

二、师资不够，"双导师制"难以真正落地

在现代学徒制双导师筛选条件标准中，对校内导师与企业师傅分别提出了相应的要求：校内导师"原则上应该具备中级及以上专业技术职务"，企业师傅"原则上具有大专及大专以上学历"。但实际聘用过程中，符合技术职务要求和学历要求的导师只占到了一半左右。现代学徒制双导师的筛选条件是比较高的，其对校内导师和企业师傅提出了相应的要求。但目前校内校外有近一半师资条件是不达标的。且随着学校对专业教师的培养，校内教师在专业职称评定上难度增大。

（一）师资参差不齐导致课堂教学效果差

校内导师"原则上应该具备中级及以上专业技术职务"，但实际聘用的教师中初级职称的专业教师占比55%，师资严重不足。企业师傅"原则上具有大专及大专以上学历"，但实际满足学历的占比才42%。另外，企业用人标准不统一，缺乏规范化，企业门店较多且每个门店的师傅入职条件不一致。可见，其双导师质量参差不齐。

企业用人标准方面的问题，不在一个层面上，用人标准参差不齐，有的时候一个从来没有读过书的人可以当个行政主厨。（老师 W3）

据《C学校中餐烹饪专业人才培养市场调研报告》显示（见表5-22），餐饮行业本身标准不统一，会根据规模大小来确定招聘人员的要求。数据显示，一般的餐饮业，其初中学历的师傅就占了将近一半，大专以上学历较少，市场对这一行业的要求较低。餐饮业规模越小，招聘不到高级的技术人才，对员工的学历要求越低。餐饮业规模越大、档次越高，对员工的要求越高，对员工的技能等级越看重。

表5-22　烹饪从业人员技术等级和学历分布

调研内容	星级宾馆饭店（%）	社会餐饮业（%）	备注说明
烹饪从业人员技术等级分布	初级：35	初级：60	饭店宾馆档次越高，要求员工的技能等级越强，甚至有些饭店就根据人员的技能证书加一定的薪水
	中级：50	中级：35	
	高级：15	高级：5	
烹饪从业人员学历分布	初中：5	初中：43	餐饮业规模越小，要求员工的学历程度就越低
	中职：80	中职：55	
	大专及以上：15	大专及以上：2	

资料来源：《C学校中餐烹饪专业人才培养市场调研报告》。

师资能力直接影响到课堂教学质量。部分校内专业导师存在课堂控场能力不够、教学吸引力不足、教学内容设计简陋、教学模式陈旧的问题，教学内容偏理论，不能满足中职学生的实践性需求，课堂缺乏生机。在对学生的调查中，学生也特别提到了"增强课堂兴趣"的问题，间接证实中职学生课堂迫切需要增加趣味性。部分教师仅把教育作为一个职业，对教育事业并未投入太多的情感。

很多老师还是把自己的工作作为一种谋生职业，而不是热爱这个职业，热爱这个专业，爱这个教育。他就是完全将其作为一个职业，去完成这样一个工作就可以了。我每年教这20个菜和重新去教这20个菜是两种境界，很多老师不太愿意去改革和改良。10年了，我还是在这，10年前做这20道菜，现在还是教这20道菜。（老师W1）

作为人才培养最重要的一环，课堂教学直接影响人才培养的质量。教师对教育事业的定位、对自身身份的定位都会影响到其工作输出以及成果输出。

（二）企业师傅随意更改教学内容影响教学效果评估

企业师傅作为企业员工的同时，也承担着导师的角色，作为教育的引路人，教学是一个系统的工程，应该循序渐进，根据学校的教学安排来实施岗位技能的指导。如果学校提供了教学计划，企业师傅应该承担起自身的教学责任，使教学内容能形成统一，使整个教学工作能有序进行，使教学效果能获得有效评估。

企业师傅确实出现了很多这类情况，更改教学内容，但我希望企业师傅在更改教学内容前，必须是在人才培养方案的指导下去实施教学，你可以有意见，可以通过合理的程序来反馈，认为我们的这种模式不合理，但是在教学的过程中，必须要遵循一个模式，如果要有改良，你必须要提出建议来调整和修改。（老师W4）

但在实际操作过程中，很多学生学的专业操作都不一致，这使学校在教学内容上很难统一学生考核方式，其校外导师在指导学徒过程中，随意更改教学内容，未能遵照人才培养方案的指导去实施教学。这类现象较多，实施过程中需要学校与企业师傅进行双向沟通，通过制度及管理达成双向统一。

（三）部分企业师傅工作繁忙无暇顾及见习学生

企业师傅工作时间长，而且工作很忙，加上学生很少能主动与师傅沟通，因此学生很少有机会与企业师傅交流。

那种交流比较少，因为他们要一直工作，基本上没有休息时间，我们也不好意思去耽误师傅的休息。（学生X3）

根据学生的描述可知，其一，与师傅的关系是融洽的；其二，师徒交流比较少，原因是师傅要一直工作，学徒也不能停下手中的工作；其三，虽然有休息时间，学徒虽然想与师傅沟通，但碍于师傅休息时间不足，不好意思打扰师傅休息。以上三点充分说明师傅的工作量非常重，且连续性、高强度、压力大、休息时间少，以致于师徒之间平时缺少交流。这样的情况可能会影响学徒的学习和成长，他们无法得到及时的反馈和指导，可能会错失学习和技能提升的机会。同时，师傅也无法全面了解学徒的需求和困惑，无法提供个性化的指导和支持。

三、交流合作不够，"双导师制"难以真正深入

由于学校与企业之间存在教育理念、培养目标和评估标准等方面的差异，校企标准也存在差异，因此校企之间的交流与合作难度加大。在学校中，教育的重点通常是理论知识的传授和学术研究的培养，而在企业中，重点更多地放在实践技能的培养和职业能力的提升上。这种差异使学校和企业在教学方法、教育资源和教育目标等方面存在较大的差异。由于这些差异，校企之间的交流与合作往往面临一些困难和挑战。一方面，学校和企业的合作项目可能无法充分满足彼此的需求，造成教育效果不佳。另一方面，学校和企业之间的沟通和协调也可能存在障碍，导致合作项目无法顺利进行。

（一）校企标准不同，导致"双导师制"教学合作难以深入

从调查中我们了解到，"双导师制"人才培养方案、教材编写、教学标准、教学项目的实施、学科知识体系的建构、校企课程的开发均出自学校专业教师中的双师型教师队伍。由于在教学理论与教学能力上的缺失，尤其缺乏系统的教育理论架构，再加上企业工作时间长，企业师傅没能力也没精力参与其中。另外，学校要求其教师每年去企业调研、学习，通过校外培训与专业技术的学习，熟悉相关的岗位要求、岗位目标等，并将内容纳入教材中。

但学校的培养标准与企业的培养标准是两种逻辑体系，学校的培养标准是根据国家标准执行，教学和现实的工作环境存在差距。教学标准设定未能深入到见习岗位中，不能根据市场需要来进行教学。

学校基本在教育上是国标占比，国标是个很虚、很空、很大的一个标准，它的具体实施和与地方化接轨都是完全不同的。对于双导师的合作我们还是有一定的难度，企业师傅要工作，企业要营业，而且一般来说，我们是专业老师牵头，即学科带头人牵头，根据企业对这种岗位的培养能力的要求来修改。（老师W3）

企业作为经济组织是以盈利为目的的，学校与企业利益存在很大的分歧。学校导师在设立课程标准时，既要考虑到国家标准，又要考虑到企业实际情况，在操作上存在一定难度。

企业师傅只能做一份工作，但他不能既当师傅又去当老师，他做不来这么多的事，他也许就只有他的一技之长，也是他的师傅教他的，三五项技能，就是他与学校合作的要点，而老师的教学要的是全面的，要都会一些，比如说烹饪的岗位，平等的岗位，有热菜岗位，有切菜岗位，有面点岗位，有雕刻岗位，还有凉菜等，也就是我说的6大岗位。（老师W6）

根据国家培养标准、教学标准，学生对专业所有岗位都需要接触，并能掌握专业所有技能。但对企业来说，企业要求效率、专业化、精细化，要求企业师傅精益求精，追求高超技艺。学校的教学标准无法通过企业见习达成，即便有轮岗制，也没能熟悉全部专业技能。"双导师制"的深层合作是为了教学与生产相结合，显然要达成这个深层合作目标难度很大。

（二）见习门店分散，企业师傅的教学过程难以监管

C学校在培养学徒过程中，主要服务于长沙区域服务业发展，校企合作集中在长沙本地。2022届实习学生共536人，安排在49个企业的155个点实习，顶岗实习点分散，管理难度加大。合作企业的门店多而分散，虽然学校安排学生去

企业实践租了大巴车接送，但在接送途中需要花大量的时间，短的十几分钟，长的几个小时。遇到堵车，可能到上午 10 点多，学生才到达门店开展工作。

学校带队教师无法做到对所有门店的学生表现都进行过程管理与实时监控，学生在实践过程中发生了什么、具体做了些什么，教师很难捕捉到较多的细节，也难以掌控到每个学生的情绪与心态上的转变。比如，在这次实施过程中，就有一些学生工作不积极，经常迟到，有人不在岗的情况。如果教师在场，学生遇到问题，教师能及时给予调整与疏导。

自己的专业老师从来都没有去过，但是文化课老师去过，而且老师不是每个店都去，部分老师去了也只是拍张照片就走了。（学生 X3）

从这位学生的描述中可以得知，其一，专业老师工作量大，没有时间去，由班主任或文化课老师代劳；其二，老师去门店看学生是为了完成任务，较为形式化，拍张照片就走了；其三，专业老师习惯了传统的课堂教学方式，对下企业、进店面指导实训有所抵触；其四，学生全部在长沙市内进行见习，门店较多，遍布长沙的各个区（县），过程管理与实时监控具有较难的操作性。

四、师生双方存在问题，"双导师制"运行不畅

在"双导师制"运行中，教师和学生之间存在一系列问题，这些问题可能会导致该制度运行不畅。教师和学生双方都需要通力合作，互相理解和支持，才能够实现该制度的目标和效果。任何一方面存在问题，都可能对"双导师制"的有效实施产生负面影响。

（一）师生沟通少且不顺畅

在调查中我们发现，部分导师对学生关心不够，与学生的沟通比较少。学生不管是与校内导师还是与校外导师沟通少的原因都相似，四成多的学生认为"自己可以解决"，三成多的学生"不知道该和导师沟通什么"，近 15% 的学生寄希望于校外导师主动找自己，如表 5-23 所示。学生觉得自己可以解决，有可能确实是自己有能力，通过努力可以解决，如果是这样未尝不是件好事，学生有主动解决问题的能力；但我们担心学生是不是觉得不能指望老师给他们解决问题。当然在这个过程中我们也能很明显感觉到学生的不主动。

我们也询问了学生，在他们看来导师还需要做到哪些方面。根据词频分析，最多的是认为导师要对学生有耐心、责任心并关心学生，而不是在专业与技能上。这可能与该年龄段的学生特点有关系，他们相对更敏感，希望得到人格上的

尊重。在跟班追踪过程中，我们发现，部分老师在学生违反班级纪律时的处理方式不当，被批评的学生觉得丢了面子，人格受到了侮辱。

表5-23　师生沟通少的主要原因

选项		频数	有效百分比（%）
校内导师	个人可以解决	29	46.8
	不知道该和导师沟通什么	24	38.7
校外导师	个人可以解决	25	40.3
	不知道该和导师沟通什么	22	35.5
	寄希望于导师主动找我们	9	14.7

两位学生早自习聊天，老师发现后当着全班同学的面批评了他们，学生想辩解，老师对此说了一句："有些学生就是情商低、不会做人、不懂得尊重老师。"对此，我们也询问了班上其他同学的想法，学生表示能理解老师，但对老师的做法不太能接受。

老师这种做法有些偏激，我不太能接受，她有时候有些咄咄逼人。（学生H）

沟通需要艺术，这种沟通上存在的矛盾和冲突必定会影响学生对老师的态度，甚至可能会影响到学生的学习。

（二）学生纪律意识不强，职业素养有待提高

在调查过程中，我们得到很多老师对学生的纪律意识不强的反馈，包括对工作缺乏敬畏之心；吃不了苦、工作没能坚持；职业责任感低；缺乏积极性。部分学生来读中职并非自己喜欢，可能是父母觉得好，替他们做了选择。被动接受专业已是无奈，奈何还没能培养兴趣，所以全程被动应付。

我收集到了几次这种主要的问题，还真的是我们学生的问题。比如说师傅不允许他们在上班期间买零食在（店）里面吃。本来就是一个餐饮单位，你要一个餐饮单位怎么办，自己店的饭不吃，带肯德基的产品到店里吃，你要吃你到外面去吃，你可以到肯德基去吃，不能拿肯德基的商品到店里吃。这个事本来就是要解决啊。他们每天早会都有培训说到这些是不能做的。我认为孩子们可能比较娇气。经过这一次，我认为我们确实还不够仔细（企业），他们还是一直在配合我们做，就这个事情他们没什么意见，没有什么利益全凭感情。发1000元干了这么多，没什么报酬。（老师W2）

这是在一次学生违反了企业规定之后，我们向校内导师了解的情况。老师觉得学生确实存在问题，无视企业的规定。对企业来说，带学生见习没有经济上的动力，报酬很少，之所以能持续，只是凭感情，凭私人关系。

（三）部分企业导师与学生的沟通方式简单、粗暴

据了解，企业师傅在教学过程中，容易与学生因语气或措辞而发生冲突。部分师傅在指导学生过程中语气不太友善，用吼、凶等方式命令学生服从他的安排，沟通方式有些简单、粗暴。

其中有一个师傅，他可能是个老员工，当着学生的面说了很多不好听的话。（老师 W2）

这个时候就需要带队老师去介入，协调解决。

作为带队的老师，首先是了解情况，然后我们以教育学生这个角度为重点，也可以给师傅们提一些要求。这种情况我们肯定是让大家心平气和地了解这件事情到底是什么样的情况，不能以偏概全，要把这件事情发生的原因了解清楚。一方面教育学生，提高认识；另一方面规范过程的管理，用制度来规范。（老师 W2）

为了避免再次发生矛盾，之后，带队老师将发生冲突的 X9 学生调往了其他门店。

五、师生双方能力问题导致见习质量不高

见习质量高低不仅和导师的水平有关，也与学生自身的素质有关。见习过程中学生能否参与核心技术岗位也会影响见习质量。

（一）部分企业师傅能力不高，学生见习质量较低

导师师资参差不齐，导致学生的资源也存在差异。部分企业师傅是初级工，在门店工作时间短，且仅中职学历。学生在见习过程中，师从不同的企业师傅，安排的工作也不一样，部分学生一直在切配岗位，当然也有部分学生做了 3~5 项工作。见习内容不统一导致教学考核内容与考核标准无法统一，也无法对教学效果、岗位表现做横向比较。

学校安排学生去企业见习，会对企业有学生学习相关技能的要求，但因为企业安排校外导师、师傅考核、学生考核以及学生技能评价等方面的标准落实不到位，导致无法在教学中看到最真实的想法，原来设想的人才培养方案在实施之后浮于表面，需要在文字操作上进行一些改良。（老师 W5）

部分企业师傅缺少教学经验、教学能力不高、教学方法简单，导致学生在实践过程中效率低，其学生也会被分配到最低层次的岗位。企业师傅工作繁忙，几乎没有机会参加教学培训，休息时间少，他们对教学培训也没有兴趣。

（二）学生能力受限，难以达到企业实践预期

原材料损耗费，因为觉得在企业中，学生不能够生产产品，不能够卖钱，他达不到出品的质量要求。（企业负责人 Q2）

基本上没有休息时间，就一个上厕所的时间，每天要处理七八百斤的东西。（学生 X4）

从学生对工作的描述来看，学生的工作量也很大，并且主要是做打杂的工作。另外，经常不能正常下班，要加班，工作量安排过多，在人员比例上是否需要增加人手进行接岗？从材料一来看，学生的生产产品达不到出品的质量要求，可能是以下原因：

其一，学生在校学习期间，对自身的定位不清晰，很多学生学习态度不端正，专业能力普遍较低，企业对不同的岗位有不同的要求，而学生前往企业实践，因自身能力不足，只能从事"切配""端菜""摆盘"等低层次跟岗类工作。在调查过程中了解到，仅一位学生被师傅允许在厨房掌勺，原因在于这位学生在学校是技能队的学生，拿过省级奖项，专业技能操作扎实且速度快，获得了师傅的认可，且其他学生们反映，只有这位学生能跟上师傅的速度，做各方面的工作都能跟上师傅的步伐。

其二，学校的课程教学内容与实际市场需求脱轨，学校在现代学徒制项目上花了大量的经费，企业也在透支其盈利，但教学效果上，学生无法承担重要工作，由于其技术上的失误，还造成了很多原材料的损耗，给企业增加了生产成本，学生的不规范操作还影响了正常的生产活动。而学校教学工作上，教师作为主导者，有一定的责任与义务对课程内容进行及时更新，多融入现代市场需要的元素，使学生能清楚自身的不足，并加以训练。

学校将学生送到企业学习的初衷，更多的是希望学生能学到最新的技术或企业的核心技术，《双导师制遴选实施办法》中也提到，企业师傅在不透露企业机密的情况下，可以主动将核心技术教给学生。但由于学生自身能力的不足，预期与效果之间存在较大的差距，学生只能学到粗浅知识。

（三）利益需求差异，校企双方难以达成一致

企业的需求和学校的需求直接的矛盾在于，学校是个很单纯的教书育人的环

境，为社会培养人，学校培养一个学生是从来没有想过要真正地尊重学生的选择的，我们的学生读书都是不要钱的，都是大教育的需要，和企业是不同的。而企业最终的目的是要为自己创造效益，所以两者的目的是不同的。就像两个人谈恋爱，我的目的和你的目的是不同的，所以走不到一块。两个人的目的不是一样的，它的价值在哪里？它为什么能够走到同一条路上去？（老师W1，企业负责人Q1）

校企双方在需求点上的不同，导致其培养过程中较多问题无法达成一致。而双方利益的差异导致有的问题是不会调和的，比如说学校的培养目标无法实现企业的用人导向，这是第一个方面。第二个困难是，学生的管理因素上的困难，学生的素养、素质能力存在差距。第三个问题在于学校在督促企业开展各项工作时，其本身的工作是没有做到位的，企业在各项工作中的做法让学校不满意时，学校出于企业没有获得任何利益这一点，就不好意思向企业提要求了，学校认为这些要求对于企业来说已经过度干涉到了企业的管理，而在这些工作环节中，又不能缺少执行力，便出现了很多工作做不了，而在文件上动思路，浮于表面的检查，至于真正的成效，学校老师本身是不太满意的。

说起来我们的工作也做得不是很到位。有很多浮于表面的检查，没有深入到具体、真实的需要，应该来说，培养过程是严格按照教学标准来执行教学。就是说我们去企业，它应该有一个技能的要求，但是有的时候因为人员、考核和一些评价这些方面的落实不到位，所以导致无法看到教学中最真实的想法，原来设想的人才培养方案在实施之后还是浮于表面，只在文字层面做了一些改良。再一点是学校与企业利益上的差异。（老师W2）

第五节　现代学徒制中"双导师制"的实施优化对策

基于前文的原因分析，我们从相关政策法规的完善、学校与企业的双赢利益驱动机制、优化管理技术和手段、提升导师专业素养、增强学生自信心方面提出现代学徒制中"双导师制"实施优化对策。

一、完善与健全相关政策法律及法规

学校与企业能否长期合作，取决于双方利益平衡点的寻找与把握，只有一方

受惠的合作难以维系，而只有使合作产生最大效益，才能更加长足发展。

（一）建立有效的现代学徒制及"双导师制"保障机制

就目前而言，现代学徒制虽然得到了全面推广，但在现代学徒制以及"双导师制"建设方面还处于制度探索阶段，面临着"打破陈规"的难题。《教育部办公厅关于全面推进现代学徒制工作的通知》从目标要求、工作重点、组织实施三个方面廓清了现代学徒制的基本框架，其中"双导师制"的建设基于校企完善"双导师制"提出了相关要求。湖南省人民政府就"双导师制"提出了遴选与培养办法，但在校企、双导师、学徒多元主体政策保障与激励上有所缺失。职业学校作为教育教学的主导方，在实施过程中承担过多的责任与义务，而建立相关的法律与制度，明确双方权利与义务，以及对具体的"双导师制"实施细则与操作指南进行详细规定，由政府定时审查督管，促进学徒培养的有效实行势在必行。

政府、行业企业和学校要协同并进，才能有效地发展现代学徒制的"双导师制"，从而保障现代学徒制试点的有效推进。[①] 例如，相关政府部门出台相关保障机制，政府通过政策引导企业建立和健全导师激励机制及校企深度合作机制、学校建立双导师互动平台与健全增加投入机制等，并在具体建设过程中通过政策制度推动加强监管、保障多元主体权益、推进教师队伍建设、鼓励企业承担责任等，加强顶层设计，从政策制度层面给出风险防范的应对之策，建立行之有效、切实可行的保障机制。

（二）建立互惠双赢的利益驱动机制

"双导师制"实施的双主体——学校和企业的合作深度以及广度是决定"双导师制"育人模式能否顺利推进的关键因素。要打造校企利益共同体，建立互惠双赢的利益驱动机制，激发企业培养学徒的积极性。

政府和相关教育行政部门要协助职业院校制定完备的、符合时代发展和当前地区发展需求的双导师教育教学方案，帮助学校建设符合发展需求和时代特征的课程体系，即时反馈行业企业信息与需求变化，帮助职业学校人才培养更贴近生产实际，不断提高教学质量。建立校企合作激励与利益驱动机制，激励企业和职业院校开展校企合作，修订学校章程中校企合作、"双师"交流、产教融合等具

---

① 单文周，李忠. 现代学徒制试点中双导师制：内涵、瓶颈及路径［J］. 社会科学家，2019（8）：143-148.

体章节，从体制机制上明确学校和企业的权利与义务，确保两者的权益，形成学校、行业企业、地区社会经济发展的"三赢"局面，深化产教融合、校企合作，在用人需求基础上不断提高人才培养效能。企业要加强与职业学校的深度合作，建立起长期有效的校企合作机制。校企双方应共建"名师工作室""导师教科研工作室""外聘专家工作室"等发展平台，积极鼓励双导师分别参与到校方和企业方的技术研发项目、科研项目中，切实有效地完善双导师的互聘共用制度，帮助学校获取更多外部资源，助力办学成效的提升。把学校的智力优势与企业的资源优势更好地结合起来，实现优势互补、共同发展，取得"1+1＞2"的协同效应。

（三）加大政策与财政投入力度，拓宽资金保障渠道

现代学徒制在实施过程中，存在经费明显不足的问题，因此应从多种渠道拓宽资金投入。其一，国家及政府应该重视现代学徒制人才培养模式，在加大政策与财政投入力度的同时，拓宽资金保障渠道，建立中央财政、地方财政、企业和社会力量的资金支持机制，对于主动与职业学校开展校企合作的企业给予一定的技术和资金支持以及税收优惠，激励企业与职业学校开展校企合作，承担学徒培训、实习相关工作，并建立相应的监督机制。其二，实施表彰奖励制度和师傅学徒待遇保障制度，确保学徒培养的顺畅运行；政府和教育相关部门出台相关保障机制，并从发展职业教育财政资金中，每年拨付一部分资金用于学徒师资补贴，以鼓励更多学校优秀教师和技术精湛企业师傅投入到双导师队伍发展行列中。其三，学校还可利用国家中职免学费和国家奖助贷政策，或通过社会捐赠、企业捐赠、科研转化、社会服务、合作共建等多渠道拓宽资金来源，确保学徒培养过程中教学运行资金保障，给师傅带徒和培训工作给予一定的经费补贴，给学生（学徒）在企业实习期间一定的生活费用补贴。

（四）通过多种措施，降低多方主体面临的风险

学校、企业、导师、学生参与现代学徒制实施过程中面临着诸多风险，为此，应该通过多种措施、多方主体共同发力，降低多方主体面临的风险。其一，企业、学徒可在法律层面建立相关的制度，通过协议的签订、协议内容的补充，以制度体系约束双方的责任，进而达到双方共同降低风险的作用。构建考评反馈体系，坚持规范、严格、公平、公正、公开的过程性考核，分别对学生及校内外导师进行跟踪管理，根据最终考核结果，给予物质与精神奖励，把有效考核、评价"双导师制"实施过程、实施成效和人才培养质量紧密联系起来。其二，学

校、企业可通过法律加强项目成本管理，建立专门的教育教学质量与校企合作相关办法、教学改革管理办法等，成立校企合作专项基金，建立学校与社会联合培养学生的一系列载体，建立学生实习、就业的长效互动机制，将学生管理与专业教学形成合力。加强项目团队建设，科学筹划资金流动规划，优化技术手法与管理手段，降低成本风险、学生安全风险以及校企双方因合作过程中出现问题时归责不清晰的风险。根据风险管理理论，对风险水平进行评价，采取宏观政策扶持，完善项目法律法规，加强项目成本管理，有效控制市场风险，强化设计技术水平，创新技术实施方案，通过过程控制等措施降低多主体面临的风险。

二、明确双导师定位与执行，实现学生过程管理

（一）明确双导师定位，执行双导师教学标准

明确双导师定位，执行双导师教学标准是中等职业学校实施现代学徒制的关键步骤，也是确保学生获得优质职业教育和培养具备复合技能的高素质人才的重要保障。在现代学徒制中，学生既有校内专业教师的指导，又有校外企业导师的实践教学，通过明确各自角色定位和教学标准，双导师制度能够更好地发挥作用，为学生提供全面、系统的职业教育，培养复合型的高素质人才，推动中等职业教育的持续发展。

1. 明确双导师定位

明确双导师定位在实施现代学徒制中具有重要意义。学徒制度的核心在于将学校教育与企业实践有机结合，使学生能够在实践中学习，获得丰富的职业技能和经验。而双导师作为学徒制的重要组成部分，为学生提供了学科知识和实践技能的双重指导，使其在学校和企业两个环境下都能获得全方位的培养。首先，学校内的专业教师在双导师制度中扮演着重要的角色。他们注重传授学科知识和理论，培养学生的专业素养和职业能力。校内专业教师应以学科教学为基础，将理论知识与实践相结合，通过教学将学科知识转化为学生实践智慧。他们还应注重学生的综合素质培养，包括学生的沟通能力、团队合作能力、创新能力等。通过专业教师的指导，学生能够建立牢固的学科基础，为未来的职业发展打下坚实基础。其次，企业导师在双导师制度中发挥着至关重要的作用。企业导师应以实践为导向，传授学生实际工作技能和职业经验。他们是学生在企业实习期间的导师和指导者，在工作岗位上向学生展示实际操作技能和职业道德，培养学生在实践中解决问题和应对挑战的能力。企业导师应关注学生的职业发展和职业规划，帮

助学生树立正确的职业价值观，了解行业趋势和就业市场需求。通过企业导师的指导，学生能够获得真实的职业体验，增强对职业的认知和认同。

双导师之间的合作与协调至关重要。学校和企业应建立紧密的合作关系，共同制定学生的实习计划和目标。校内专业教师和企业导师应相互交流，了解学生在学校和企业的学习情况，共同协助学生解决遇到的问题。学校应提供支持和资源，确保企业导师有足够的时间和条件进行学生的实践指导。而企业导师则应与学校教师密切配合，将学生在学校学到的理论知识与企业实践紧密结合，帮助学生将理论应用到实际工作中。

2. 执行双导师教学标准

执行双导师教学标准是确保现代学徒制度顺利实施的重要保障。双导师制度的有效执行要求学校和企业密切合作，共同制定和实施教学标准，以确保学生在校内外获得高质量的教学和指导。首先，学校和企业应共同商定学生实习期间需要掌握的技能和知识，并将其纳入教学计划。这要求学校与企业之间建立起有效的沟通渠道，充分了解企业的实际需求和行业趋势，将企业实践的要求与学校教学相结合。教学内容的明确和精准是双导师制度的基础，确保学生在实习期间能够接触到真实的职业场景和问题，为未来的职业发展做好准备。其次，双导师应相互协作，学校内外的教学应相互衔接，确保学生获得一体化的教学体验。学校和企业的教学方法和理念应保持一致，形成无缝对接的教学模式。校内专业教师和企业导师应相互交流经验，共同探讨教学方法，确保学生在学校和企业之间能够无缝切换，获得连贯的教学效果。此外，学校和企业应密切配合，确保学生在学校内外的学习进度不冲突，使实践和理论相互支持。学生在实习期间可能会遇到一些专业问题和挑战，校内教师和企业导师应共同协商解决，确保学生能够顺利完成学习任务。学校和企业还应共同制订教学进度计划，合理安排学生的学习和实践，避免出现过度重叠或断层的情况。最后，学校和企业应制定共同的评估标准，对学生的学习成果和综合素质进行全面评价。评估标准应综合考虑学生在学校和企业两个环境下的表现，包括学科知识的掌握、职业技能的运用、工作态度和职业道德等方面。评估结果不仅是学生个人发展的参考，也是学校和企业双导师制度有效执行的重要依据。

执行双导师教学标准还需要加强师资培训。学校应为校内专业教师和企业导师提供相关培训，使他们了解双导师制度的理念和要求，提升他们的教学和指导能力。这不仅有助于提高校内专业教师和企业导师的教学水平，还能促进他们更好地理解和融入双导师制度的理念和要求，从而更有效地指导学生的学习和实践。培训可以帮助校内专业教师和企业导师了解双导师制度的核心概念和目标。双导师制度强调学校与企业之间的密切合作，学校专业教师与企业导师共同肩负学生培养的责任。师资培训可以向教师介绍双导师制度的背景、优势和关键要素，使其深刻认识到双导师对学生发展的重要性。了解双导师制度的理念后，教师们更容易认同和支持这一制度，并积极投入其中。此外，师资培训还可以通过实践教学、案例研讨等方式，使教师更好地融入双导师制度的实际运行中。通过实际操作，教师们可以更深入地理解双导师制度的运作机制，学习如何与企业导师合作，如何在学生实践中发挥更好的作用，最终提升教学质量。

（二）创新学生管理手段，实现学生过程管理

在现代学徒制教育中，学生的顶岗实习过程管理面临着一系列挑战，例如实践时间长、人员和岗位分布分散以及难以进行实时监控等。这导致学校导师在全面管理学徒实践过程中面临困难，学徒往往处于相对放养的状态，缺乏有效的监管。然而，创新学生管理手段并加强监管力度可以有效解决这些问题。首先，学校可以采用现代信息化手段，如蓝墨云班课、微信或专业化管理平台等工具，实现对学徒的监测和管理。通过签到、答疑、小组任务、测试、问卷、视频作业等方式，学校导师和企业导师可以对学徒的学习和实践情况进行实时监测和评估。这样可以确保学徒在实习过程中的学习进度和实践表现得到有效的跟踪和记录。其次，学校与企业应共同制定学生顶岗实习的评分和预警机制，建立严格的学徒岗位选拔标准、准入条件和出师标准。这样可以增强学徒的竞争意识，使学生在实践过程中保持高度的责任心和积极性。此外，学校还可以建立日常考勤制度和企业日常教学运行制度，鼓励学生记录实践日志、总结经验，并进行实践考核和竞赛等，以丰富学生的内心体验和提升实践能力。通过采用"过程化考核+综合性考核"的评价方式，定期开展自我评价、导师评价和校企评价，实施工分与学分转换，可以实现对学生的精细化管理和全面评估。

通过创新学生管理手段和加强监管力度，学校和企业可以共同解决学生顶岗实习过程中的管理难题，提升学徒制度的管理效能，确保学徒在实践过程中得到充分指导和支持，从而更好地发展其专业技能和职业素养。这些措施将有助于建立起学校、企业和学生之间的有效合作机制，促进学徒制度的良性发展，使学生在顶岗实习中取得更为优异的成绩并获得成长。

三、提升导师专业素养，提高教育教学水平

提升教师的专业素养和教育教学水平对于现代学徒制的有效实施至关重要。校内导师和校外导师应当意识到自身在教育教学方面的重要性，并为自身的专业素养提升设立更高的标准。首先，导师们应定期观察和反思自己的课堂教学情况。他们可以关注教学方法、学生参与度和教学效果等方面，从中反思课堂教学和实践教学效果不佳的原因。这种反思有助于导师们认识到自己的不足，并寻找改进的空间。其次，导师们应积极参与各种专业培训和学习活动，不断更新自己的教育教学知识和技能，提高教学水平。他们可以参加研讨会、研修班、课程开发等专业学习活动，持续不断地学习。通过不断学习，导师们可以了解最新的教育理论和实践，拓宽自己的教学视野。最后，导师们应定期反思自己的教学实践，思考教学中的问题和改进的空间。他们可以通过自我评估来发现自己的不足，并制订相应的改进计划。此外，积极寻求专业支持和合作也是导师们提高教育教学水平的有效途径。他们可以与同行进行交流和讨论，分享经验和教学资源。通过与其他教师的合作，导师们可以互相学习和借鉴，共同提高教育教学水平。

同时，导师们应积极尝试新的教学方法和策略，不断创新教学内容和形式。通过创新教学，导师们可以激发学生的学习兴趣，提高教学效果。他们可以关注教育研究和趋势，了解最新的教育理论和实践。通过对教育研究的关注，导师们可以深入了解教育领域的发展动态，从而指导自己的教育教学实践。校内导师和校外导师在现代学徒制中扮演着重要的角色。他们的专业素养和教学质量的提高，有助于推动教育的发展和学生的全面成长。通过不断提升导师的专业素养和教育教学水平，可以更好地支持和指导学徒的学习和成长，确保学徒制度的顺利运行和学生综合素质的提升。第六章将关注校内导师的教学与专业能力提升问题，而校外导师的教学能力提升还有更大的探索空间，期待学界继续深入挖掘。

四、强化学生自身能力提升，培养职业素养与岗位能力

强化学生自身能力提升，培养职业素养与岗位能力是现代学徒制教育的关键任务，这两个方面的培养相辅相成，是学徒制度的重要组成部分，对学生的职业发展和个人成长具有深远的影响。首先，学校应提升学生对自身定位的准确性，并提高对自己能力的要求。学生在学徒制度中需要明确自己的学习目标和职业规

划，了解自己的优势和不足。学校可以开展学生职业规划辅导和能力评估，帮助学生认清自己的职业定位，并明确个人发展方向。学校还应培养学生端正的学习态度，引导他们树立学习的主动性和积极性。通过教授学习方法和技巧，鼓励学生主动学习和自我管理，帮助他们建立高效的学习习惯。其次，学校应对学生现阶段的能力进行评估，并分析与企业岗位标准存在的差距。学校可以与企业合作，开展职业能力测试和实践评估，帮助学生了解自己在岗位技能方面的优势和不足。根据评估结果，学校应及时调整教学方案和实践教学内容，使其与企业的岗位需求相匹配。此外，学校还应营造积极的学习氛围，激发学生的学习动力和积极性，使他们能够主动学习和实践，不断提升自身职业能力。再次，学校应充分发挥课程思政的重要性和有效性。将思想政治教育融入学科内容和教学过程中，有助于培养学生正确的价值观、人生观和世界观。通过思政教育，学校可以提高学生的社会责任感和使命感，培养学生对社会的认同和责任，使其成为有社会担当的优秀人才。将职业素养融入思政教学，有助于培养学生的职业道德和职业能力。通过思政教育，学校可以引导学生树立正确的职业观念和职业道德，提高学生在职业中的职业竞争力和职业操守。最后，学校应打通中职生的专业上升通道，实施中职、高职、本科贯通。通过构建中职、高职、本科贯通的课程衔接，学校可以使学生了解不同层次的专业知识和技能要求。学校应明确中职、高职、本科之间的培养目标，并逐步强化专业岗位层级与技能的难度。这样可以为学生进一步提升学历和技能打下基础，并激发他们继续发展的信心和动力。

第六章 中等职业学校教师职后培训

教师在职业教育中起着至关重要的作用。特别是中职学校的教师队伍，直接影响着学校的教学质量和学生的发展。优秀的中职教师不仅具备扎实的学科知识和教学技能，还具备良好的职业素养和教育情怀。他们能够激发学生的学习热情，引导学生树立正确的职业观念和价值观，为学生未来的成功奠定坚实的基础。因此，加强中职双师型教师队伍建设，提升教师整体素质对于深化职业教育教学改革具有重要的理论价值和现实意义。重视教师的专业发展，为教师提供终身学习的机会和平台，不断提高他们的教学水平和教育能力，将对职业教育的发展产生积极的影响。本章通过深入中职学校，对中职教师进行半结构化的访谈，探讨中等职业学校教师职后培训的现状、问题、影响因素与对策。

第一节 中等职业学校教师职后培训问题的提出

当前，全球正处于一个前所未有的大发展大变革时期，科技革命正在如火如荼地进行着，新的增长动能不断积聚。在这个背景下，我国社会所面临的主要矛盾已经转变为人民日益增长的美好生活需要和不平衡、不充分的发展之间的矛盾，人民对公平而有质量的教育的渴望更加迫切。[①] 教育领域中，中等职业教育扮演着重要的角色。然而，随着知识更新速度的加快，中职教师需要不断提升自身的专业知识和教学能力，以更好地适应职业教育的发展需求。在这一点上，中职教师的职后培训显得尤为重要。通过职业培训、专业学习和教学研讨等形式，教师能够不断更新自己的知识储备，提高教学技能和教育素养。这将有助于他们

---

① 关于全面深化新时代教师队伍建设改革的意见 [EB/OL]. 新华社，http://www.gov.cn/zhengce/2018-01/31/content_5262659.htm.

更好地满足学生的需求，有效推动职业教育的提质增效。但是目前，中职教师的职后培训存在着诸多问题，这严重影响了中职教师职业能力的发展。

一、中等职业学校教师职后培训的发展机遇

（一）党和国家对教师培训工作的高度重视

百年大计，教育为本；教育大计，教师为本。党和国家历来高度重视职业教育教师工作。2011 年，中央发布了《教育部关于进一步完善职业教育教师培养培训制度的意见》，提出要完善职业教育教师培养培训的指导思想和加强培训制度建设，推进职业教育教师培养培训体系的长足发展，同时也会加大国家级、省市级中职教师培训的数量和培训经费的投入。同年，教育部还颁布了《教育部关于"十二五"期间加强中等职业学校教师队伍建设》相关意见，提出对中等职业学校加强教师管理、提高教学质量的要求。

2013 年国家教育部颁布的《中职学校教师专业标准（试行）》是我国职业教育教师队伍建设的重要举措，为中职学校师资队伍的发展建设提供了重要指引。为贯彻《国务院关于加快现代职业教育的决定》，履行职业院校双师型教师队伍建设职责，教育部、财政部等相关部门决定实施《职业院校教师素质提高计划（2017-2020 年）》，全面提高职业教师队伍的整体素质，并提出到 2020 年要形成职教与普教相互沟通、中高职无缝对接以及产学研高度融合的终身教育理念。

2018 年 1 月，《中共中央 国务院关于全面深化新时代教师队伍建设改革的意见》提出，教师承担着传播知识、传播思想、传播真理的历史使命，肩负着塑造灵魂、塑造生命、塑造人的时代重任，是教育发展的第一资源，是国家富强、民族振兴、人民幸福的重要基石。

2019 年，教育部发布《全国职业院校教师教学创新团队建设方案》，提出加强团队教师能力建设；建立团队建设协作共同体。2019 年 8 月，教育部、国家发展改革委、财政部、人力资源和社会保障部共同发布《深化新时代职业教育"双师型"教师队伍建设改革实施方案》，提出建设分层分类的教师专业标准体系；推进以双师素质为导向的新教师准入制度改革；构建以职业技术师范院校为主体、产教融合的多元培养培训格局；完善"固定岗+流动岗"的教师资源配置新机制；建设"国家工匠之师"引领的高层次人才队伍；创建高水平结构化教师教学创新团队；聚焦 1+X 证书制度开展教师全员培训；深化突出"双师型"

导向的教师考核评价改革；落实权益保障和激励机制提升社会地位；加强党对教师队伍建设的全面领导；强化教师队伍建设改革的保障措施。

这些措施的出台和实施，旨在加强职业教育教师队伍的建设。通过完善培训制度、提高教师素质、建立专业标准体系和加强团队建设，提升职业教育教师的专业能力和教学水平，推动职业教育的发展。加强教师的权益保障和激励机制，提升教师的社会地位，也是这些改革的重要方面。职业教育教师队伍建设是教育发展的基础和保障，党和国家高度重视，并采取了一系列措施来加强教师队伍的培养、管理和发展，以适应新时代职业教育的需求，为实现高质量职业教育做出努力。

（二）中等职业教育基础性转向的内在需求

中职教师职后培训是中等职业教育基础性转向的内在需求。在当前快速发展的社会环境以及中职教育基础性转向的职业环境下，中职教育需要适应新形势，提供更贴合实际需求的教育和培训，以培养适应现代社会要求的高素质人才。而中职教师职后培训作为教师专业发展的重要环节，能够满足中等职业教育基础性转向的内在需求。中职教师职后培训有助于中职教师适应快速变化的职业环境。随着科技和产业的飞速发展，职业领域的知识和技能要求不断更新和演进。中职教师通过职后培训可以不断提升自身的专业知识和技能，了解最新的职业发展趋势和技术变革，从而更好地指导学生适应未来职业的需求。职后培训可以帮助中职教师紧跟时代潮流，不断更新教学内容和方法，提高教学质量和效果。中职教师职后培训有助于提升教师的教育教学水平。中职教师是培养学生职业素养和实际技能的关键人物。通过职后培训，教师可以接触到新的教育理念、教学模式和教育技术，拓宽教学视野，提升教育教学水平。培训可以帮助教师更好地理解学生的需求和特点，运用适合的教学方法和评估方式，提供更个性化、符合学生发展需求的教育教学方案。中职教师职后培训也有助于推动中等职业教育的基础性转型。通过职后培训，教师可以深入研究职业教育的理论与实践，掌握最新的教育政策和行业要求，更深刻地理解当前中职教育面临的机遇与调整，做推动中等职业教育改革与发展的行动者。教师的专业成长和发展将直接促进中等职业教育质量的提升，推动学生综合素质的培养和基础性素质的增强。

二、国内外职业教师培训现状

（一）国外职业教师培训

众所周知，建设强大的师资队伍是保障教育质量的先决条件。在全球范围内，发达国家一直将教师师资队伍建设作为教育改革的重要方向。尤其在职业教育领域，各国的发展方向和特色各有不同，但它们都有一个共同点，那就是高度重视职业教师的师资培训。国外的中职学校教师培训通常是系统、科学、专业的职业教师培训体系的一部分。它们的培训系统围绕教师的专业价值观、专业知识和专业实践进行定位培训，注重制度的保障和企业的实践教学引领作用。这为我们的研究提供了有益的借鉴。根据目前收集到的资料，对国外中职学校教师培训介绍如下：

1. 职教培训政策、体制保障以及培训模式

在欧美，继续教育涵盖教师的整个职业生涯。澳大利亚的职教中心将职业教育的新教师培训当成职业教育教师专业发展阶段的一个长期的体现，对新教师的初期培训提供培训证书，这种证书的提供者来源、形式多样化，社会和学校高度认可；每个职业教师都需要列出他的工作发展个人计划，入职后每年正式培训时间不得少于 20 小时。① 德国的每位教师在一年当中会有 5 个工作日可带薪参加继续教育培训，并且教师被规定在每 5 年中必须要有 2 周时间到企业进行实践学习。② 在芬兰和英国，国家职教部门规定所有职业教育的教师都必须参加职业教育培训，中等职业学校的教师每学年都有免费带薪学习的机会，职教教师通常比普通教师有更多的培训机会，每所学校每学期都必须安排固定的 5 天时间用于培训。③ 教师继续教育培训课程分为短期课程和长期课程，短期课程强调实际问题的解决，长期课程的主要目的是加强进修教师的教研和科研能力。另外，在美国，职业技术学校的教师在聘用后需要到职业教师培训点接受一定时间的教育教学理论和技术操作培训后才能上岗教学。

2. 职教师资培训方式

职业教师的生产实践经验备受欧美发达国家的重视。每个国家的新入职教师需要从各自的指导者那里获得关于教学等各个方面的不同形式、不同模式的帮助和指导；并且，职业教师每年不仅要到高等学院或者专门的有资格的教师培训机构进修学习，同时还要到工厂、企业等生产一线参与具体的操作实践，接触更加先进的技术，以此来保证学校专业教学与企业技术同步发展，使中职学生能够体

---

① 谢桂新，曾本友. 德澳英中职教师三阶段发展维度及启示 [J]. 职业技术教育，2016（31）：74-79.
② 苏春辉，陈衍，颜炳乾. 国际职教师资培养的特点与趋向 [J]. 职业技术教育，2008（31）：80-85.
③ 何倩，方彤. 对芬兰中等职业教师教育特点的探析 [J]. 职教论坛，2009（27）：61-64.

验到最先进的教学理念和接受到最前沿的技术知识。普遍来说，欧美职业教师的职后培训形式丰富多样，但是通常情况下是以专题研讨方式进行，[①] 当然也有小组学习、座谈会、实地考察以及学术会议、远程教育等形式。尤其是在澳大利亚，职业教育教师可以公费每周在相关企业兼职工作数十小时，由于这些培训教师不需要承担费用，因此教师参加企业培训的积极性被极大地调动起来。[②] 这样以能力为本位的师资培训，就对教师的所教专业限定了一个非常严格的框架，需要教师通过参与相关的专业发展培训、网络或者社区实践和企业的项目改革活动来不断提升自己，让自己的专业能力与时俱进。并且，个人还要通过阅读企业杂志等来寻求更多的发展。

3. 职教培训内容与形式

在欧美，职教师资培养非常具有地域特色。这些教师培训机构有些是由大学和教育学院承担，有些是由州教育厅授权的职业教师培训点，同时职业学校也会有校内培训或者由老教师亲自指导的个体学习形式。在培训中，教师通常是对他们的教育教学理论和技术知识进行巩固和更新，熟悉与了解当前最前沿的技术信息。在美国，职业教师可以到相应大学进修，获得更高的学位学历，进而加深自己的专业发展，并且职业教师必须以教师资格证书为依托，且通过各种职业培训进修，从而获得工资的晋升。在法国，教师的专业知识和教学方法以及其他知识的提升是通过短期培训；而改换专业的进修班、证书考试进修班以及最新技术进修班等则是通过长期的培训获得。除此之外，专门培训更加普遍，为了加强教师参加培训的积极性，培训费用通常由国家支付。这种普遍性的培训内容有学科课程的教学内容和教学方法，也有职业技术教育、计算机应用学习和教学评估等。所以，欧美各国的职业教育具有灵活多样的特点。总的来说，"从时间上有长中短之分，内容上有专题研究也有系统学习，有官方有民办，有学历进修班也有以会代训的研讨班，有正规也有非正规的"。[③]

（二）国内职业教师培训

1. 国内外职业教师培训比较研究

在有关职业教师培训的文献中，有部分研究是通过对职业教师的准入资格、

① Antera S. Professional Competence of Vocational Teachers：A Conceptual Review［J］. Vocations and Learning, 2021（14）：459-479.

② 马延伟. 澳大利亚职业教育与培训师资队伍建设的挑战与应对［J］. 外国教育研究，2018（10）：117-128.

③ 兰惠敏. 中美中学教师职前培养课程比较及启示［J］. 教育探索，2016（4）：154-157.

专业标准、师资培养模式以及发展途径的比较研究，阐述国外职业教师培训经验，进而分析我国职业教师在培训上与其不同之处以及当下出现的种种困难和问题，从而提出借鉴性的意见。

谢明荣和赵思怡（2015）认为，在 20 世纪 80 年代美国兴起了"标准本位"的教师教育改革运动，在此之后逐步在实践中形成了一套比较完善的职业教育教师专业考核标准体系，通过与中国的中职教师专业标准进行比较，提出了中国职业教育培训要注重专业教师专业技能的发展、加强教学反思的能力以及提升教学评价能力。[①] 唐红波和林俊彦（2018）对我国职业教育的双师型教师培养现状进行了详细分析，并对日本职业教育双师型教师培养现状进行了研究，从日本的职业教师资格认定制度、资格获取途径、师资培养模式和学历提升途径几个方面与中国的职业教育师资培养做了比较，获得了启发和借鉴。[②] 李力和董琪（2009）研究了欧美国家职业学校的培养培训现状，以我国经济和社会发展为背景，在职业教育理念、培训渠道和管理机制等方面吸收了大量的实操经验，为我国职业教师队伍建设提供了借鉴与启示。[③] 邵汉强（2013）通过阐述国外职业院校在师资任职资格标准、上岗与培训的先后顺序以及继续教育等方面的体系标准，分析了与我国存在的差异以及我国职业师资队伍建设存在的问题，并提出了详细的解决措施。[④]

2. 中等职业学校教师职后培训模式

校企合作模式在学校教学设置、"双师型"教师培养、教研工作开展以及学生顶岗实习等方面应用极广，并取得了一定成效。这种模式对中职学校那些高技能、应用型、复合型专业教师的培养具有非常重要的意义。周齐佩和尚晓萍（2017）认为，企业实践是培养"双师型"教师的重要途径且能够让教师有效提升自身实操经验，但是这一途径的构建在实践和理论层面还存在不少亟待解决的问题，[⑤] 比如学校、教师、企业三方参与度不强，协调不合理导致最终的培训质量不高等。刘君义等（2015）认为，提升职业教师师资质量的根本保证是抓紧建

① 谢明荣，赵思怡. 中美中等职业教育教师专业标准比较 [J]. 职业技术教育，2015（25）：58-62.
② 唐红波，林俊彦. 中日高等职业教育教师培育比较研究 [J]. 职业技术教育，2018（28）：69-73.
③ 李力，董琪. 欧美职业学校教师培训与管理机制比较研究 [J]. 成人教育，2009（2）：95-96.
④ 邵汉强. 中外高职师资准入和培训比较研究 [J]. 教育与职业，2013（21）：70-72.
⑤ 周齐佩，尚晓萍. 中职教师企业实践培训模式设计、实现与成效——基于上海市的实践 [J]. 职教论坛，2017（27）：84-88.

设高素质、专业化教师队伍。综上所述，破除过去单一固化的师资培养模式，高效发展职业教育，建立现代化的职教师资培养培训体系是我国此阶段的重大课题。[①]

3. 中等职业学校教师师资队伍建设

中职教师队伍建设研究涉及宏观层面和中微观层面，比如学校课程与教学层面、教师个人发展层面等，出现的问题多，无法做到全面覆盖。张帅等（2016）认为，在教师准入标准上，中职学校缺乏成熟的聘任规定。[②] 即使中职学校能够从企业中招聘到具有丰富实际操作经验的技术人员，由于准入资格标准没有统一衡定，从而导致教学中的专业实训课教师上课质量参差不齐，其中不少专业教师只有技术而缺乏基本的教育学、心理学以及学科课程方面的知识，缺乏掌控协调课堂的能力，远远达不到高质量的教学标准。[③] 并且，在众多的中职学校里，中职教师资格证与职称晋升制度并不完善，针对性不强，缺少具体的考量标准。还有，很多学校的中职教师队伍结构存在一定的问题，比如年龄结构安排不合理、学历结构和职称结构不合理、高学历和高职称教师偏少等。所以，丁红（2013）认为，中职教师培训基地对被培养者没有进行详细的了解，没有进行事先的调查沟通，在培训期间没有形成明确的培养目标，培训方向和培训内容固化，延用以往的模式；高职和大学院校的骨干教师培训基地的课程教学方式还是基本照搬过去的老一套；企业实训基地则多采用老套的企业岗前培训、参观等方式，没有让参培教师进行实践技能训练。[④] 郑日昌和崔丽霞（2001）在中职教师师资队伍建设的走向上认为，中职师资队伍建设的研究应强调多元化和多层次化，应采用多方面、多指标的发展建设的方法。[⑤]

（三）中等职业教育教师培训研究述评

中职教育是我国职业教育的重要组成部分，中职教师是中等职业教育发展的

---

① 刘君义，甄国红，王硕. 职教师资"一导双驱"培养培训模式的探索与实践［J］. 中国大学教学，2015（8）：40-43.

② 张帅，宋晓欣，闫志利. 中等职业教育质量的主要影响因素及保障策略研究［J］. 职业教育研究，2016（12）：5-10.

③ 唐智彬，石伟平. 新型城镇化背景下的职业教育发展：特征、问题与对策［J］. 中国职业技术教育，2015（30）：49-52.

④ 丁红. 关于"中等职业学校骨干教师国家级培训"的调查与思考［J］. 中国职业技术教育，2013（36）：41-45.

⑤ 郑日昌，崔丽霞. 二十年来我国教育研究方法的回顾与反思［J］. 教育研究，2001（6）：17-21.

强有力的人力支撑，其数量和质量不仅对中等职业教育具有重要影响，而且对我国的经济发展也起到了重要的作用。从近年来的文献中我们可以看出，对于职教师资培训问题的研究相当多的是地域的教师培训研究，探讨职教师资培训中存在的问题和对策，重点在于对策的探讨；还有就是关于职教师资队伍建设的研究，这类研究通常是解释当前职教师资队伍建设的现状以及面临的主要问题，然后提出解决的路径和策略。研究成果雷同，创新的成果较少。主要特点为：现有研究大多从政策、制度等宏观层面进行探讨，而对教师培训的课程、内容、教学等微观方面的研究相对较少。这导致缺乏对实际问题的深入分析，特别是缺乏对参与培训的教师实际需求和感受的研究。同时，由于地域、文化等因素的影响，现有研究多以经验性、描述性为主，缺乏严密的理性分析和理论支持。本章将采用微观层面的质性研究方法构建研究框架。

第二节　研究设计

一、相关概念界定

（一）中等职业学校教师

教师有广义和狭义之分。广义上的教师是指把自己的直接经验、知识或技能传授给受教育者。狭义上的教师是指秉承国家意志，通过社会的委托，有计划、有目的、有组织地对受教育者传授知识的专业人员。本书的研究对象是狭义上的中等职业学校的教师。中等职业学校教师根据授课内容分为文化课教师、专业课教师和实训课教师三类。在本书中，我们把专业课教师和实训课教师统称为专业课教师，他们根据国家课程目标以及专业要求对学生实施针对性的技术教育教学，指导学生习得职业技能。[1]

（二）教师职后培训

培训是指组织有计划、有目的的旨在促进受训者的工作相关的知识和技能的增加与工作态度的转变，进而可以改善提升个人的工作成绩，实现个人的未来的

---

[1]　曹晔，吴长汉．全国中等职业学校教师发展总体报告［J］．职教论坛，2016（31）：17-24.

专业发展的一种活动。① 教师培训一般是指具有师资培训资质的机构和大学院校以及中小学或者幼儿园有目的、有计划实施的旨在促进参训教师专业能力提升的活动。中等职业学校教师职后培训是指国家为了促进教育发展，有目的、有计划、有组织地让职校教师参加的有别于普教的教育和学习的相关活动，通过这些活动能够改进中等职业学校教师学习工作的水平和知识技能，提升创新能力，以期能够实现中等职业教育教学目标。本书主要考察面向中等职业学校教师的、有目的有计划有组织实施的教师职后专业能力提升的培训。

二、调查对象

本章采用目的抽样方法，寻找那些能够为本章研究提供非常密集、丰富信息的个案作为样本。本次研究采访了该学校的 8 名一线教师，他们中大部分是卓越教师，参与培训的经验比较丰富，年龄区间为 28~50 岁，包括 4 名专业课教师和 4 名文化课教师；另外采访了一名教师发展处的主任和一名副校长（见表6-1）。

表6-1 访谈者基本信息介绍

代号	性别	专业	年龄（岁）	教龄（年）	级别
C	女	市场营销	35	13	卓越教师
Y	男	烹饪	35	15	卓越教师
J	女	会计	32	13	卓越教师
W	女	体艺	50	32	骨干教师
Z	男	语文	42	20	卓越教师
Y	女	数学	36	17	学科带头人、卓越教师
Z	女	英语	35	13	普通教师
L	女	英语	28	2	新教师

三、研究过程

（一）访谈提纲

采用半结构式访谈形式围绕中职教师职后培训主题，设计了四方面内容：

---

① 李树林. 论培训的内涵及其变化［J］. 职教论坛，2007（15）：36-38.

①个人职教经历；②个人参加职业培训的情况；③职业培训的效果；④对职业培训的期望。希望能从中获得职业培训方面的翔实资料。

（二）资料处理与分析

征得被访者的同意后，对访谈过程进行录音并将其整理成文字，将整理后的文字资料逐个进行编码，如下所示。

1. 开放式编码

一级编码也称为开放式编码（open coding）。研究者将所获得的数据记录逐步进行概念化和范畴化，用概念和范畴来正确反映数据的内容，并把资料内容和抽象出的概念重新提炼综合，目的在于指认现象、界定概念和发现范畴。笔者通过 Nvivo 12 软件对 8 位受访者的访谈结果进行关键词提取，每个关键词作为一个节点，并进行人工审查。经过多次整理和分析，本章最终抽象出 60 个概念。进一步深入探究概念间的关系，最终得出了 14 个范畴，具体见表6-2。

表6-2 中职教师职后培训现状及影响因素数据编码阶段

范畴	概念
学校学分的硬性要求	学分满了、要去赚取学分、教师资格证无法注册、学校规定必须要去
时间安排不合理	时间安排不合理、影响假期、培训地方太远了影响带高考升学班工作
教师个人原因	不想去、身体不好、私事、参加比赛错过国培或者省培
培训内容形式化	流于形式、不接地气、缺乏技能实操、不精彩随意、理论化、不够新颖、过时了
参培专家水平参差不齐	讲课专家水平参差不齐、不了解职校具体状况 口头表达能力不行、不懂实操技术
参培机会少	名额非常少、省培较少、没有参加过 省培国培都没有参加过、名额不够分
培训管理混乱	没有和普高分开、参培对象管理混乱、资金无法报销 鱼龙混杂、组织部门院校自身水平不够、没有调研
培训途径单一	只有信息化培训、讲座较多、没有实操课
缺乏校企合作	没有机会去企业、没有校企交流、希望获得实操技术 得不到最前沿的信息
资源配置不合理	骨干教师参加专业提升的培训比普通教师多 好的国培省培都是给学科带头人的、要有资历

2. 主轴编码

主轴编码（axial coding）在编码过程中是更好的发展主范畴和对应范畴，以用来表现资料中各个部分之间的有机关联。主范畴常常包括对应范畴，通过合并分析，把开放式编码阶段所发现的范畴有机地关联起来，逐步确定它们之间的类属关系，在此基础上第二次编码，将范畴属性和维度具体化，把主范畴和对应范畴联系起来。

通过分析，本章共得到八个主轴编码，分别是培训师资水平差，培训效果不明显；培训管理混乱，培训机会不足；培训没有凸显职业特色，培训内容不实用、信息滞后；参培兴趣低下，培训时间冲突。各个主范畴代表的意义及其对应的初步范畴的内在关系见表6-3。

表6-3　中职教师职后培训现状及影响因素数据编码阶段

主范畴	对应范畴	范畴的内涵
师资因素	培训师资水平差	培训院校水平差、很随意、培训专家参差不齐
	培训效果不明显	学员培训积极性低、培训效果不明显
管理因素	培训管理混乱	培训资源配置不合理、培训管理混乱
	培训机会不足	培训机会过少、名额不够分
内容因素	培训没有凸显职业特色	培训针对性不强、没有给特殊专业开设培训、没有机会去企业、没有校企交流、希望获得实操技术
	培训内容不实用、信息滞后	得不到最前沿的信息、培训后期缺乏跟踪反馈、培训内容重理论轻实践
个人因素	参培兴趣低下	影响带高考升学班、身体不好
	培训时间冲突	培训时间安排不合理、影响假期生活

3. 选择编码

选择编码（selective coding）的目的是通过第三次编码选择核心范畴，将诸多概念类属的内在联系梳理清楚，从已发现的类属中选择"核心类属"，分析哪些不断集中到核心类属有关的编码上。针对八个主轴编码的再深入分析，我们得出师资因素、管理因素、内容因素、个人因素四大类因素，具体见图6-1。

4. 理论饱和度检验

如果收集更多的数据已经不能揭示更多核心理论类属的属性，也不能产生新的理论见解，就说明理论已经达到饱和。为了检验研究结果是否达到饱和，笔者又继续采访了C学校的两名领导，一名为教师发展处的主任，另一名为副校长，将他们二人的访谈资料进行编码，结果并未形成新的范畴，而范畴内部也没有发

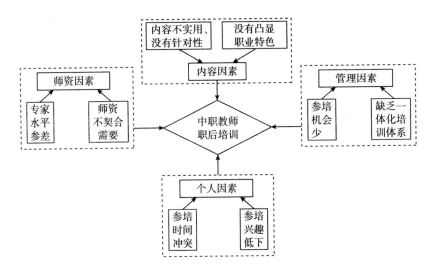

图 6-1　中等职业学校教师职后培训

现新的初始概念。因此，本章认为通过扎根理论方法得到的"中职教师职后培训现状影响因素模型"在理论上达到了饱和。

第三节　中等职业学校教师职后培训
存在的问题及影响因素

本章从微观视角探析中职教师职后培训现状及影响因素，运用扎根理论从访谈资料的 60 个概念中抽取了 14 个基本范畴，进而凝练出 8 个副范畴和 4 个主范畴。接下来我们从四个主范畴方面表述中等职业学校教师职后教育存在的问题及影响因素。

一、师资方面：培训师资水平与契合度有待提高

培训效果与培训专家的培训内容、专业水平以及个人语言表达能力都密切相关。培训专家应该具备丰富的专业知识和经验，能够针对不同教师的需求提供针对性的培训内容。培训专家的专业水平对培训效果的影响也很重要，经验丰富的专家能够更好地应对各种教学挑战和问题，提供实用的指导和建议。此外，培训专家的个人语言表达能力也起着关键作用，能否清晰地传达培训内容、激发教师

的学习兴趣和动力，直接影响着培训效果的达成。

（一）培训师资契合度需要提高

在访谈中，被访者提到部分专家的培训内容不符合职业教育特色，对职业教育不够了解。进一步分析可以发现，问题在于部分专家师资与职业教育的需求之间存在不充分契合的情况，这种不契合可能源于专家对所培训的专业的理解不够深入。2017 年国家培训自主权下放到省级层面由各大高校承办，即国培、省培的举办方通常是省内具有举办资格的大学学院和高职院校。中职学校具有职业教育的特殊性，与普通高中不同，中职学校开展文化与专业学科的结合教学，而部分大学学院和高职院校不具备某些专业教学水平或者没有该专业，缺少专业对应。这导致有些大专院校主办方与中等职业学校专业完全不相同，专业课教师也缺乏对应的实践经验。

专业差异导致部分培训专家不能针对某专业开展有针对性的培训；或由于工作背景，部分培训专家不能契合专业院校的职业特色开展培训，师资与专业的契合度有待提升。

"给我的感觉是市培比较随意，它的培训确实是针对我的专业的，但是这些讲课的专家不是来自职业院校，反而是来自大专院校，跟我们的专业有点脱节了。"（W 老师）

（二）部分培训专家水平有待加强

职业教育作为一种特殊的教育形式，其目标是培养学生具备实际工作所需的技能和知识，以适应社会对各行各业人才的需求。与传统的学术教育不同，职业教育更加注重实践能力的培养和职业素养的塑造。

"讲课专家水平参差不齐""不了解职校具体状况""口头表达能力不行""不懂实操技术""只有信息化培训、讲座较多、没有实操课""培训没有定位、针对性不强"。

对于中等职业学校的教师来说，他们参加培训是希望有经验丰富、教学水平高超的专家为他们授课，但有时候他们的需求没能被满足。

"我觉得有些讲课老师的专业知识还没有我的丰富，我们教师来参加培训，第一是希望这些讲师最好是来自我们同类院校，因为情况相同，那就可以很好地了解我们学校的情况。第二是必须请优秀教师来进行培训，现在培训的专家理论是很有高度的，但是他的理论和实践联系不够紧密，所以我们不愿意去参加。"（W 老师）

二、培训内容方面：职业特色、实用性与针对性还需加强

职业教育有着自身的专业性，但职业教师也具备其他普通教师所拥有的共同特点。[①] 中等职业教育教师教授内容不仅包含职业理论，还包括职业技能。在职后培训中，培训内容需要凸显其职业特色，理论和职业教育的专业实践紧密结合，中职教师培训的效能才能切实提高。[②]

（一）部分职后培训的职业特色不够凸显

据调查，目前大部分教师参与的培训都是集中研修，即讲座式培训，以纯理论为主，培训内容没有契合中等职业学校教师的需要，职业特色不够凸显。同时，只有少部分的教师因为参加比赛等原因参加了企业实践与现场操作，能将理论与实践相结合。

我们报名了一个信息化比赛，参加了长沙市的一个培训，其中就有对这些具体的信息化手段和课堂操作的培训，并培训了如何将两者融合。还有一些比赛的专家与选手交流自己比赛的感受，还有关于数学的骨干教师培训，会有专门的人来讲，包括数学的课堂、数学的思维培养，我们都是和普高一起来培训，还有一次是专门针对职业学校的数学老师的培训，我觉得还是有用的。（Y老师）

但如果培训太理论化，职业特色不够凸显，不实用，则培训效果很差。

我觉得如果大家感觉收获不大的话，可能是这个培训比较理论化，因为我们觉得理论的东西可以从很多渠道获取，我们更多的是想获得操作性强一点的知识，具体指导我们对教材的处理、对课堂的驾驭，甚至是，比如说我们职高的对口升学和就业的这方面的学生，他们课堂上如何去操作，反正就是说，拿过来就可以用的，我们就觉得比较好。现在培训内容不新，过于理论了。（Y老师）

（二）部分职后培训的内容实用性不足

部分职后培训专家讲的内容、案例老旧，培训效果几乎没有。

这些培训，不管是国培还是省培、市培，有没有效果是和它培训的方式、内容有关系的。要看讲课的人、讲课的内容能不能吸引你，内容要新颖，不能总是用好多年前的旧例子。（Y老师）

---

① 谢莉花. 职教教师教育中的"职业性"研究 [J]. 职教论坛, 2013 (24): 14-19.

② 刘延金, 郭平, 梁琴, 等. 中等职业教育教师职后培训的异化与回归——基于对2016-2021年S省省级中职教师培训的调查 [J]. 职业技术教育, 2022 (12): 57-63.

培训内容与专业相关性不强，往往没有效果。学员期待提升专业方面的实操能力。

我没有参加过最理想的培训，但是有最不理想的，有一次出差三天，在一个比我们长沙经济落后很多的地方培训，我感觉不好，课上讲的那些内容和我们也没多大关系。我们市场营销专业在中职本来就属于比较弱势的地位，很多时候就把它和财经放到一块，叫财经商贸大类，而那个大类里面主要是老牌的财会和现在新兴的电子商务，我们市场营销就夹杂在两个中间，培训的东西不是财会类的就是电子商务的，市场营销的很少，我希望的培训就是能够让老师实实在在学到一些东西，让我们专业课老师能够多在企业和那些真正在专业方面实操厉害的专家那里沟通交流学习。（C 老师）

统计 2017 年、2018 年和 2019 年长沙市教育局下发的文件《长沙市中小学教师培训计划的通知》，不难得知，市培和校本培训的培训方式较为单一，最多的方式是教师到教育部门委任的培训基地在职进修，而且大多是集中研修和网络研修，一部分专业教师的培训增加了企业实践这个板块。

绝大部分教师对统一的集中研修、网络研修的讲座式培训比较抗拒，"一刀切"的方式忽略了专业的区别。

我觉得在文化、专业上，不同的学科要有不同的培训。比如说，专业课的需求是什么，怎样去培训，它的具体形式是什么，不一定要通过具体的讲座。可以和公司或者具体的行业挂钩，这样的话就会达到效果。（J 老师）

另一位访谈者也提到，培训内容是大家迫切需要解决的问题，与专业很相关，教师积极性就会比较高，参与度很高，很有意义。

我觉得要举办一些普及型并且能够有很多老师参加的培训，这是从学习的角度来说。另一个角度就是专业提升的方面，我认为需要提高培训的档次、培训老师的水平，这些方面是有利于专业成长的。比如，暑假学校开展的培训，讲授的是老师们如何做课题，课题是我们老师的短板，讲解的老师都是高校的教授，一是这是他们自己的专业，二是比较高端，经验丰富，教授讲述如何做课题，老师们的积极性比较高。所以如果培训有这样的内容，就会非常容易激发老师的兴趣。另外，我觉得培训能够和我们自身专业比较贴切是有指导意义的。我们学校也是在考虑，整个学校都进行大面积的教师培训，因为市里的培训还是比较少的，所以我希望学校多举办这样富有实践意义的培训，而不是总进行理论方面的讲座，这样没有多大的意义。（Z 老师）

（三）职后培训内容针对性有待提升

即便内容讲得好，但因为没有针对性，培训效果也会不佳。

我这个周末参加了一个培训，关于信息采集，这是上海一所职业学校的副校长讲的，他其实讲得很好，只是我觉得他主要是从学校层面来讲开展信息采集应该怎么做，涉及的都是从领导层面来进行分工，对我们教师来说就没有什么独到的用处。我参加过一个省级的网络培训，虽然总体作用不大，但是如果用心去听去看，也会发现有一些作用。另外，也有一些作业，在完成作业的过程中，也会用心去做一些事情。（C老师）

与普高一起培训，没有针对性，效果不明显。

我们经常是和普高的老师一起培训，所以我们觉得这一点不好，就是没有针对性。如果和普高的老师一起培训，它的重点肯定是以普高为主。当然我们也不是说完全没有用，在理念上还是会有改观。那种实际的课堂是让我们扎扎实实地去听一堂课，实际感受别人是怎么上课的，同样一个教材别人是怎么处理的。现在虽然很多政策倾斜于中职，但是实施的还是比较少，还是以普高为主。（Z老师）

由于培训内容没有针对性或专业针对性不强，未能满足中等职业学校教师的需求，他们对此缺乏兴趣，因此培训缺乏效果。被访者多次提到"不感兴趣""学不到什么东西、学过就忘""不会主动去"，但他们是有培训需求的，也愿意主动联系合适的有实操的培训机会。被访者多次表达了"希望获得实操技术""希望有机会去企业""希望获得最前沿的信息"，他们期待培训能"提升专业发展，专业成长很重要，希望培训能契合自身专业"，他们也愿意主动去获取有实操的培训信息。

三、管理方面：培训机会供给有限、制度化有待提升

（一）职后培训资源配置需要优化

职后培训资源配置会影响中等职业学校教师的职后培训机会。通过查阅往年长沙市中小学教师培训计划的通知文件，我们发现：第一，培训机会较少。2019年除去新教师培训，中职文化课语数外主题培训人数为150人，其他专业课培训和信息化相关的培训一共是270人；另外，从访谈中我们了解到部分专业课教师从未参加过职后培训。第二，培训的时间较短。从文件中可以看出，绝大多数培训都是集中研修，时间较短。第三，层次较高的培训存在资质限制。省培、国培只允许本专业的骨干教师或者学科带头人参培。

湖南省的中等职业教师职后培训包括国培、省培、市培、校培。大部分教师只参加过市培和校本培训，很少有机会参加省培和国培。

国培的名额本来就比较少，然后分摊到各个学校里面就更少了。另外，全省分下来，每个学校能够有名额已经不错了，省培和市培我还参加过，国培我没有去过。（Z 老师）

长沙市 2018 年和 2019 年《关于推荐中职学校教师素质提高计划年度国家级培训对象的通知》提到，湖南省每年的培训计划和指标分配仅 165 人和 284 人，能参加此类培训的教师分别是专业带头人、"双师型"教师、优秀青年教师、卓越校长以及中高职衔接专业教师等。省级培训在 2019 年培训计划人数为 238 名，其中能参与的教师必须为公共课骨干教师、班主任等。

上面给了三个名额，但是教研室里有 30 多个老师，一年也就两三个名额，十年才 30 个，怎么够分？（Z 老师）

国培的机会非常少，我迄今为止只参加过一次。我之前是上礼仪课的，报过一个国培的礼仪，但是因为全国报名人数实在是太少了，后来就取消了。在 2015 年的时候，学校有一个运动项目，我是学体育的，这个运动项目有一个国培指标，于是我就只参加了这次国培，全省只有我一个人参加了这次国培。（W 老师）

教师发展部门的 Z 主任证实了这个问题。

固定的校本培训一般就是寒暑假，每次大概两三天，就在自己学校开展。有时候各个教研室会组织培训，或者临时有个什么相关的任务，我们都会组织相应的人参加。国培、省培就没有固定次数，有时候培训项目多一点，有时候少一点，参培人数一般一年不会超过 20 个人。（Z 主任）

（二）一体化的职教师资培养培训体系还需完善

中职教师缺乏一体化的职教师资培养培训体系，这是中等职业教育师资队伍建设中的一个重要问题。当前的职前教育和职后培训缺乏贯通性、连贯性和发展性，导致教师培养过程中存在诸多不足。首先，职前教育方面，中职对口师资培养的毕业生接受了专门化职教师资教育，但与其他从企业引进的专业人才和综合性大学毕业生的职前教育相比存在较大空缺。这造成了教师队伍的素质和能力不够统一，难以满足中等职业教育的需求。其次，职后培训方面，目前的培训缺乏个性化的规划与设计，培训内容存在倒挂、重复和不适应教师发展需求的问题。培训过程中忽视实践，浪费了教育资源，影响了培训的质量和效果。此外，缺乏有效的监督评估制度，无法科学评价培训成果和提供反馈信息，也无法对未来的培训起到借鉴作用。通过建立连贯性、个性化和实践导向的培养培训体系，可以提升教师队伍的整体素质和能力，为中等职业教育的发展提供有力的支持。

四、个人方面：参考职后培训兴趣不高、培训时间不足

很多中等职业学校对教师的职后培训有一定要求，如要学满多少学分，所以教师参加职后培训大多是被动的。对教师来说，培训内容、培训时间的安排会直接影响其参加职后培训的兴趣。

（一）培训内容影响参加培训的积极性和培训参与度

培训内容有足够的吸引力，教师参加职后培训的兴趣就高，参与度也高；否则，参与度就较低。此外，如果有一些具体的活动或比赛需求，也会提高教师的培训参与积极性。

如果在培训之前，我们获知这个培训内容不太好，不感兴趣，积极性就没有那么高了，一般情况下大家还是会挑一挑。（J 老师）

除非是有一个比赛或者活动马上要来了，我是迫不得已，那还是会主动去的。（Y 老师）

有被访者特别提到很想去企业培训，并且有很强烈的愿望。他提到，学校很缺这种机会，希望通过企业实训增加上课的底气，甚至愿意自己联系培训机会，然后去学校申报。

其实我没有到企业里面培训过，但是我还是挺想去的。学校没有给我们提供这种合适的机会，很缺失这类机会，学校应该也意识到了，我们上课的时候也确实觉得缺乏企业的实训经验，讲起课来没有底气。希望学校或者上级教育部门在教师培养培训方面让老师能够实实在在地学到一些东西，让我们专业课老师能够多在企业和那些专业方面实操厉害的专家那里获得沟通交流学习的机会。去企业实践（学校、省）都没有安排，我们自己联系然后去学校申报。（C 老师）

另外，中职教育教师大多是来自普通高等教育学校毕业的学生，他们缺少丰富而必要的实践经历，从学校毕业后就直接担任教师。虽然国家已提高对中职教师培训的重视，也让教师以顶岗实习的方式参与到企业实践中，旨在有效提升教师自身工作能力，提高其综合素质，最终打造就一支专业化"双师型"的师资队伍，但在实际工作中，教师难以真正参与企业实践，企业实践往往流于形式，教师企业实践培训的效果差强人意。

参加过国培的人都知道，国培的重点不是技能培养，而是理论。国培虽然有

一个月的企业技能训练，但是真正下企业的话，这些店都是要对外营业的，他不可能有一个师傅整天花时间来带着你做。国家政策是好的，但是落实是有难度的。只有你自己去报一个培训班，教你一个技术一个技能，才能真正学到东西。（Y老师）

中等职业学校专业教师来源单一，缺乏企业实践，他们迫切需要专业针对性强的培训，迫切需要机会去企业交流、获得实操技术，了解最前沿的信息。这样更有利于提升专业能力，更有利于为授课增强底气。在当今信息爆炸的社会，理论知识的获取相对容易，但专业技能实践却很难获得，所以他们对数量众多的理论培训难免出现倦怠、反感的情绪。

（二）培训时间不足影响职后培训参与度

中职教师教学任务较重，难以抽出时间参加培训。

我教高三的对口班，到了寒暑假经常要补课，高三的课程也不能随便喊一个人来代课，国培以前一般都是两个月，两个月的时间就不可能随意地请另外的老师来上课，这关系到学生升学，所以我就一直没有参加过。（C老师）

培训时间多安排在假期，部分教师认为培训占用了假期时间，对培训存在抵触心理。

不会特别积极。因为它大部分是在假期，确实大家觉得有点影响假期生活。如果课不多，在正常的上课期间去，我想大家还可能更愿意一些。（Y老师）

第四节　完善中等职业学校教师职后培训的对策

汤姆·彼得斯（Tom Peters）说："企业或事业唯一真正的资源是人。"[①] 职后培训是人力资源管理的重要环节，也是员工提高自身发展技能和企业发展的重要途径。在人力资源的视角下，学校系统属于社会这个大环境的机构之一，教师开发管理应当纳入职业学校战略发展体系下的人力资源规划的范畴。教师专业发展直接关系着教育教学质量的提升、关系着学生的发展，进而影响到整个学校的发展。而促进教师持续的专业发展靠的正是国家、学校提供的各种继续教育的培

---

① 管理学定律1：《简道尔法则》知人善任是管理者的必修课 [EB/OL]. 搜狐网，http：//www. so-hu. com/a/591242447_121119344.

训，正因为在当前我国中职学校师资培训还存在诸多的问题，所以必须尽快加强培训制度建设，保证培训质量，转变培训观念，进而促进中等职业教育的长远发展。针对我国中职学校教师职后培训现状，本节以人力资源管理为理论基础，对我国中等职业学校教师职后培训提出了一些建议。

一、完善中职学校教师培训的内部机制

（一）深入调研，满足中职教师培训需求

在人力资源管理中，员工的职能培训是强化企业组织竞争力的关键环节。管理者制定一套完善的培训管理流程体系是保证培训效果的第一要务，运用人力资源的开发技能给教师进行职后培训同样能给学校组织带来强大的竞争力。我国现阶段培训计划的开发通常具有常规的计划性和指令性，并没有很好地满足一线职校教师的培训需求。事实上，国家越来越多的职后培训开始强调参训人员必须积极参与全过程。培训项目责任人的设置安排、培训目标和培训内容的设计、课程、培训形式和方法、安排培训专家、设计培训时间、统筹经费预算等都属于培训计划的开发。在培训过程中，培训目标、培训内容、培训形式、培训方法和培训专家需要我们重点关注，因为这些都直接或者间接影响着教师培训的效果。当前有一个明显的师资培训问题是培训成员的知识水平层次不一致，他们的培训要求也各不一样。反观以往的教师职后培训，所有的培训单位对教师都是用一套模式标准去规范培训过程，这样会导致有的参训教师没有在培训中获得需要的专业知识和实操能力。

1. 培训目标

人力资源培训目标指组织通过培训员工，使其在知识、技能等方面达到应有的标准和目的。中职教师师资培训可以设置同样的培训目标。师资培训确定培训目标有利于在制订培训计划时把握培训的重心在什么方向上。

根据中职教师师资队伍建设的要求，中职学校的教师需逐步提高自身的职业实践水平、教学实践能力、科研创新能力以及要培养专业学科带头人、"双师型"教师和骨干教师等。笔者认为，建立一个科学的培训目标必须将以能力为本位作为培训的出发点和落脚点，这样不仅可以保证培训的质量，还可兼顾各个层次教师培训的公平性。

2. 培训形式和方法

职业教育自身的特殊性、职业性和实践性决定了其培训形式和方法的多样化。各种形式的培训可以协助员工增补空白、薄弱的技能知识，提高实践操作技能。

在访谈中，多名教师反映培训多为教师课堂讲授，培训方式单一，很少能够下企业进行交流实践，无法得到最前沿的技术信息。职业学校的教师因其教学工作具有一定的特殊意义，在教学事务中需与行业企业密切联系，因此中职教师更希望能够进行企业培训，参与企业行业实践工作，了解自己所在专业技术技能的前沿发展情况。在调查对象中，有不少专业教师提出期望能够走进企业、深入车间。但是目前，除国培、省培项目有明确规定和安排外，其余培训项目对进企业考察与实践的安排均不足且不合理。

我没有到企业里面培训过，但是我挺想去的。学校里没有给我们提供这种合适机会，很缺失这类机会，学校应该也意识到了，我们上课的时候也确实觉得缺乏企业的实训经验，讲起课来没有底气。（C 老师）

在中职教师职后培训工作实践中，各个大学、高职院校以及教育管理部门需结合中职教师的实际情况，创造出不同目标、不同层次的内容、适合不同专业教师进修提高的培训形式和培训方法。比如，设置合适的岗位培训、校本培训、企业生产培训、骨干教师进修班等不同的培训形式以及案例分析、小组讨论、专题讲座等具有突出参与性、操作性和体验性的灵活的培训方法。①

3. 培训需求和内容

培训需求的分析和培训内容的重要性对教师职后培训的作用不言而喻。在人力资源视角下，培训的需求来自组织的人力资源规划以及发展规划。从规划中可以看出组织需要具有什么样才能的人及其数量、可用的培训资源以及管理者对此类培训活动的支持程度。作为组织培训的部门，要有效利用人力资源的开发功能，培训前做到充分调研，有必要深入教学现场，寻找教学中的实际问题，通过一段时间的调研找出教师在教学实践能力、理论素养等方面的不足，为进一步制订培训计划做好工作分析。培训的过程中，理论知识是必不可少的，但是专业实践能力的培养也不可忽视，而且理论知识与实践知识是相辅相成的，理论需要在实践课堂中得以实践，两者需要有机结合起来。在教学实践培训环节，培训单位需要积极联系企业，尽量争取参培教师能够在真实工作环境中进行实践性课堂教

① 李协良．崛起在中间地带：区级教师研修机构发展探索 [M]．成都：四川大学出版社，2008：89-116.

学，使教师能够提高动手操作能力，加深对理论知识的应用。

4. 培训专家

在职业教育领域，高学历、高职称的教师并不一定适合给中职教师进行培训，针对培训目标，我们不仅要邀请这个专业领域内的资深理论专家教授，而且要广泛延邀行业一线技术专家在实践方面为参训教师提供专业化保障，以便在理论和实践上实现一体化。笔者了解到，大部分一线教师反映，一些培训专家对中职教育的特殊性缺乏了解，理论知识与实践能力脱节，甚至对行业现状缺乏了解。

我们认为培训专家第一要师资高，从同类学校选拔优秀教师。比如说有些讲师，他们来自重点高中，他们面对的大部分是好学生，而我们面对的基本上是成绩不太好的学生，这个差别太大。另外，我们觉得要选择一些优秀且会表达的老师，如果表达能力不行，那么我们就会觉得没有一点意思。我记得有一次听化学课，大家都知道，化学很难教，但是这个老师把化学变成了一首歌、一首诗，大家就觉得，这样很有趣，换成是我的话也会学习得很好。所以我们希望培训的老师能够将一个枯燥的东西讲解得有趣一些。所以，我很受启发，一个老师讲课如果不从多角度、多维度讲解，学生是学不好的。搞培训的，也应该全方面地发展自己，而不是仅仅局限于自己的专业。（W 老师）

（二）建立及时有效的培训评价反馈机制，保障教师培训效果

教育培训活动的含金量有多少，关键在于结束后参培者对它的评价如何。培训效果评估是一个完整培训活动的最后环节，其评价的有效性以及针对性是培训活动结束后最关键也是最重要的，往往也是参与者最关注的问题之一。

从人力资源培训角度来说，当今世界用得最广泛的评估模型是柯式四级评估模型。1959 年，唐纳德·柯克帕特里克提出了四个层次对培训效果进行评估。从这个评估模型看，参训教师的培训评估绝大多数停留在培训结束后对教师的不完整的反应层和学习层，即教师的满意度和知识面、态度等的转变程度的评估，教师行为上的改变以及所引起的结果是没有评估的。所以培训结束后对参训参培教师的培训评价都是流于形式，缺乏有效的过程性评价，评价内容没有针对性，忽视了对参训主体的行为改变的关注，没有实际的意义，既不能对自身的专业发展起到很大的作用，也无法对未来的培训起到借鉴意义。所以，培训评价应以培训目标为依据，与培训内容相结合，注重评价过程的系统性以及教师自我评价，提高评价的信度，注重长效性。只有以接受培训的教师为本，以教师最能接受的

方式提供满足其需求的培训服务，才能真正实现教师质量的提升。

二、加强中职教师培训的外部环境建设

（一）深化落实中职教师培训制度改革

先进的职业教育国家必然有高素质的师资队伍，建立高素质的师资队伍的基础在于有一套健全完备的法律体系来支撑。在德国，有《职教法》《职业教育专业培训及考试细则》《实训教师资格条例》《职业教育促进法》来规范德国职业教育培训合理有序的运行。① 在我国，先后颁布了《教育部关于完善职业教育教师培养培训制度的意见》《"十二五"期间加强中等职业学校教师队伍建设》《中职学校教师专业标准（试行）》，其目的就是重点推进、以点带面引领、创新全面提高职业教师队伍的整体素质。② 湖南省也相继颁布了《建设教育强省规划纲要（2010—2020 年）》和《关于建立中等职业学校专业教师培训与考核制度的通知》两项文件，提出要构建中职学校专业教师培养培训体系，并对中等职业学校专业教师的培训细则做了详细的规定。

虽然我国这几年对中职教育的发展越来越重视，但是相关的政策对中职教师来说还是缺乏针对性，在教师职后培训过程中缺乏明确的政策指导、监督机制和评价，缺乏对培训单位的操作规范。就培训措施制度而言，宏观号召多，具体可操作的措施少，硬性制度少，软性内容多。就中职教师而言，他们希望看到培训制度能与他们的未来专业发展、加薪和职称晋级密切相关，而且希望能够有即时效果。职后培训这些具有普遍性的缺点不仅削弱了教师参加培训的积极性，也影响了培训单位培训活动的效率。教育部门在中职教师培训问题上应首先在大方向上着眼于中职教师的培训规划纲要，从上到下、从省到市到县，分层设置政策纲要，具体规划培训的实施细节。其次，培训目标、内容和课程、形式和方法，甚至参培的专家、培训时间和统筹经费预算等事宜都要进行细化，将整个培训过程自上而下、分类分层级进行监督细化，促使整个培训效率的提升。

（二）扩大培训机会，兼顾培训公平

笔者通过调查了解到，绝大部分职校教师都希望有参与培训学习的机会，愿

---

① 陈欢. 德国职业教育政策与机制研究 ［C］//中国职业技术教育学会，上海市职业教育协会. 2013年度职教教改论坛论文集 ［M］. 北京：中国科学技术出版社，2013：415-421.

② 修南，唐智彬. 我国职业教育师资队伍建设政策的演变 ［J］. 当代职业教育，2018（6）：56-60.

意通过继续教育促进自己的专业发展和专业成长。笔者参加了几场北京师范大学下基层调研的会议以及一系列长沙市优秀教师培训讲座，从中得知，目前中职学校的教师培训在量上是完全跟不上的，对教师而言，不仅机会少，并且还存在有无资格参加的公平性的问题。在调研会议上，有教师这样表示："首先，对我们一线的中职教师，在省级培训中，培训量是跟不上的，因为在寒暑假培训中，整个省就一个培训班。其次，国培名额太少，县级以下的老师更加无法参加培训，并且没有专门针对特殊教育的尖端培训。"一直以来，培训机会是中职教师参加重大培训的一个主要渠道，从后期访谈和调研结果中我们了解到，不同地区、学校的教师参与培训的机会存在着明显的不合理与不均衡。珠三角地区、示范学校和重点学校的校本培训更加丰富，层次也比较高，而其他普通学校培训比较薄弱，与此同时，国家级和省级示范学校与重点学校的教师，以及这些地区学校的骨干教师、学科带头人被选派参加各级各类培训的机会较多，而大部分的地级、县市级的普通中职学校教师参加外出培训的机会相对较少；此外，基于中高职衔接、学生升学的需要，文化课教师的重要性日益显现，但是文化基础课程的教师培训却并没有得到同步重视。

国家、省级层面，沟通协调机制不顺畅，有专业课的培训，但是文化课等基础教育的课程很少有国培和省培的机会。（副校长）

面对这些问题：第一，分配培训机会时，政府需要和培训单位进行统筹规划，在分配中要更加注重机会均等的问题。横向上，各级教育部门应注意各类学校、各类专业教师的机会均等性；纵向上，注意各类教师的职业生涯的发展，除了关注重点热点专业教师的培训需求，特殊专业教师的培训需求也应该得到更为广泛的关注。第二，在学校方面，学校应该重点关注每一个培训机会，注重每一位一线教师的需求，正确认识培训对每一位教师未来专业发展的意义。学校在培训机会的分配上也应该注重公平性，应该考虑不同专业、不同年龄教师的专业需求，积极主动地为这些急需专业培训的教师寻求不同的职业发展路径。

（三）加强产教融合、校企合作

随着科学技术的快速发展，为了适应新时代技术技能型人才培养的实际需要，中职教师的培训，特别是专业学科的专业技能培训如果不能深入企业，掌握企业最前沿、最核心的内容，培训效果就会大打折扣，长此以往，中职教育也很难培养出与企业需求零距离的人才。因此，在 2017 年，中共中央办公厅、国务院办公厅印发《关于深化教育体制机制改革的意见》，要求改进产教融合、校企合作的办学模式。各级各类职教师资培训必须转变培养观念，深化培养模式、产教融合校企合作是各院校对中职教师培养的必走之路。[①] 校企合作，产教融合不仅有利于企业的长远发展，也提高了中职学校教学质量，通过三方合作，才能使学校得到发展、企业得到人才、学生得到技能。产教融合的深化发展能够促进教育人才链与国家产业链、创新链有机衔接，在当前社会形势下，是推进人力资源供给侧结构性改革的迫切要求。[②] 虽然出台了大量法律制度并开展了大规模试点，力图引导校企合作的开展，但还未形成有效的机制，效果也不尽理想。产教融合、校企合作发展前景十分美好，但双方单位"冷热不均"是司空见惯的现象。

从企业层面来看，由于成本没有得到必要的补偿及责任划分缺失，企业主动参与校企合作的积极性始终达不到制度设计者预期的目标。另外，在学校层面上，由于人才培养质量达不到企业"零距离无缝对接"的要求，校企合作一直处于实习实训、员工培训、兼职师资聘任、人力供给等初级合作层次，与一线教师所要求的真正下到企业，实现产教资源优化组合，促进双方全面深度融合的高级合作层次的要求相去甚远。要想真正实现产教融合和深层次的校企合作，首先，职业教育产教融合、校企合作法律制度的有效性必须要全面完善。法律制度的完整性、主体行为的规范性以及框架的合理性都需要面面俱到。其次，职业教育产教融合、校企合作工作治理模式必须得到创新。过去的职业教育产教融合、校企合作在长期合作过程中存在企业积极性不足和合作层次较低等问题。如今要想改变这个局面，只有共建共享利益平台，构建校企利益共同体，从而实现学校与企业"资源与优势共享互补、发展与成果互惠互利"。只有这样，中职学校的教师才能在入职后实实在在地学到实用的知识，让专业课老师能够在企业和操作技术厉害的专家那里获得沟通交流学习的机会。

---

① 向罗生. 职业教育产教融合、校企合作第三方评价研究［J］. 教育与职业，2021（2）：49-53.
② 钱程，韩宝平. 多重制度逻辑下职业教育产教深度融合路径创新研究［J］. 职业技术教育，2018（4）：14-18.

第七章　现代职业教育体系中的
中职学校变革与发展

党的十八大明确提出了加快现代职业教育发展的重要要求，这既强调了构建现代职业教育体系的紧迫性和重要性，也为我国职业教育的发展指明了方向。现代职业教育体系的建设背景可追溯至 2002 年《国务院关于大力推进职业教育改革与发展的决定》中首次提出的"现代职业教育体系"概念，并在 2010 年《国家中长期教育改革和发展规划纲要（2010—2020 年）》中进一步明确了其基本内涵。该规划强调到 2020 年要建立适应经济发展方式转变和产业结构调整要求、体现终身教育理念、中等和高等职业教育协调发展的现代职业教育体系，以满足人民群众对职业教育的需求，同时满足经济社会对高素质劳动者和技能型人才的需求。在这一背景下，为了协同推进现代职业教育体系中的中职学校变革与发展，本章拟从现代职业教育体系的视野出发，在内部关注教师、学生和课程的全面提升，推动中职学校的变革与发展；在外部构建中高职衔接、普职融通的现代教育体系，以实现中职学校的变革与发展目标。只有在这样的综合努力下，中职学校才能真正融入现代职业教育体系，实现自身的变革与发展。

第一节　现代职业教育体系的内涵与中职学校发展思考

一、现代职业教育体系的内涵与特征

（一）现代职业教育体系的内涵

中华人民共和国成立后，1951 年颁布的《关于改革学制的决定》奠定了职业教育的地位，将专科学校、中等专业学校、工农速成学校、各类业余学校等都包括在新学制中。1985 年《中共中央关于教育体制改革的决定》提出发展职业

技术教育，进而构建起从初级到高级、行业配套、结构合理、与普通教育相互沟通的职业技术教育体系。1995 年颁布的《中华人民共和国教育法》第十九条规定，我国实行职业教育和成人教育制度。① 1996 年，我国颁布了第一部关于职业教育的法律《中华人民共和国职业教育法》，它更为明确地规定了职业教育体系，即根据经济发展水平和教育普及程度的地区差异实施以初中后为重点不同阶段的教育分流，建立健全职业教育与培训共同发展、与其他教育协调发展的职业教育体系。2002 年《国务院关于大力推进职业教育改革与发展的决定》中首次提出"现代职业教育体系"概念。2005 年颁布的《国务院关于大力发展职业教育的决定》指出，要建立适应社会主义市场经济体制，满足社会大众终身学习需求与市场需要，校企合作、工学结合，结构合理、形式多样，灵活开放、自主发展，有中国特色的现代职业教育体系。② 2010 年《国家中长期教育改革和发展规划纲要（2010—2020 年）》指出，到 2020 年我国将构建适应经济发展方式转变和产业结构调整要求，体现终身教育的理念，中等职业教育和高等职业教育协调发展的现代职业教育体系。③

（二）现代职业教育体系的特征

1. 终身教育理念

在现代职业教育体系中，中职教育不再被视为个体教育生涯的终结点，而是成为一个持续学习的过程。终身教育的理念强调在整个职业生涯中不断更新知识和技能，以适应快速变化的社会经济环境。职业教育机构和学习者需要增强持续的学习意识，不断提升自己的职业素养和竞争力。现代职业教育体系强调培养学生的创新思维和问题解决能力。这意味着学生需要具备探索和应用新想法的能力，能够灵活应对复杂问题，并提出创新解决方案。职业教育应该提供实践机会和培训活动，以培养学生的创造性思维、团队合作能力和领导才能，使他们能够在职业领域中做出积极贡献。终身教育强调培养学生适应变化的能力。随着科技和经济的快速发展，职业环境不断变化，一种职业技能可能很快过时。因此，职

① 中华人民共和国教育法［EB/OL］. 教育部，http：//www. moe. gov. cn/jyb_ sjzl/sjzl_ zcfg/zcfg_ jyfl/202107/t20210730_ 547843. html.

② 国务院关于大力发展职业教育的决定［EB/OL］. 国务院，https：//www. gov. cn/gongbao/content/2002/content_ 61755. htm.

③ 国家中长期教育改革和发展规划纲要（2010‒2020 年）［EB/OL］. 教育部，http：//www. moe. gov. cn/srcsite/A01/s7048/201007/t20100729_ 171904. html.

业教育应关注培养学生的适应能力和转型技能，使他们能够灵活应对新兴职业和技术的出现，不断调整自己的职业发展方向。

2. 完善的法律法规体系

作为培养人的社会实践活动，职业教育必须受到国家法律法规和社会道德标准的约束。建立完善的法律法规体系是职业教育快速健康发展的保障，也是现代职业教育体系的主要特征。在职业教育领域，法律法规的制定和执行起着重要的规范和引导作用。通过明确的法律法规，可以规范职业教育的办学行为，确立职业教育的教育质量标准，规范职业教育的课程设置、教学方法和评估方式，确保学生获得高质量的职业技能培养和综合素质提升。此外，法律法规也可以规定职业教育师资的要求和培训机制。通过明确教师的资格要求和培训标准，可以提高教师的专业水平和教学能力，为学生提供优质的教育服务。法律法规还可以规定教师的权益保障和职业道德要求，促进教师的职业发展和提升教师的职业操守。建立完善的法律法规体系还可以完善职业教育机构的管理体制。通过明确机构的管理职责、运作机制和监督制度，可以保障职业教育机构的有效运行和监管。法律法规的制定和执行还能够促进职业教育与社会发展需求的对接，确保职业教育与法律法规和社会道德标准的一致性，为培养适应社会需求的高素质人才提供坚实的法治保障。

3. 开放的体系

现代职业教育体系是一个开放的体系，具有多样化的教育形式和内容。在教育形式上，现代职业教育既包括学制学历教育，也包括非学制学历教育，既有职前教育，也有职后教育。这种多样化的教育形式能够满足不同人群的需求，提供更灵活和个性化的学习途径。现代职业教育体系在教育内容上也需要与经济社会发展的变化相适应，要紧密结合新兴产业和新兴职业的需求，培养具备前沿技能和适应市场需求的人才。随着科技进步和产业转型的加速，职业教育需要不断更新教育内容，引入新的技术、知识和技能培训，以满足社会对各个领域专业人才的需求，这包括但不限于信息技术、人工智能、绿色环保、新能源等领域人才的培养。除了教育形式和内容的多样性，现代职业教育体系还注重教育对象和教育时间的开放性。其致力于让所有具备学习能力和接受教育能力的人都有机会接受职业教育。无论是学生、在职人员还是失业人员，都应该能够根据自身的需求和发展目标选择适合的职业教育路径。此外，现代职业教育体系也强调教育时间的灵活性，允许学习者根据个体的需求和实际情况进行学习安排，可以是全日制的正规学习，也可以是兼职学习、远程学习、在线学习等弹性的学习方式，以适应个体的工作、家庭和其他生活需求。

4. 多功能的体系

现代职业教育体系具有多种功能，既关注个体的发展，也服务于社会的发展。在个体层面，职业教育的基本功能是使受教育者接受职业教育，促进个人发展，让他们获得所期望的价值观、行为规范，掌握必要的知识技能和终身学习的能力，适应社会需求，并形成独特而有创造力的个性，实现个人价值的发展。职业教育通过提供实用的职业技能培训和专业知识的教育，帮助个体获得在特定领域从事职业所需的技能和知识，提高他们的就业竞争力和职业发展前景。职业教育还培养学生的创新思维、问题解决能力和团队合作精神，使他们能够适应不断变化的工作环境和职业要求。在社会层面，职业教育对政治、经济、文化和生态等方面都有重要的影响和作用。职业教育为各个领域提供高素质的人才，满足社会对不同行业的人才需求。其培养具备专业知识和技能的人才，为经济发展提供有力支持，推动产业升级和创新驱动。此外，职业教育传承和弘扬社会主义文化价值观，培养学生的道德伦理素养和社会责任感，促进社会和谐稳定。

5. 多元化的办学体制

我国在推进职业教育改革与发展过程中，积极探索多元化的办学体制。根据2002年的《国务院关于大力推进职业教育改革与发展的决定》，我国提出了政府主导、依靠企业、充分发挥行业作用和社会力量积极参与的多元办学模式。政府主导是多元化办学体制的核心。政府负责制定职业教育的发展目标、规划和政策，并提供资金支持和监管，以确保教育质量和资源配置的合理性。依靠企业是多元化办学体制的重要支撑。职业教育与企业密切结合，借助企业提供的实践培训基地和教学资源，培养学生的实践能力和职业素养。企业参与教育规划和课程设计，提供实际岗位需求的指导和培训，加强校企合作，实现教育与就业的紧密对接。充分发挥行业作用是多元化办学体制的重要组成部分。行业协会、组织和专业委员会等职业团体在职业教育中发挥重要作用。它们指导和监督教育的课程设置、教学标准和评估体系，提供行业信息和职业发展趋势，确保学生具备适应行业发展和市场需求的能力。社会力量积极参与也是多元化办学体制的关键要素。非营利组织、社会团体和培训机构等社会力量提供多样化的职业教育服务，满足不同层次和需求的学习者。它们灵活创新，参与课程设计、师资培养和教学模式的改进，为职业教育注入新的活力。通过政府主导、依靠企业、充分发挥行业作用和社会力量积极参与的多元办学模式，我国建立了开放、灵活和多样化的现代职业教育体系。多方合作与参与促进了教育质量的提升和可持续发展，为培养高素质人才和推动经济社会发展做出了重要贡献。

二、现代职业教育体系下中职学校办学定位以及发展的思考

（一）把握中职教育的基础地位

在现代职业教育体系中，中职学校的办学定位和发展至关重要。我们应该正确认识中职教育的基础地位，理解其在职业教育体系中的重要作用，并思考如何发展中职学校以适应现代社会的需求。近年来，随着社会对技能型人才需求的增加和职业教育改革的推进，中职教育的地位逐渐提升。中职学校通过为学生提供实践性强、职业技能导向的教育，为其后续的高等职业教育打下坚实基础，成为职业教育人才培养的重要阶段。[①] 因此，中职学校在现代职业教育体系中具有基础地位，是培养适应社会经济发展需要的技能型人才的关键环节。中职学校的办学定位应该明确其与普通高中的差异和互补性。传统上，中职学校被认为是学业水平较低、就业准备为主的学校。然而，在现代职业教育体系中，中职学校的教育功能逐渐与普通高中靠近，都注重学生的学科知识学习和综合素养的培养。中职学校不再是教育的终点，而是职业教育的起点，为学生提供扎实的职业技能和职业素养培养，为其后续的高等职业教育和终身职业发展奠定基础。[②] 因此，中职学校应明确自身办学定位，注重培养学生的实际技能和就业能力，同时也要注重学科知识的传授和学生综合素质的提升，以全面发展学生的能力和潜力。

（二）正确认识中职教育的升学属性

近年来，职业教育的升学属性经历了一系列变化，我们迫切需要正确认识这一属性的重要性。长期以来，中职教育的升学属性在社会中被忽视。在改革开放之前，由于社会对技能型人才水平的要求不高，中职教育并未强调升学，其主要目标是培养学生适应就业市场的职业技能。然而，随着时间的推移，社会对高层次教育的需求增加，一些中职学校开始尝试让学生接受更高层次的教育，以提升他们的职业发展和学习能力。这种尝试在一定程度上凸显了中职教育的升学属性。但在过去的发展过程中，升学属性也出现了一些问题。为了控制升学比例并

---

① 余韵，徐国庆. 基础导向：中等职业教育课程改革思路 [J]. 职教论坛，2020（9）：56~62.
② 何爱华. 职业教育高质量发展背景下中职教育定位与发展 [J]. 继续教育研究，2023（6）：79~84.

保持职业教育的特色，一些地方政府和中职学校实施了严格的升学管控措施。之后，随着终身教育理念的提出和现代职业教育体系的构建，对于职业教育升学属性的认识发生了变化。我们认识到，中职教育的升学属性与其教育功能是相辅相成的。职业教育不仅培养学生的职业技能，还培养他们的学习能力、终身学习的意识和能力。在类型化建设和终身教育体系的背景下，重新认识职业教育的升学属性成为中职教育的重要转折点。我们需要正确认识职业教育的升学属性，并将其纳入现代职业教育体系的发展规划中。因此，职业教育不仅应注重学生的职业技能培养和就业能力提升，还应关注学生的学习能力、创新思维和终身学习素养。通过提供更多的升学机会和发展路径，职业教育能为学生的职业发展和个人成长提供更多选择和支持。正确认识职业教育的升学属性有助于建立更加综合和完善的现代职业教育体系，以满足社会对高素质人才的需求，并推动职业教育的可持续发展。

（三）厘清本科层次职业教育的导向

职业本科教育在构建现代职业教育体系中扮演着重要角色，同时也满足了培养高素质技术技能人才的迫切需求。国家对职业本科教育招生规模设定了不低于10%的下限，这体现了国家在发展职业本科教育方面的信心和决心。目前，中职教育升入高等职业教育已成为升学属性的主流，而升入职业本科教育则是发展方向，但其规模仍面临一定的挑战。提高中职教育水平对于职业本科教育的发展至关重要，它为建立高质量的职业本科教育体系打下了坚实的基础。一方面，通过系统的教学计划和实践教学，学生在中职阶段能够掌握一定的职业技能和专业基础，这为他们进入职业本科教育阶段提供了扎实的基础。职业本科教育在此基础上能够进一步培养学生的专业素养、创新能力和领导才能，使其具备更高层次的职业能力和发展潜力。另一方面，中职教育提供了广泛的职业选择和培养方向，学生在这一阶段可以对不同职业领域进行初步的了解和体验。通过实践和学习，学生能够逐渐发现自己的职业兴趣和潜能，明确职业发展的方向。这为他们选择职业本科教育专业提供了指导和依据，使其更加专注和有针对性地学习，提高学习效果和拓宽发展前景。中职教育与企业的紧密结合是其突出特点之一。中职学校与企业开展校企合作、实习实训等形式的教学活动，使学生能够接触真实的工作环境和实践操作，提升职业素养和实践能力。这为学生进入职业本科教育提供了更丰富的实践经验和就业基础，使他们更加具备适应职业发展和就业市场的能力。

第二节　课程是中职学校变革与发展的关键载体

中等职业学校的课程体系建设是促进现代中等职业学校变革与发展的关键载体，是完善现代职业教育体系的落脚点。本书主要探讨了校内专业课程与文化课程以及校外的顶岗实习课程的运行情况，本节在对校内课程与校外课程进行深刻剖析的基础上，指出我国中等职业学校课程体系中存在着课程理念学科化、课程内容不适度、课程评价不全面、课程结构不衔接等多种问题。这些问题的出现不利于高素质中等职业人才的培养，不利于中等职业课程与高等职业课程的融通发展。因此，深刻分析我国中等职业学校课程体系的现状与不足，构建具有现代价值的职业教育课程体系对我国教育事业发展具有重要的实践价值。

一、中职学校课程建设的价值意蕴

我国中职学校的课程是指校内文化课程与校外顶岗实习两位一体的课程，校内文化课程与校外顶岗实习的融合发展能够为中职学校的变革与发展带来新的机遇。

（一）为中职学校知识体系发展提供新思路

近年蜂拥而起的关于中等职业学校课程建设的讨论中，改革争论的焦点无不是课程职业性与学术性、实践与理论的处理问题。因此，中等职业学校课程既重视校内的课堂教学，也重视校外的顶岗实习，明确科学内容与技术内容并重的关系，为中职学校知识体系发展提供新思路，才能促进中职学校发展与变革。科学是知识体系和由知识所转化的生产实践活动的统一，技术是为了适应社会需要，在改造自然的过程中创造出的劳动手段、工艺方法等的总和。可以说，技术是对自然规律的利用，违背自然的技术是无法实现的，因此技术的本质属性就已经决定了构成技术的根本要素是科学知识，也决定了以技术与技能教育为主要目的的中等职业学校的知识体系也必须兼具科学知识和技术知识。正是科学与技术的紧密联系，决定了它们在中等职业学校的课程体系中占有同等重要的地位。这种关系也必将为中职学校课程理念发展提供新思路。概言之，课程体系是整个中等职业学校建设的"灵魂"，规约着中等职业学校人才培养的质量，也可以为中等职业学校知识体系发展提供新思路。

（二）为中职学校技术人才培养提供新方式

中等职业学校课程的典型特征是理论与实践并重，兼顾职业标准与学习标准，尤其以职业标准为重心，这为中职学校技术人才培养提供了新方式。职业标准与中职学校内部的学习标准不同，职业标准是一种与社会接轨的标准，它涵盖中职学生未来从事某一职业必须具备的专业能力与社会能力。这就意味着中等职业学校课程的职业标准可以推动中职生在真实的社会化与职业化环境中进行学习，可以培养中职生的综合职业能力与本领，这就使学校内部的人才培养标准与学校外部的企业用人标准直接对接，更加符合技术技能型人才的培养目标。如中等职业学校"内外融合"课程，兼顾了课堂教学与实习实训，兼顾了学校学习和企业实践，兼顾了线下技能与线上操作的不同技术，为技术人才培养提供了新方式。

（三）为中职学校教育教学改革提供新动力

基于能力性质对职业能力进行划分，可以分成两类：基本职业能力与关键职业能力。而中职学校的课程既可以培养中职生的基本职业能力，也可以培养中职生的关键职业能力，为我国中职学校教育教学改革提供新动力。基本职业能力是指中职生胜任某一职业所需的科学知识与技术能力的总和。比如，从事会计职业的人，要有基本的点钞技能、财务报表分析技能。关键职业技能是中职生实现未来发展目标，完成个人晋升计划所需的能力，主要包括创新能力、学习能力等多方面的能力。中职学校的"内外融合"课程为中职学校教育教学改革提供新动力，主要表现为，兼顾基本职业能力与关键职业能力的课程倒逼中职学校教育教学的改革，中职学校教育教学开始越发注重基本职业能力与关键职业能力的培养。如此，中职学校的教育教学将有利于实现创新型人才的培养，这种创新型人才不仅能够做到知识创新，还可以做到技术创新。

二、中职学校课程体系的内在发展逻辑

根据前文对于校内课程与校外实习课程的调查情况，结合国内对课程建设的相关研究，整体来看，当前我国中职学校课程体系内在发展逻辑呈现出三重特点：一是职业性课程理念，二是全面性课程评价，三是双重性课程目标。

（一）职业性：中职学校课程理念的应然起点

与学术教育的逻辑起点不同，中等职业教育课程理念的逻辑起点是职业。这意味着职业教育课程是沿着学生的职业能力不断延伸发展，以此培养学生胜任复

杂职业活动的能力。因此，中等职业学校的课程既要重视校内文化课程的基本知识，又要重视校外顶岗实习的技术培养。

职业性作为构建中等职业学校校内专业课程的课程理念，主要是由于学科课程观压制职业课程观，导致了课程理念学科化的问题。这使中等职业学校的校内专业课程设计步伐仍然十分滞后，尚未形成完整的课程体系。因此，中等职业学校的课程理念，尤其是校内专业课程的设计理念，应以职业性为应然起点，注重以系统性的科学知识来理解社会与技术之间的关系，遵循中职学生职业能力的发展规律，而不是遵循学科知识的分割性。要突破传统的学科化模式，重视技术技能人才培养，将校内专业课程与实际职业需求紧密结合。此外，对于顶岗实习这类校外课程，更应以职业性为应然起点。一方面，顶岗实习作为中职学生进入职场的第一步，其课程天然带有职业性的特征，在课程理念上，更应重视职业过程的情境性、整合性和衔接性，强调工作情境，而不仅体现知识应用的综合性和科学知识的完整性，还要重视职业课程观与职业性特色。另一方面，中职生在顶岗实习中会不断完成不同复杂程度的职业活动，对中职生会有不同的职业要求。这些要求从基础到高级、由简单到复杂、由单一到综合，体现职业人才的成长规律。因此，顶岗实习课程应该根据不同的职业要求来设计，促进中职生在实践中不断提升职业能力。

（二）全面性：中职学校课程评价的重要抓手

中职学校课程评价的全面性有助于学生全面发展，强调学习过程和能力培养，增强评价的客观性和公正性，促进校企合作与校外实习，并提高教学质量。通过引入多种评价方法和多主体参与，中职学校的课程评价可以更全面地了解学生的表现和能力，从而全面评估学生的综合素质和发展水平。这不仅有助于学生在学术知识和实践技能两方面的成长，还能引导他们发展批判性思维、创新意识和解决问题的能力。传统教育评价往往过于关注学习成绩和知识记忆，而忽视学生的学习过程和能力培养。中职学校的课程评价应更加注重学生在学习过程中的表现和进步，从而强调学生的学习态度和学习方法的培养。通过多主体评价，减少单一标准的主观性评价，提高评价的客观性和公正性。这样的做法不仅可以增强评价的客观性，也能增加学生的就业竞争力。全面性的课程评价还可以促进校企合作与校外实习的深度合作。通过多主体评价，将企业的生产标准与学校的课程目标相融合，使实习更符合实际需求，有利于培养学生的实践能力和适应现实职场的能力。全面性的课程评价也可以帮助教师更好地了解学生的学习状况和问题所在，及时调整教学方法和内容，提高教学质量。通过教师与企业导师的密切合作，共同培养学生，推动教育教学的改进和创新。

（三）双重性：中职学校课程目标的必然要求

中等职业教育作为一种跨界融合的教育类型，既需要技术，又需要知识，这就要求中职学校课程目标的双重性。随着中等职业教育转向升学与就业并重，必然要求中职学校课程目标更加突出培养学生的综合素养和职业能力，以满足学生升学和就业的双重需求。中职学校课程目标必须以促进学生升学和就业为导向。学生在中职学校期间，既有升学的意愿，也有就业的需求。因此，课程目标的设计应该既注重培养学生的学术能力和综合素养，为学生升学提供扎实基础，同时也要关注培养学生的职业技能和就业能力，确保他们毕业后能够顺利就业。

首先，中职学校课程目标的双重性要求教育机构在课程设置和教学组织上充分融合学术知识和职业技能。学校既应当开设强调专业知识学习的学科课程，也要开设注重实践技能培养的实训课程，确保学生既能掌握专业知识，又能具备实际操作的能力。只有如此，学生在升学和就业时才能更有竞争力。其次，中职学校课程目标的双重性要求教师注重学生综合素质的培养。教师应该既是学科专家，又是职业技能导师，他们要帮助学生培养创新思维、解决问题的能力和团队合作精神等综合素质，这些素质对学生未来的升学和就业都非常重要。再次，中职学校课程目标的双重性要求教师在教学过程中注重培养学生的职业道德和职业精神。除了传授知识和技能，教师还应该引导学生形成正确的职业态度和价值观，培养学生对职业的热爱和责任感，使他们在将来的工作中能够胜任职业要求，为社会做出积极贡献。最后，中职学校课程目标的双重性要求教育机构与社会企业密切合作，将校企合作融入课程目标的实现过程中。通过与企业合作，学校可以更好地了解社会对人才的需求，将企业的实际需求融入课程目标的设计，使学生毕业后能够顺利就业，为企业提供有用的技能和人才资源。

三、构建中职学校课程体系的路径设计

课程体系的构建，一方面应该从理念着手，实现课程设计的软指引；另一方面应该从制度着手，实现课程体系的硬保障，双管齐下，用理念指引课程体系的设计方向，用制度设计保障课程目标、课程评价的有效实施与运行，如此才能更好地推动中职学校课程的变革与发展。

（一）完善顶层设计，突出职业性课程理念

中等职业学校是我国职业教育体系中的重要一环，其课程体系建设是发展职业教育的重要内容，需要不断完善顶层设计，强化制度保障，为突出职业性课程理念创造条件。突出职业性课程理念，就要更加重视课程实践观，这意味着国家要构建多方利益主体共同参与中等职业学校课程体系建设的平台，为中等职业学校课程体系的建构提供制度保障。

首先，在校内专业课程上，中等职业学校应从两方面着手，以提高课程的实践性和适应性。一方面，学校可以成立专门的中等职业学校课程研发机构与组织，采用实践观的课程理念来开发课程。这个研发机构可以由学校内部的教师和专家组成，他们应充分了解市场和行业的需求，掌握最新的职业技能和知识，以此为基础进行课程研发。通过专门的机构和组织，学校可以更好地协调资源，确保课程的质量和针对性。另一方面，政府也应在中等职业教育领域发挥积极的作用。政府可以牵头成立中等职业教育课程体系建设委员会，为各个中等职业学校的课程开发提供政策支持与指导意见。该委员会可以由相关教育主管部门、企业代表和专家组成，共同推进中职教育课程体系的建设。政府可以通过出台相关政策，鼓励学校和企业合作，加强中职教育与实际职业需求的对接，提高课程的实用性和实践性。政府的支持和引导将为中等职业学校的课程建设提供重要的保障。

其次，在校外实习课程上，应以职业教育机构为核心主体，组建职业教育集团，以消解中等职业学校课程理念学科化的尴尬局面。这种以"校企联合"为特点的职业教育机构旨在培养技术技能型人才，以提升课程与产业的契合度为要义，推动中等职业学校"实践观"课程体系的建设。建立企业参与中等职业学校课程体系建设的激励政策，将企业吸引到课程建设的合作与参与中。职业教育机构作为核心主体，可以发挥其灵活性和敏捷性，更快地响应市场需求，不断更新课程内容与设置，以满足不同行业的用人需求。通过建立职业教育集团，可以整合多个学校、企业以及相关行业组织的资源，形成合力，共同推动职业教育的发展。这样的集团合作机制能够有效地消解中等职业学校课程学科化的问题，使课程更贴近实际职业需求，增强学生的实践能力和职业竞争力。在课程建设过程中，中等职业学校需要积极邀请企业参与，将企业的需求和课程设置紧密结合。通过与企业的合作，学校可以获得实际职场中的实时信息和行业发展趋势，从而及时调整和更新课程内容。此外，学校还应建立激励政策，鼓励企业积极参与课

程建设和实习指导，如给予企业贡献教学资源和实践环境的奖励，推动企业与学校之间的深度合作，使课程与人才培养要求更加吻合。

（二）注重多元主体，完善课程评价体系

中等职业学校课程涵盖校内文化课程与校外顶岗实习，因此，中等职业教育课程评价体系应当突破当前课程评价不全面的现状，构建多元标准，完善对顶岗实习的相应评价，更加注重过程性评价，建立起完善的课程评价体系。

首先，对校内专业课程而言，中等职业学校应改变当前重理论、轻技能的现状，确立实践技能性课程和校外顶岗实习的地位，注重对学生专业操作技能和顶岗实习的评价。学校应明确当前以纸笔考试为主的传统理论知识考试形式，并将评价重点转移到学生的专业能力、职业能力、技术能力上。这样的评价形式将更贴近实际职场需求，促进学生在实践中学以致用。一方面，中等职业学校应设立全新的课程评价体系，以注重学生的实际操作能力为导向。除了传统的理论知识考试外，学校还应考虑对实践技能的测评，例如，针对不同专业学生的实际操作能力进行考核，如汽车维修技能、厨艺烹饪技能等。学校也应将顶岗实习纳入课程评价，将实习表现作为学生成绩的一部分，从而鼓励学生在实习中不断进步和提高。这样的评价方式将更加全面和客观地反映学生的实际能力和潜力。另一方面，学校应加大形成性评价的比例，通过形成性评价来更好地了解学生的学习状况和发展进程。学校可以加大对学生出勤情况、课堂表现以及阶段性作业的评价，这些都能更好地反映学生的学习态度和积极性。形成性评价也可以采用多种形式，如学生自评表和互评表等，让学生个体的价值观得到尊重和体现。通过这些形式，学校可以更全面地了解学生的学习情况，为学生提供个性化的教学和辅导，促进他们的全面成长和发展。

其次，对于校外实习课程而言，中等职业学校应将企业的相关标准和考核要求纳入对中职实习生的学业评定中，以提高实习质量和学生职业竞争力。这一举措有助于加强学校与企业之间的合作，实现共赢发展。一方面，中等职业学校应将学生在企业生产项目中的实践经历与实习单位的业绩成果纳入评价标准之中。学校可以与企业共同制定实习目标和考核标准，明确学生在实习期间需要达成的技能、知识和能力，并将这些要求融入实习生的学业评定中。例如，在学生实习期满后，学校可以邀请企业导师和学校教师共同进行实习成果的评估，综合考虑学生实习期间的工作表现和实际项目成果，为学生进行综合评定。这样的评价方式能够更全面、客观地反映学生在实习中的表现和取得的成就。另一方面，中等职业学校应不断完善职业学校自主聘任兼职教师的办法，并实施现代产业导师特聘计划。学校可以设立一定比例的特聘岗位，吸引企业的技术人员和高技能人才兼职担任学校教师。通过企业导师特聘计划，将企业人员引入学校教学团队，使他们对学生的实习进行指导和考核，将企业的考核标准融入中职学校的课程评价之中。这样的举措有助于促进学校与企业之间的紧密合作，提升教学质量和实习效果。

（三）深抓两重逻辑，实现多向度培养人才

中等职业学校应当深抓学科知识逻辑和工作过程逻辑，如此才能实现培养具有基础素养的专业人才和具有复合技能的技术人才的目标。

首先，对于校内专业课程而言，中等职业学校应当深抓学科知识逻辑，以培养具有基础素养的专业人才。学科知识逻辑不是简单的学科本位逻辑，也不是简单地照搬学科知识，而是在构建课程时，综合考虑专业知识和实际实践过程中所涉及的各项数据与信息。这样的课程设置既能够提供学生必备的理论知识，也能够培养学生的实践应用能力，从而使他们在毕业后能够顺利适应职业发展的要求。一方面，中等职业学校应当关注当前三段式课程设置中可能存在的理论课与实践课比例失衡等问题，并着力改革这些问题。过于理论化的课程设置可能导致学生缺乏实际操作能力和解决实际问题的能力。因此，学校可以适度增加实践环节，让学生参与到真实的项目中，接触实际操作，提高实践能力。学校还应积极引入先进的教学手段和实践设备，创造更加真实和接近职业岗位的学习环境，让学生在模拟实践中学以致用。另一方面，学校应当注重学科知识与实际实践的有机结合。专业课程不仅应该传授学科知识，还应该将学科知识融入实际工作情境中。通过案例教学、实际项目等教学方法，让学生学习和解决实际问题，锻炼他们分析问题和解决问题的能力。学科知识的实际运用将激发学生的学习兴趣和动力，使他们在学习中体验到学科知识的价值和实用性，增强学习的深度和广度。

其次，对于实习实训课程而言，中等职业学校应当深抓工作过程逻辑，以培养具有复合技能的技术型人才为目标。工作过程逻辑是指从工作中来，到工作中去。也就是说，在构建实习实训课程时，学校应按照企业工作任务的需求来开发课程，以帮助学生更好地适应未来的工作岗位和实际工作环境。这样的课程设置有利于培养学生的综合实践能力，让他们在实习实训过程中不断成长和提升。一方面，这意味着中等职业学校应当在实习实训课程的架构上统整实习过程中不断出现的数据和信息，将这些数据与信息进行归纳与总结。学校可以将实习过程中学生所涉及的真实数据和信息进行整理和分析，提炼出实践中常见的问题和挑战，将这些实践经验和案例纳入课程内容。通过实际案例的引入，学生可以更深入地理解职业实践中的复杂性和多样性，为未来应对各类工作任务做好准备。另一方面，以"工作过程"为依据，学校可以开发实训模块课程。这些实训模块课程可以模拟真实工作场景，让学生在模拟的实践环境中学习和应用所学知识与技能。例如，对于汽车维修专业，学校可以设置综合维修实训课程，模拟汽车故障排除过程；对于酒店管理专业，学校可以设置客房服务实训课程，模拟酒店客房服务的各个环节。这样的实训模块课程将帮助学生获得更加真实和全面的实践经验，增强他们的实际操作能力和问题解决能力。

第三节　班级管理是实现中职学校变革与发展的重要手段

班级是学校教育教学的落脚点，位于教育场所的第一线。在中职学校的变革与发展过程中，班级管理是基于学生职业理念和职业技能进行职业素养培养工作中的重要环节，有助于创新中职教育环境，实现校园文化与企业文化的完美接轨，从而创建全新的人才培养模式，为中职学校教学提供支持，是促进中职学校发展的重要推力。

一、班级管理的重要性

第一，班级管理在中职学校中强调学生的道德修养与专业技能的培养，这是塑造学生职业素养的重要一环。通过德育活动，学校致力于培养学生的职业道德，并借助相关文化课程提高学生的人文素养。专业课程的学习也为学生提供了职业知识与技能的培训，实现培养学生专业素质和职业素养的教学目标。第二，班级管理对中职教育环境的创新起到积极作用，促进校园文化与企业文化的完美接轨。通过突出人文教育、素质教育和职业教育的教学特色，学校不仅在显性环境中培养学生的专业素质，还在隐性环境中形成学生综合素质的塑造机制。不同的班级管理模式对学生的文化塑造和培养方向产生不同的影响，有助于学生职业精神、职业形象以及职业品质的形成。班级活动提供了学生学习职业知识和提升文化素养的机会，使学生在中职教育中获得自我培养与素质提升。第三，中职学校的班级管理形式能够实现校园文化与企业文化的有效融合。校园文化塑造的职业文化价值与素质教育的人文价值相结合，为偏向就业方向的班级提供了企业文化特色的融合。班级管理通过课堂教学与企业核心价值理念的结合，培养学生的思想品质和综合素质。借助班级管理模式，中职学校能够创造以职业素养为核心的人才培养模式，满足新课改教学目标的要求，并积极拓展符合企业需求的人才培养途径，最终形成一套整合教学、管理与人才培养的综合性班级管理模式。这样的班级管理将进一步提升学校的教学质量，为学生的综合发展和未来就业做好充分准备。

二、班级管理背后的再生产逻辑

以 C 学校学生和老师为调研对象，采用田野研究、问卷调查法对当前中职学校存在的两种典型班级类型——升学班和就业班的管理差异以及班级文化的现状进行比较研究，发现两种不同类型班级背后的环境与文化差异导致适配其班级发展的不同影响，并在运行过程中不断强化了班级类型背后的惯习。

（一）塑造：从学生个体到班级整体的系统变化

班级管理的落脚点在班级的每一位学生，通过将每一位学生个体置于班级这种群体的框架内接受教育，并提出有针对性的个性实施方案，可以达到提升每一位学生个体素养从而提升整个班级系统的目的。在这一过程中，文化作为班级的"黏合剂"，发挥根系作用，将班级的每一个体连接在一起。

在班级系统形成的初始阶段，文化的生成与个体的变化密切相关。刚进入班级集体时，不同学生主体并不能促进文化的生成，因为这个时期的班级只是个体学生文化特征的排列组合，尚未形成明确目标、一致理念和情感交融的整体群组。要实现文化的生成，关键在于学生成员从个体到群组整体的转变。以班级视为蜂群为例，蜂窝的组织构造形成群组性的文化特点，不同蜂种的职责和约束导致了群组文化的进一步细分，最终在情感交互中形成蜂群的文化特征。在研究中，就业班学生通过学习与就业相关的知识，以顺利就业为目标，形成了适应未来工作环境的职业生涯规划和知识应用型学习文化氛围。班级管理侧重培养学生根据不同专业类别进行有选择性的学习，以满足企业和社会对人力资本需求的目标。而升学班则以学生参加单独招生考试或全国统一高考（对口升学考试）为目标，通过这一共同目标形成的班级管理将倾向于对学生进行基础课和专业课考试训练，形成以系统综合的知识学习引导学生继续升学的文化氛围。

进一步分析班级管理背后的文化特征构成。班级管理通过文化在学生个体中的作用，利用文化氛围使学生个体对班级文化进行优化和渗透吸收。在这一过程中，个体将班级群体多元化的理念整合与感染，实现学生对班级共同文化的理念统一。具体到班级管理文化上，班级文化不仅仅是单一班级组织的映照，也不完全是学生主体分散的主观思维的综合，而是综合反映了学生的差异性文化特征、不同班级的教育阶段特征以及社会文化素养。班级管理带来的情感集聚和融入推动了群体特质的形成。在一个班级组织中，个体品质的彰显相对容易实现，但要形成文化集合体，则需要多个成员的不同品行特征相互碰撞和融合。这个过程需要情感因素的作用力。例如，在就业班中，如果学生发现参与课外文化活动会获得积极的正向反馈，他们就会更愿意参与班级活动，并为班级的文化建设贡献自己的力量。而在升学班中，参与课外文化活动可能被认为是"浪费学习时间"，受到负向反馈的学生可能对班级生活持漠视或抵触的态度。因此，在不同个体的情绪影响下，会形成不同的群体文化。

（二）再生产：从班级整体文化到学生的个人规训

班级管理中形成的整体组群的文化氛围将包裹住班级中的每一个成员。班级整体文化环境作用于学生个体，影响其个人行为，使每一位学生的素养在班级整体系统的影响下得到提升。而每个个体素养的提升又会反作用于班级文化的形成，实现了班级文化的再生产。

不同类型班级的教育特征以及文化氛围的差异会影响学生个人的品质塑造和发展方向。要实现班级文化到学生个人的有效规训，就需要利用班级管理这一教育中介尽可能地实现文化在班级氛围到个人素养再到组群整体中的再生产过程。班级管理通过对外部教育环境和内部班级特性的兼容、整合、扩大和更新，以及接纳有利于班级发展的个人反馈意见，实现与班级成员同步发展。因此，班级管理不是单纯的经验式文化传递过程，而是在对原有文化的有效利用基础上的创新和提高。班级文化不仅是学生个体之间的联系纽带，也是实现班级文化再生产的载体。班级管理通过文化作为纽带促进学生个人品质的生成，而品质的生成离不开环境的塑造。班级文化氛围会潜移默化地影响每一位学生，培养他们的和谐人格，并在文化的整体氛围中引导学生正确思考和把握价值观念的建构，培养德、智、体、美、劳全面发展的价值主体。班级文化的生成也是将个体文化差异整合的过程，其中最典型的是师生之间的文化差异。在班级管理中，教师往往处于管理阶层的顶端，对学生的文化发展和个性彰显具有一定的引导作用。文化思维的差异会导致行为表现上的差异。例如，在就业班中，教师侧重对传统优秀文化的传承，会举办更多的红色教育、孝道教育等方面的主题班级活动。这种对传统文化的学习氛围将在一定程度上规训一部分学生对网络小说、社交的关注，实现班级主要文化的壮大与再生产。在升学班中，班级管理的文化氛围将更加注重学术知识和考试导向，以实现学生进入高职院校或高等院校的培养目标。通过这一共同目标所形成的班级管理将倾向于对学生进行基础课和专业课考试训练，形成以系统综合的知识学习为导向的文化氛围，进一步推动学生的学术发展和提升学生的升学意愿。

三、完善班级管理，推动中职学校变革与发展

综合来看，班级管理工作的基础在于文化育人。班级文化生成是班级成员个体到群体、个性到集体的整合变化，既有行为举止、岗位归属上的集中和汇聚，也有理念意识、价值观念的融合。班级管理作为实现中职学校变革的重要手段，应该根据实际情况，注重对不同的班级类型采取对应的管理方式，推动中职学校变革。

（一）承认学生差异，倡导因材施教

由于中职院校生源的多样化，学生的文化基础和素质呈现出复杂性，教师在班级管理中面临着不同的挑战。针对这种情况，一套适用于所有班级的通用管理理念和措施已经不再可行，必须根据不同的管理对象制定不同的培养目标和采用相应的管理方法。以升学班为例，这些班级学生的文化课成绩普遍较好。通过与学生的沟通交流，可以发现大多数学生都怀揣着进入高职院校就读的强烈愿望。在这种情况下，班级管理应该顺势而为，以目标导向为主要的管理手段。通过设定明确的学术目标和升学要求，营造紧张有序、张弛适度的文化氛围。鼓励学生积极参加学习竞赛，提供必要的学习资源和辅导支持，为其顺利升学提供支持和指导。就业班则面临着不同的情况，学生普遍文化课成绩较差。在班级管理中，除了目标导向外，更多地需要采取过程督促的管理手段。除了帮助学生制定可以通过努力实现的目标外，班主任还应深入班级，积极参与学生任务的过程管理。这意味着与学生建立密切的关系，了解学生的需求和困难，提供个性化的指导和支持。通过鼓励学生参与实践活动、职业培训和实习，提高他们的职业素养和就业竞争力。班主任还需要与学生家长和相关就业机构密切合作，共同促进学生的就业准备和职业发展。班主任在管理中职班级时需要针对不同的管理对象制定不

同的培养目标和采取相应的管理方法。通过有效的管理措施，班主任能够帮助学生充分发挥潜力，实现个人目标，并促进班级文化的再生产和发展。

（二）创造文化品质，激励学生成长

创造文化品质是促进中职学生成长和发展的关键因素之一。中职学生具有多样化的生源背景、文化基础和学生素质，因此班级文化的塑造和培养需要针对不同的学生制定不同的培养目标和采取不同的管理方法。班级精神文化在中职班级中扮演着核心的角色，它是全体师生共同创造的一种宝贵精神财富，是班级群体的共识。中职班级可以通过自主设计班名、班训、教室黑板报、目标墙等方式来营造积极正面的班级氛围，激励学生在正面的环境导向中学会自我管理，对学生的行为、思想具有巨大的影响力。良好的班级文化品质对学生的道德行为具有正向的引导和良好的规范作用，能够引导他们树立正确的人生观、价值观和世界观，促进他们的全面发展。

创造中职班级的优良精神文化品质需要班主任发挥核心领导力。班主任在班级中担任着领导核心的角色，他们的职业道德和理念会直接影响到整个班级的思想和精神风貌。班主任可以通过教师的榜样作用、个人示范和关心引导学生形成正确的行为规范和价值观念，帮助学生树立远大的目标和积极的人生态度。此外，中职班级中的同伴关系也起着重要的作用。同学之间的联系更为紧密，同伴的榜样作用对学生行为习惯和价值观念的形成具有积极的影响。中职班级应该鼓励学生之间相互尊重、互助合作，并给予学生充分的表达和展示的机会，让他们在班级中建立良好的人际关系和团队意识。中职班级应该创造发展导向的文化氛围，激励学生追求个人成长和进步。班级可以为学生提供实践机会、职业规划指导和个人发展支持，帮助他们发现自身潜力，培养职业兴趣和个人发展方向。班级还可以鼓励学生积极参与创新创业活动，培养他们的创造力和创新精神，为他们的未来发展打下坚实的基础。

（三）倡导人文管理，彰显生命活力

教育应从学生的个性需要出发，为学生发展提供可能的基础条件，班主任在班级管理工作中扮演着重要的角色，需要创造学生乐意参与的活动平台，为学生提供适宜的活动对象、目标以及达到目标的适当方法和条件。在就业班中，班主任可以利用活动吸引学生参与，让学生在活动中展现主体性和自我教育能力，独立完成活动任务。针对学生违纪犯规的情况，班主任应采取刚柔相济的态度，宽待学生，营造人文管理的氛围。此外，在就业班中，虽然学生的学习成绩可能欠佳，但这并不意味着学生在其他方面的能力也不足。学校可以为学生创立多种社团，如文学社、心理社、功守道社、声乐社、舞蹈社、英语社、书法社、演讲社、摄影社等，以彰显学生的个性，发挥学生的特长，让学生可以自由发展自身能力。在升学班中，班级可以定期开展系列化、层次化的生活主题班会活动，让学生重视学习和生活体验，培养学生的主人翁意识，增强他们的自主性、参与性和建设性。班级可以通过美化教室环境、设立宣传栏等方式建设班级物质文化；通过学风、班风建设和思想教育等方式建设班级精神文化；以及通过规章制度、行为规范等方式建设班级制度文化。通过关注学生的个性需求和发展，创造积极、丰富的班级活动，提供适宜的发展条件和机会，教育可以引导学生发展自身能力，并在学生的个性发展中彰显生命的活力。借助人文管理的理念，班主任和其他教师可以更好地引导和启发学生，使他们在中职学校的学习和成长中获得全面发展。

第四节　教师是推动中职学校变革与发展的行动主体与有力保障

一、"双导师制"是推动中职学校高质量发展的重要力量

"双导师制"是推动中职学校高质量发展的重要部分。作为一种创新的教育模式，"双导师制"在中职教育中扮演着关键的角色。它通过将校内导师和校外导师有机结合，为学生提供更全面、个性化的培养和指导，以提升他们的学习成效和职业素养。在"双导师制"下，校内导师负责学科知识传授和学校生活指导，校外导师则负责职业实践指导和就业准备。这种紧密结合的合作模式不仅丰富了学生的学习经验，还使他们更好地适应职业需求和社会发展。

（一）发展"双导师制"的重要意义

首先，传统的教育模式往往偏重理论知识的传授，忽视学生的实践能力和综合素质的培养。通过"双导师制"，校内导师和校外导师的合作可以使学生在学习过程中既接受理论课程的教学，又有机会在实践中应用所学知识，培养实际操作能力和解决问题的能力。这种综合素质培养能够使学生更好地适应职业发展的要求，提高就业竞争力。其次，"双导师制"可以加强校企合作与资源共享。

"双导师制"要求学校与企业密切合作，共同参与学生的教育培养。学校可以利用企业资源提供更丰富的实践机会和实训设施，使学生能够接触真实的工作环境，了解行业需求。学校的教师也可以与企业导师进行交流和合作，共同开发教学资源，提升教学质量。校企合作与资源共享能够丰富教育教学内容，增加学生的实践经验，提高教学效果。再次，"双导师制"的实施要求教师队伍的专业发展和教学方法的创新。校内导师和校外导师的合作能够促进教师之间的交流和学习，分享教学经验和最新的行业发展动态。教师可以借鉴校外导师的实践经验和教学方法，不断改进教学方式，提升教育教学水平。学校也可以通过"双导师制"的实施，推动教育改革，引入新的教学模式和课程设置，提供更灵活、多样化的学习途径，培养学生的创新思维和实践能力。最后，"双导师制"强调校外导师的参与，使学生能够与真实的职业环境接轨。通过与企业导师的互动和指导，学生可以更好地了解职业发展的需求和趋势，明确个人职业目标，并提前获得相关职业技能和经验。这有助于学生在毕业后能够顺利就业或进入高等教育阶段，并具备适应不断变化的职业环境的能力。

（二）"双导师制"运行的内在逻辑

1. 学术逻辑与市场逻辑的内在矛盾

在中职学校的"双导师制"建设中，学术逻辑与市场逻辑之间存在内在的矛盾。学术逻辑注重知识的探索和本真，强调培养人的本质属性，即以培养人为中心，关注学生的全面发展。校内导师在讲授专业课程和文化课程的过程中，追求知识本身的价值，并致力于探索真理。然而，在现代职业教育的发展中，"双导师制"必须面对三个根本问题，即培养何种人、为谁培养人以及如何培养人。传统的学术逻辑并不能完全满足当今社会对人才的需求。职业教育的目标是培养适应市场和社会需求的高素质技术技能型人才，这就要求在"双导师制"中，学术逻辑与市场逻辑要进行有效融合。在"双导师制"中，校外导师扮演着与市场逻辑相对应的角色。市场逻辑强调校外导师队伍建设应以市场需求和企业要求为导向。校外导师作为企业实践领域的专家，他们更加关注实际应用和职场需求，能够带领学生接触真实的工作环境，让学生了解行业最新的发展动态和技术要求。通过校外导师的指导，学生可以更好地理解企业的运作机制和市场竞争情况，从而增强对职业发展的认知和适应能力。然而，正因为市场逻辑强调职业实践，有时会忽视对学生文化和专业知识的关注，这可能导致学生在追求职业技能的同时，缺乏扎实的学科知识和综合素养。因此，在"双导师制"建设中，要注意平衡学术逻辑与市场逻辑之间的关系，确保学生既具备学科知识，又具备实际应用和职业能力。"双导师制"的内在矛盾也反映在教学方法上。学术逻辑倾向于理论性和学科知识的教学，而市场逻辑强调实践性和技能训练的重要性。为了解决这种矛盾，中职学校应该在课程设置和教学内容上进行有效整合，通过开设实践性强的项目课程和实训课程，结合校内导师和校外导师的教学力量，使学生可以在实际操作中学习理论知识，获得职业技能的锻炼，使学术逻辑和市场逻辑相得益彰。

2. 校企合作利益分配逻辑的内在矛盾

"双导师制"的有效运行需要校企双方通力合作，但校企合作在利益分配逻辑上可能面临不均衡、目标不一致、资源投入不对等以及竞争导致的冲突等内在矛盾。解决这些矛盾需要建立公平的利益分配机制，加强双方的沟通与合作，以实现校企合作的长期可持续发展。正如杨钋（2020）所说，在技能形成体系中，最关键的问题在于谁来承担成本，以及谁是技能形成的行动主体，谁是技能形成后的获益者。在国家主义的技能形成体系中，由于成本与收益保障问题，企业缺少投入技能形成体系的内在动力，因而校企合作预设的双方合作共赢的利益均衡逻辑存在内在缺陷，需要地方政府等第三方组织给予协助，推动校企合作成本与收益的匹配。①

首先是利益分配不均衡的内在矛盾。校企合作中，学校和企业作为合作伙伴，共同投入资源和努力，但在利益分配上可能出现不均衡的情况。企业可能期望通过校企合作获得具体的经济利益或人才储备，而学校可能更关注学生的教育质量和培养效果。因此，在利益分配上需要双方进行公平和合理的协商，确保双方都能从合作中获益。其次是校企双方利益目标不一致，学校和企业在校企合作中有着不同的利益目标。学校注重培养学生的综合素质和专业技能，追求学生的个人发展和就业质量。而企业更关注学生的实际工作能力和符合企业需求的专业素质，追求能够为企业带来实际价值的人才。这可能导致双方在利益分配上存在冲突和不一致，需要通过协商和沟通来寻求共识和平衡。再次是资源投入的不对等。在校企合作中，企业通常会提供实践机会、行业经验和专业指导等资源，而学校则负责教育培养和学生管理等任务。然而，企业与学校的资源投入可能存在

---

① 杨钋. 技能形成与区域创新：职业教育校企合作的功能分析［M］. 北京：社会科学文献出版社，2020：1-10.

不平衡的情况，一方面可能是企业提供的资源有限或不够充分，另一方面学校可能面临资源不足或难以满足企业的需求。因此，双方需要协调资源投入，并建立公平的资源共享机制，以实现利益的共同最大化。最后是同类企业的利益冲突与竞争。在校企合作中，企业可能存在竞争关系，尤其是在招聘优秀学生或与其他企业竞争市场份额时。这可能导致企业间存在利益冲突，并影响到校企合作的稳定性和持续性。解决这种矛盾需要建立公平的竞争机制，确保合作伙伴间的利益平衡和互惠互利。

（三）完善"双导师制"运行机制，推动中职学校发展与变革

1. 学术逻辑与市场逻辑的协调发展

学术逻辑与市场逻辑的协调发展是实施"双导师制"的重要任务。在中等职业教育的发展中，学术逻辑强调学生的专业素质培养和全面发展，注重理论知识的传授和学术能力的培养。学校应该根据学生的身心发展特征，设定合理的导师配备标准和考核要求，建立规范的实践基地，并创新导师的指导模式，使学生在导师的指导下提升学习能力和实践能力。然而，市场逻辑强调将教育与市场需求紧密结合，为学生的就业和职业发展提供支持。校外导师拥有企业和行业实践背景，具有丰富的实践经验和对市场需求的敏感性。他们能够将企业实际项目和操作指标与实践课程相结合，提供学生需要的实践机会和行业的前沿发展情况。通过校外导师的参与，中职学校能够更好地适应市场需求，提高人才培养质量，增加学生就业竞争力。

为实现学术逻辑与市场逻辑的协调发展，中职学校需要明确"双导师制"的建设目标，将学生的学习能力和实践能力放在教育的核心位置。加强与行业的合作，建立校外导师的选聘和考核机制，确保校外导师的专业能力和教学质量。此举有助于促进学生的学术和职业需求得到更好的满足，推动中职学校的高质量发展，为学生的终身发展奠定坚实基础，使他们能够适应不断变化的社会和市场环境，成为具有专业素养和实践能力的高素质人才。在实践中，中职学校可以通过创新课程设计和教学方法，有效地融合学术知识与职业实践。校内导师在讲授专业课程的同时，注重学科知识和理论的讲授，而校外导师作为企业实践领域的专家，能带领学生接触真实的工作环境，提升学生的综合素养和职业能力。另外，中职学校应加强校内导师与校外导师之间的沟通与协作，形成合力，共同推动学生的全面发展。建立完善的教学评估体系，综合评价学生在学术知识和职业能力两方面的表现，有助于促进学术逻辑与市场逻辑的有机融合，实现中职学校

"双导师制"的有效发展和学生全面发展的目标。通过这样的努力，中职学校将为学生提供更为综合和优质的教育体验，为他们未来的职业生涯奠定坚实的基础。

2. 校企双方利益匹配，合作共赢

中等职业教育是一个综合性事业，其发展不能仅仅立足于教育本身，还需要时刻关注社会发展、经济形势、区域建设等诸多外部发展环境因素，与之建立密切联系。因此，中等职业教育的"双导师制"建设不仅仅需要符合中职学校、老师、学生等内部主体的利益，还必须关注能够影响"双导师制"建设的外部主体，如政府部门、行业企业、校外导师、社会公共组织等。当前，由于"双导师制"在建设中存在保障机制设计不足、缺乏有效沟通交流机制等问题，因此"双导师制"建设中容易产生内部发展规律和外部发展环境相互矛盾的现实问题。

解决校企合作利益分配逻辑的内在矛盾需要多方面的努力。通过建立公平的利益分配机制、加强沟通与合作、政府的支持和监管、创新合作模式以及加强人才培养与评价机制等措施的综合应用，可以实现校企双方利益的匹配和合作共赢，推动校企合作的长期可持续发展。

首先，要建立公平的利益分配机制。校企合作应建立公平、透明的利益分配机制，确保双方的投入和努力得到公正回报。可以通过制定合作协议或合同明确双方的权益和责任，并约定具体的利益分成方式，如收入分成、知识产权共享等。要注重协商和平衡，考虑双方的贡献和风险，以达到利益的均衡分配。其次，加强沟通与合作。校企合作需要双方保持密切的沟通和合作，共同制定合作目标和规划，并及时沟通解决合作中的问题和矛盾。定期召开会议、座谈会或工作坊，促进信息共享、经验交流和问题解决。通过沟通与合作，双方可以更好地理解彼此的需求和期望，增进合作的共识和协作。再次，还应强化政府支持和监管。政府在校企合作中发挥重要的作用。政府可以制定相关政策和法规，提供财政支持和优惠政策，鼓励企业积极参与校企合作。政府还应加强对校企合作的监管和评估，确保合作过程的公正和合规性，保护双方的权益和合作的持续发展。又次，探索创新的合作模式。除了传统的校企合作模式，可以探索一些创新型的合作模式，以实现校企利益的均衡。例如，可以建立股份制合作模式，让学校和企业共同分享收益和责任；也可以探索技术研发、产业升级等高附加值领域的合作，提高双方的收益水平。通过创新的合作模式，可以实现校企双方利益的匹配和合作共赢。最后，加强人才培养与评价机制建设。校企合作的目标之一是培养符合市场需求的人才。双方应加强人才培养和评价机制的建设，确保学生获得与实际就业岗位匹配的知识和技能。可以建立双导师评价体系，由校内导师和校外导师共同参与学生的评价和指导，以保证培养效果和质量的达标。

二、职后培训是推动中职学校变革与发展的有力保障

科学的职后培训对于推动中职学校教师的专业发展至关重要，它直接关系到教师的可持续发展。针对不同水平、不同专业和不同教育背景的中职教师，建立突出重点、分门别类、适应性强的职后培训运行机制至关重要。建设良性循环机制，重视教师队伍的素质及其培养培训工作，对于保障教师队伍的职业能力具有重要作用，也为中职教育的教学质量提供了保障，是推动中职学校变革与发展的有力保障。

（一）教师职后培训对中职学校发展的重要意义

在中职学校的变革与发展过程中，如何保障其教育质量成为发展的核心问题之一。在这一挑战下，教师职后培训被认为是解决问题的关键举措。教师职后培训对于教师的专业发展起到了重要作用，进而影响教师参与中等职业教育的教学水平，直接影响中职教育的教学质量。因此，需要高度关注教师职后培训的重要性，确保中职学校发展的有序性和教育质量的持续提升。

首先，教师职后培训是确保中职学校教育质量的重要保障。中等职业教育作为培养实用型人才的重要阶段，其教育质量直接关系到学生未来的职业发展和社会需求的匹配程度。通过为教师提供职后培训，他们能够不断更新教学理念、教育教学方法和教材资源，使教学内容与行业发展趋势和技术创新保持一致。教师专业发展的提升必然促使中职学校教学质量得到提高，学生获得更为优质的教育资源和学习体验。其次，教师职后培训有助于提升教师的教学水平和专业能力。通过职后培训，教师可以接受专业知识和教学技能的深入研修和学习，提高教学效率和教学质量。培训还有助于教师了解学生的学习特点和心理需求，更好地应对不同学生群体的学习差异，个性化教育得以实现。最后，教师职后培训促进了中职学校的创新与改革。随着社会变革和产业升级，职业教育面临新的挑战和机遇。通过教师职后培训，教师将了解到最新的教育理念、教育技术和教育模式，从而激发教师的教学创新意识。教师可以尝试更加灵活多样的教学方式，引入实践案例和项目式教学，培养学生解决问题的能力和实际操作能力。教师的专业发展与教学创新紧密相连，共同推动中职学校的改革与发展。

（二）教师职后培训的运行逻辑

在对第六章的教师职后培训问题以及对策进行深入分析后，我们发现教师职后培训这一行动的背后蕴含着三重运行逻辑，分别是影响外部效益的内容逻辑、影响运行过程的管理逻辑，以及影响内部效益的个人发展逻辑。

1. 影响外部效益的内容逻辑

内容逻辑是指教师职后培训的内容设置和传递方式的合理性和有效性。其中，内容的前沿性和针对性是决定教师职后培训可能外部效益的核心因素，即培训内容将决定这一培训是否对教师个人、中职学校教学乃至整个中职教育发展具有推动作用。首先，教师职后培训应紧密关注教育领域的前沿动态和最新研究成果。在职后培训中，教师应接触到最新的教学理念、教育技术和教学方法，这有助于引领和推动学校教育教学的改革与创新。随着时代的变迁和教育的不断发展，教师需要不断更新知识和技能，以适应不同学生的需求和教育环境的变化。教师职后培训也应关注未来职业发展的趋势，培养适应未来职业需求的教师，使他们在日后的教学中具备更强的竞争力。其次，培训内容应具有针对性。教师职后培训应根据不同教师的实际需求和专业发展方向进行个性化设置。通过诊断性评估和需求调研，了解教师的知识水平、技能短板以及职业发展规划，有针对性地提供培训内容，帮助教师解决实际教学中遇到的问题，提高教学质量和水平。不同教师有不同的教学背景和职业需求，因此培训内容应根据教师的不同水平和职业需求进行分层次、分类别，以满足他们在实际教学中的需要。教师职后培训的内容逻辑应当兼顾前沿性和针对性。通过关注教育领域的最新发展和教师个体的实际需求，培训内容能够与时俱进，为教师的专业发展和教学水平提升提供有力支持。注重个性化设置，使每位教师都能得到针对性的培训，进一步提高教学质量和教学效果。这样的内容逻辑有助于提高教师职后培训的实效性和外部效益，推动中职学校的教育教学质量提升和整体发展。

2. 影响运行过程的管理逻辑

管理逻辑是确保教师职后培训顺利进行和有效实施的关键要素。通过明确培训目标、建立完善的组织机构、选拔优秀的培训师资、加强培训过程的监督和评估，能够提高教师职后培训的实效性和外部效益，为中职学校的发展和教学质量提供有力支持。首先，教育行政部门和学校领导在制订教师职后培训计划时应明确培训的目标和重点内容。这需要充分了解学校的发展需求和教师的实际需求，确保培训内容与学校教育教学的发展方向相契合；制订具体可行的培训计划，明确培训的时间安排和培训的形式，确保培训的顺利进行。其次，建立完善的培训组织机构和专业团队是管理逻辑的关键环节。培训组织机构应具备高效的决策和执行能力，能够及时协调各方资源，保障培训的顺利开展。专业团队应由具有丰富教学经验和专业知识的教育专家组成，他们能够为教师提供专业的指导和支持，提高培训的针对性和实效性。培训师资的选拔和培训也是管理逻辑中的重要一环。培训师资的水平和素质直接关系到培训的质量。教育行政部门和学校领导应加强对培训师资的选拔和考核，确保他们具备丰富的教学经验和专业知识，为培训师资提供持续的培训和发展机会，使其能够不断提升自身的教学水平和培训能力。在实施过程中，要注重对培训过程的监督和评估。建立过程评价机制，及时收集教师的反馈意见和学习效果，了解培训的实施情况和存在的问题。根据评估结果，及时调整培训的内容和方式，保障培训的针对性和有效性，对培训的成果进行定量和定性的评估，评估教师职后培训的效果和价值，为未来的培训提供参考和借鉴。

3. 影响内部效益的个人发展逻辑

个人发展逻辑在教师职后培训的效果发挥中具有关键作用。为了确保培训的内部效益，需要采取一系列措施来促进教师个人发展。首先，教师职后培训需要强调对教师个人发展的重要意义，并引导教师认识到这一重要性。培训组织者可以通过宣传教师个人发展的成功案例，展示培训成果对于个人职业成长的积极影响。引导教师明确个人职业发展目标，从而激发其参与培训的积极性和主动性。其次，为教师的职后培训提供充足的时间和支持也至关重要。教师通常在教学和其他教育教学活动中拥有繁忙的工作日程。因此，培训组织者需要合理安排培训时间，避免与教学工作冲突，确保教师有足够的时间参与培训。学校领导和教育行政部门应该给予教师充分的支持，提供必要的资源和条件，让教师能够全身心投入到培训中，不受其他事务的干扰。再次，建立个人发展的评估机制也是必要的。通过定期的个人发展评估，教师可以了解自己在培训过程中的进展和成长，发现自身存在的问题和不足，并加以改进和提升。评估结果还可以为学校和教育行政部门提供教师培训需求的参考，从而进一步优化培训计划和内容，增强培训效果。最后，为教师提供多样化的培训选择也是重要的个人发展逻辑。教师的职业发展需求多样，培训内容应该涵盖不同层次、不同专业、不同兴趣领域。培训组织者可以提供多样化的培训项目，让教师可以根据自己的实际需求选择适合的培训内容，提高培训的针对性和实效性。

第五节 内外协同推进中职学校变革与发展

本节从现代职业教育体系的视角出发，着重阐述了中职学校变革与发展的内部和外部因素的协同关系。在内部，课程、班级管理和教师等因素协同推动中职学校的发展。在外部，中高职衔接和普职融通的现代教育体系为中职学校的变革与发展提供了有力支持。中高职衔接的完善能够促进学生的顺畅过渡和职业发展，而普职融通则有助于构建多样化的教育途径和职业选择，提升职业教育的质量与适应性。通过内外因素的协同推进，中职学校能够真正融入现代职业教育体系，实现持续发展与优质教学。这将为培养适应社会需求的高素质劳动者和技能型人才，以及推动我国职业教育的全面发展做出重要贡献。

一、内部各因素共同促进中职学校发展

（一）现代职业教育体系中内部因素协同的重要意义

现代职业教育体系内的教师、班级管理和课程三因素之间的协同对中职学校的发展至关重要。它们相互依存、相互促进，共同为学生提供了更加优质、多元化的教育资源，进一步促进了中职学校的发展和变革。首先，教师、班级管理、课程三者的协同能够形成教育合力，共同推动中职学校的发展。教师可以通过班级管理获取学生的学习情况和行为特点，及时调整教学策略和方法，提高教学效果；班级管理则可以协调学生之间的关系和活动，为教师提供更好的教学环境。教师和班级管理需要密切配合，共同培养学生的创新能力和创业精神，为学生未来的职业发展打下坚实的基础。其次，教师、班级管理、课程三者的协同可以提高中职学校的教学质量和办学水平。教师和班级管理需要密切配合，相互协作，共同为学生提供更好的教育服务。教师可以通过班级管理知晓学生的学习兴趣和需求，进而及时调整课程内容和方法，适应社会发展和职业市场需求，提高学生的就业竞争力。不难看出，这三者之间存在内在联系，而推动三者的协同发展就是要更好地利用内在联系实现三者的协同作用，进而推动中职学校育人质量更好地发展。

（二）现代职业教育体系中内部因素协同的实现路径

良好的班级管理是师生互动的基础，教师和学生作为行动主体，在班级管理的互动中实现信息的共享和学习活动情况的反馈。在班级管理中，教师需要营造

积极的学习氛围，激发学生的学习兴趣和动力，建立良好的师生关系，倾听学生的声音，尊重学生的个性和需求。教师通过与学生的互动，了解学生的学习状况、需求和反馈，从而更好地调整课程内容和教学计划。这种互动反馈机制可以帮助教师更加准确地把握学生的学习进度和理解程度，及时针对学生的学习需求进行调整，有的放矢地实现教学目标。学生也能通过与教师的互动交流，主动反馈自己的学习情况和问题，获得针对性的指导和支持。

在师生互动后，如何有效地根据学生情况进行调整，既需要教师具备专业能力和教学能力，又需要课程体系的系统设计和实践。教师应具备丰富的学科知识和教学经验，能够灵活运用教学方法和策略，以满足不同学生的学习需求。此外，教师还应不断提升自己的专业素养和教学能力，参加教师培训和专业交流活动，不断更新教学理念和教学方法。良好的班级管理和有效的师生互动，以及教师的专业发展和教学能力提升，能够为中职教育质量发展打下坚实基础。科学合理的课程体系设计和实践也起着关键作用，一个科学合理的课程体系应基于对学生的发展需求和现实职业需求的分析，结合行业和社会的变化，确保课程内容的准确性和时效性。课程体系应注重培养学生的实践能力、创新思维和终身学习能力，以适应不断变化的职业需求和市场环境。

因此，教师的发展、班级管理和课程体系三者相互关联，共同促进中职教育的质量提升。这种有效的协同作用将极大地推动中等职业学校的变革与发展，培养更多适应社会需求、具备综合素质的高素质人才。教师和学生的行动主体地位以及他们之间的互动交流，是中职教育质量发展的关键内部因素。

二、外部体系为中职学校发展提供有力支持

（一）现代职业教育体系对中职学校的推动作用

1. 中高职衔接对中职学校发展的意义与作用

近年来，中职学校是我国职业教育发展的重点之一。这与当前我国经济产业发展阶段需要大量的技能型产业工人密切相关。因此，教育部出台政策，要求中职学校与普通高中招生名额大体相当，以保证高中阶段教育中职业教育所应有的比重。但是，职业教育在经历了短时期的整体发展与规模扩张后，生源问题以及由此而来的职业学校（尤其是中职学校）生存问题越来越突出。中高职衔接的理论研究与实践探索，无疑为困境中的中职学校带来新的发展动力。

从中职学生的角度来看，上升空间得以有效拓展。长期以来，从普通中学进入中职学校继续接受教育，往往并不是学生（或家长）的主动选择。这种通过考试进行分流的方式，使职业教育成为普通教育考试淘汰机制下的"收容器"，加之中国历史上一直有着崇尚"劳心"、鄙视"劳力"的文化传统，职业教育成为事实上的"二等教育"。与之相对应，职业教育学生与普通教育学生在观念和现实身份上都是不平等的。中高职衔接之后，中职学生可以通过职业教育自身相对独立的升学体系接受更高层次的教育，与普通高中的学生一样都能够实现学历层次提高的理想。根据这种制度设计，中职学生也可以读到博士。中高职衔接为中职学校学生提供更顺畅的上升通道，而且由于中高职衔接形式的多样化，中职学生也可以拥有多种升学机会。除了高职学校独立招考，部分省份还出台高职学校单独组织招生考试时优先招收中职毕业生，优秀的、学习欲望强烈的中职生免试录取等政策。这无疑为中职学生的长远发展、终身教育创造了更加有利的条件。

从中职学校的角度来看，可持续发展得到有力保障。职业学校的生源危机、生存危机，在很大程度上源自职业学校吸引力的缺乏。在中高职衔接语境下，职业院校尤其是中职学校的吸引力将大大增强，将会有越来越多的初中毕业生主动选择就读中职学校，中职学校在校生也会由被动学习、消极学习转变为主动学习、自觉学习。这样一来，中职学校的生源质量会有所提高，学风、教风、校风会进一步改善，从而促进人才培养质量的提高。中职学校教与学的发展进入良性循环，在一定程度上也会提高社会对中职学校的认可程度，从而提升自身的竞争力。中职学校的稳定发展也将为高等职业教育和普通高等教育提供更为充足、更加优质（与普通高中毕业生相比，中职毕业生具备更好的技能技术基础）的生源储备，从而为职业教育的可持续发展提供重要保障。基于以上分析，我们可以初步得出这样一个结论：中高职衔接可以在一定程度上增强中职学校的吸引力，改进中职学校的教学环境，提升中职学校的社会影响力，这对于稳定和促进中等职业教育发展具有重要意义。

2. 普职融通对中职学校发展的意义与作用

普职融通对中职学校的发展意义重大。它可以提升教育质量，完善职业教育体系，拓宽学生的升学途径，并改变职业教育的社会认知和地位。通过普职融通的推进，中职学校能够更好地适应社会需求，为学生的终身发展和社会经济的进步做出积极贡献。中职学校可以借鉴普通高中的教育理念、教学方法和管理经验，提高教育教学水平。普通高中的课程设置更加广泛，教学资源更加丰富，教师队伍更加专业。中职学校可以通过与普通高中的合作和交流，吸收其先进的教育资源和管理模式，提升自身的教学质量和学校管理水平。普职融通也有助于完善中职学校的职业教育体系。普通高中注重学生的学术教育，而中职学校则更侧重于职业技能培养。通过普职融通，可以在中职学校中引入更多普通高中的学科内容和学习方法，为学生提供更全面、更综合的教育。这有助于培养具备广泛知识基础和职业技能的人才，提高中职学生的综合素质和就业竞争力。传统上，中职学生在升学方面面临一定的限制，很多人难以进入普通高等教育阶段。通过普职融通，中职学生可以享受到与普通高中学生相似的升学机会。他们可以参加高考，有机会进入普通高校深造。此外，中职学生还可以选择参加高职院校的招生考试或通过优惠政策直接免试录取，进入更高层次的职业教育。普职融通有助于改变职业教育的社会认知和地位。职业教育长期以来被一些人认为是次等教育，与普通教育在观念和现实身份上存在差异。通过普职融通，中职学生有机会接受更高层次的教育，获得与普通高中学生相似的学历和发展机会。这有助于提升职业教育的社会地位，消除对职业教育的偏见和歧视，为培养适应社会需求的高素质人才提供更多机会。

（二）中高职衔接、普职融通的发展进路

1. 中高职衔接的实现路径

中高职衔接是实现职业教育连贯发展的重要环节，实现中高职衔接对于中职教育的发展具有重要意义，而要实现这一目标，需要从多个方面入手。首先，提升社会对职业教育的认可度尤为重要。通过广泛宣传和积极倡导，我们能够增强全社会对职业教育的共识。政府、教育机构和媒体等各方应加大宣传力度，确立职业教育在教育体系中的地位，提升其吸引力和认可度，这对中职学生是否升入高职起着关键性作用。其次，优化专业设置与课程衔接是关键。我们需科学合理配置教育资源，确立中高职专业设置和课程衔接的统一标准。中职和高职学校应根据职业和行业需求进行调整和优化，确保中高职专业之间的契合度。制定统一的课程标准和教学顺序，保证课程内容的连贯性和逻辑性。再次，完善职业标准与就业准入制度也是必要之举。我们应改革和完善职业标准和就业准入制度，以确保职业教育与实际岗位需求相匹配。国家应提高职业标准的权威性和覆盖范围，充分考虑行业和企业发展需求，建立动态、精细的职业标准制定过程。劳动和社会保障部门应执行严格的准入制度，鼓励企业技能型人员接受职业教育和培训，提升其待遇和社会地位。又次，构建衔接机制与体系也至关重要。我们需建立科学的中高职衔接机制和体系，搭建中职和高职之间的衔接桥梁，以及高职与本科、研究生之间的衔接通道。通过制定衔接规范和建立信息交流平台，促进学生顺利过渡和发展，使职业教育成为一个完整的学制体系。最后，加强政策支持和资源投入也是必不可少的。政府部门应加大对职业教育的投入和政策扶持，特别是对高职院校的教学和科研工作予以支持。为中高职衔接提供物质保障，合理配置教育资源，满足中高职衔接人才培养的各方面需求。

2. 普职融通的实现路径

实现普职融通是教育领域的一项重要任务，这一任务的实现对于培养适应社会需求、具备综合素质和职业能力的人才具有重要意义。普职融通的实现需要跨越不同教育领域和学校类型之间的界限，以建立一种协调有序的教育体系。通过普职融通，我们可以充分发挥普通教育和职业教育的互补优势，提供学生全面发展的机会。

一方面是教育资源共享与校际合作。为了实现普职融通，中职学校与普通高中之间应加强师资培训和交流合作，这可以通过组织教师培训班、研讨会和教学观摩等方式实现。师资培训的重点应放在培养教师的职业素养和教学能力上，使他们更好地适应职业教育的需求。学校之间也应建立合作机制，共享教育资源，如实验室设备、教材教辅资料等，以提高教学质量和水平。这种合作可以通过签订合作协议、开展联合课程等形式进行，使学生在不同类型的学校之间享受到更广泛的教育资源和学习机会。另一方面是培养导向与评价机制的改进。为了实现普职融通，需要建立符合职业教育特点的培养导向体系和创新的评价机制。培养导向体系应注重培养学生的职业能力和综合素质，将职业教育的目标融入学生的培养计划中。评价机制的改进是实现普职融通的关键。传统的分数评价方式难以全面评估学生的职业能力和综合素质，因此需要创新评价方法。一种可能的方法是采用综合评价体系，综合考虑学生的学业表现、实践能力、创新能力、团队合作能力等多个方面，这可以包括课堂表现评价、实践成果评价、职业技能竞赛评价等。此外，还可以探索引入职业资格认证考试，作为评价学生职业能力的参考标准。评价机制的改进可以激励学生全面发展，使其在普通教育和职业教育之间无缝衔接。

三、内外协同推进，实现中职学校的变革与发展

（一）内部各因素为中职学校融入外部体系提供质量保障

中职教育融入现代职业教育体系的基础性作用不仅在于对学生的职业发展提供支持，也对整个职业教育体系的发展和进步起到关键性的推动作用。为了确保中职学校能够真正融入现代职业教育体系并发挥其作用，必须保证自身的教育质

量，这对中职学校的可持续发展和社会认可至关重要。首先，保证自身教育质量是中职学校融入现代职业教育体系的基础。中职学校应注重教学质量的提升，确保教学内容与职业需求的匹配度。通过制定科学合理的课程设置，结合行业发展趋势和技能要求，培养学生所需的实用技能和职业素养。加强师资队伍建设，提升教师的专业水平和教学能力，使其能够更好地传授知识、指导学生，并与行业保持紧密联系。其次，中职学校需要注重评估和监控教育质量，建立科学有效的教学评估机制，对学生的学习成果进行定期评估和监测。通过教学评估的结果，及时发现问题和不足，并采取相应的改进措施。中职学校应建立健全质量管理体系，加强对教学过程和学校管理的监控，确保教育质量的持续提升和改进。此外，中职学校还应积极开展与企业和行业的合作，建立实践基地和实训中心，提供与职业需求相适应的实践机会和实践环境。通过与企业的紧密合作，中职学校能够更好地了解行业需求、掌握最新技术和发展趋势，并将这些信息融入教学实践中，使学生的学习更具实践性和应用性。通过保证自身的教育质量，中职学校能够有效地融入现代职业教育体系，发挥其基础性作用。优质的中职教育不仅能提升学生的实用技能和职业素养，也能为企业和社会提供高素质的劳动者和技术型人才。中职学校的不断发展和提升也将推动整个职业教育体系的进步和发展，促进国家经济的创新与可持续发展。

（二）外部体系为内部各因素的发展提供定位与方向

外部体系为内部各因素的发展提供了定位与方向，特别是中高职衔接与普职融通的体系，为中职教育的发展定位和未来方向提供了明确的指引。中高职衔接与普职融通的体系明确了职业教育的发展定位，将中职学校作为职业教育体系的重要组成部分，赋予其与普通高中同等重要的地位。这一定位使中职教育的地位从边缘走向主流，提升了其社会地位和影响力。中高职衔接与普职融通的体系为中职学校的发展提供了明确的职业发展导向。中职学校与高职学校的衔接渠道打开了学生顺利过渡到高等职业教育的通道，为学生提供了继续深造的机会。普职融通的理念则强调多样化的教育途径和职业选择，使中职学生可以通过多种方式实现个人职业目标，拥有更广阔的发展空间。此外，外部体系的定位与方向对中职学校的课程设置产生了重要影响。中职学校需要根据行业需求和职业发展趋势，调整和优化课程设置，确保与现代职业教育体系相契合。通过与外部体系的衔接，中职学校可以借鉴行业标准和最佳实践，更新课程内容和教学方法，提升教育质量和培养效果。而外部体系通过相关政策的支持与引导，为中职学校的发展提供了框架和支持。政府出台的中高职衔接政策和普职融通政策，鼓励和支持中职学校与高职学校、企业、社会资源的合作，为中职学校提供了发展的机遇和条件。政策的引导和支持使中职学校能够更好地融入现代职业教育体系，实现持续发展和优质教学。通过明确的职业教育发展定位、职业发展导向、职业导向课程设置以及政策支持与引导，中职学校能够更好地融入现代职业教育体系，实现持续发展与优质教学。这不仅有助于提高中职学生的职业素养和就业能力，也为国家经济和社会的可持续发展提供了人才支持和动力。

（三）内外协同实现中职学校的变革与发展

通过内部各因素的协同提升和外部体系的支持与引导，中职学校能够真正融入现代职业教育体系，实现持续发展与优质教学。这种内外协同的方式为中职学校带来了许多重要的益处，对学生、职业教育体系以及国家经济和社会的可持续发展都起到了积极的推动作用。首先，中职学校融入现代职业教育体系确保了教育质量。通过提升内部各因素，例如教师素质、课程设置和实践教学等，中职学校能够提供与职业需求相匹配的实践经验和技能培训，培养学生的职业素养和就业竞争力。这有助于确保学生所获得的职业教育具备实用性和适应性，为他们未来的学业与职业发展奠定坚实的基础。其次，中职学校融入现代职业教育体系为学生提供了顺利过渡到高等职业教育的机会。通过外部体系的支持与引导，特别是中高职衔接的机制和普职融通的理念，中职学校为学生创造了更广阔的职业发展空间。学生可以选择继续深造，通过进入高职学校获得更高层次的职业教育和学历提升的机会，这种平滑的过渡路径为学生的职业发展提供了更多选择和发展机会。此外，中职学校的变革与发展也推动了职业教育的整体进步和发展。中职学校通过内部各因素的提升，不仅提高了自身的教育质量，还为整个职业教育体系提供了优质教育资源和示范效应。中职学校的成功经验和创新实践能够影响和带动其他学校的发展，推动职业教育理念和方法的创新。中职学校与外部体系的紧密衔接，使其能够更好地借鉴行业标准和最佳实践，不断更新课程内容和教学方法，提升教育质量和培养效果。最后，中职学校的发展也为国家经济和社会的可持续发展做出了积极贡献。通过为整个职业教育体系高素质劳动者和技能型人才的培养提供基础教育，中职学校为社会各行业的职业需求提供了保障，促进了劳动力市场的平衡和供需匹配。通过内外协同推进中职学校的变革与发展，不仅为学生提供更好的职业教育和职业发展机会，也促进了职业教育的整体进步和发展，为国家经济和社会的可持续发展做出了积极贡献。

参考文献

［1］［美］阿尔伯特·班杜拉.社会学习理论［M］.陈欣银，李伯黍，译.北京：中国人民大学出版社，2015：1-12.

［2］白凌，袁丽丽.教育场视域下的班级文化建设［J］.教育理论与实践，2022（35）：17-20.

［3］［法］布迪厄，［美］华康德.反思社会学导引［M］.李猛，李康，译.北京：商务印书馆，2015：148+124+158+146+263.

［4］蔡昉.人口因素如何影响中国未来经济增长［J］.科学发展，2013（6）：101-113.

［5］蔡文伯，莫亚男.助力经济高质量发展：中等职业教育增质抑或增量——基于系统 GMM 模型与门槛模型的实证检验［J］.现代教育管理，2021（1）：93-99.

［6］蔡元培.蔡元培论学集［M］.北京：商务印书馆，2019：339-345.

［7］曹惟.基于企业文化视角的职业院校班级文化构建［J］.教育与职业，2013（30）：39-40.

［8］荼文琼，徐国庆.职业院校班级规模现状及其对教师教学影响的调查研究［J］.职教论坛，2018（4）：65-70.

［9］常亚慧，张鸿儒.班级文化形塑的课堂教学互动［J］.教育科学研究，2020（12）：39-45.

［10］陈国平.班级精神文化的构建［J］.教育评论，2008（1）：71-72.

［11］陈蕊花，霍丽娟.发达国家专业实习对我国高职院校顶岗实习的启示［J］.职教论坛，2018（7）：172-176.

［12］陈向阳.职业学校学生实习现状的实证研究——基于31省（市、自治区）学生的调查［J］.教育发展研究，2018（1）：52-60.

［13］陈兴.互联网、乡村初中教育及人力资本投资［D］.中央财经大学博

士学位论文，2022.

［14］陈元媛．高校校园文化建设自组织研究［J］．学校党建与思想教育，2021（22）：70-72.

［15］程有娥．基于"五化"的企业顶岗实习管理的研究与实践——以浙江工贸职业技术学院为例［J］．中国职业技术教育，2019（11）：81-86.

［16］崔帆．班级文化对随迁儿童心理发展的引导［J］．教学与管理，2019（17）：14-16.

［17］崔文静．德国职业教育管理体制的特色及启示［J］．教育与职业，2013（1）：100-101.

［18］崔新建．文化认同及其根源［J］．北京师范大学学报（社会科学版），2004（4）：102-104+107.

［19］单佳平．英国职业教育新举措及其借鉴［J］．中国成人教育，2007（20）：110-111.

［20］单文周，李忠．现代学徒制试点中"双导师制"：内涵、瓶颈及路径［J］．社会科学家，2019（8）：143-148.

［21］但武刚．积极心理学视域下的班级文化建设［J］．教育导刊，2018（12）：89-92.

［22］丁颂等．应用型本科校内"双导师制"人才培养模式探索与实践［J］．职业技术教育，2020（2）：67-70.

［23］董琳琳．中等职业教育创新班级文化建设的对策研究——组织文化视角［J］．现代职业教育，2018（32）：223-224.

［24］窦祥国，张成武，李学强．借力现代学徒制试点构建双主体育人新模式［J］．中国职业技术教育，2018（10）：94-96.

［25］杜威．民主主义与教育［M］．王承绪，译．北京：人民教育出版社，2001：123-137.

［26］费孝通．反思·对话·文化自觉［J］．北京大学学报（哲学社会科学版），1997（3）：15-22.

［27］冯永刚．学校制度文化育人的逻辑向度［J］．山东师范大学学报（社会科学版），2020（5）：135-144.

［28］高慧文，朱小芳．高校班级场域功能与建设策略［J］．学校党建与思想教育，2019（1）：32-34.

［29］顾建军．关于中等职业教育课程改革的若干思考［J］．教育与职业，2005（35）：12-13.

［30］关晶．美国中等职业教育的现状、特点与改革趋势［J］．教育发展研究，2009（Z1）：98-102.

［31］郭毅．班级管理学［M］．北京：人民教育出版社，2002：124-126.

［32］郭元祥．对教育公平问题的理论思考［J］．教育研究，2000（3）：21-24+47.

［33］韩怀珠，韩志伟．从"底层文化资本"到"底层的文化资本"——基于布尔迪厄场域理论的分析［J］．中国青年研究，2021（3）：90-95+102.

［34］侯海冰．场域概念下学生深度学习的环境创建［J］．教育理论与实践，2021（5）：7-10.

［35］黄莉．高职院校顶岗实习风险管理中的信息管理［J］．教育与职业，2019（6）：108-112.

［36］基辛．文化、社会、个人［M］．甘华鸣，陈芳，甘黎明，译．沈阳：辽宁人民出版社，1988：112-115.

［37］姜蓓佳．职教高考制度构建研究［D］．华东师范大学博士学位论文，2022.

［38］姜大源．跨界、整合和重构：职业教育作为类型教育的三大特征——学习《国家职业教育改革实施方案》的体会［J］．中国职业技术教育，2019（7）：9-12.

［39］姜大源．现代职业教育体系构建的理性追问［J］．教育研究，2011（11）：70-75.

［40］姜大源．学科体系的解构与行动体系的重构——职业教育课程内容序化的教育学解读［J］．教育研究，2005（8）：53-57.

［41］姜大源等．"中等职业教育发展问题"专家笔谈（一）［J］．中国职业技术教育，2018（5）：5-15.

［42］蒋乃平．"宽基础、活模块"课程结构研究［J］．中国职业技术教育，2002（3）：50-53.

［43］J.W.盖哲尔，H.A.谢仑．研究作为一个社会组织的班级团体的概念结构［M］．王秉，译．福州：福建师范大学出版社，1985：2-4.

［44］金一鸣．中国社会主义教育的轨迹［M］．上海：华东师范大学出版

社，2000：165-193.

[45]［俄］康·德·乌申斯基．人是教育的对象：教育人类学初探（下）
[M]．北京：人民教育出版社，2007：884-909.

[46] 雷骏婷，邓泽民．中等职业学校三段式学生管理模式思考［J］．中国
职业技术教育，2018（9）：84-87.

[47] 李成超．高职院校班级精神文化建设探析［J］．中国职业技术教育，
2014（34）：82-85.

[48] 李久军．中等职业教育价值取向研究［D］．四川师范大学博士学位论
文，2022.

[49] 李军，刘立轩，冷晓红．基于"双导师制"的高职院校教师培养路径
研究［J］．教育教学论坛，2020（36）：52-53.

[50] 李军胜．基于 CBE 理念的加拿大职业教育实验教学探究［J］．实验室
研究与探索，2021（8）：208-212.

[51] 李俊，谢春虎．试论班级文化的建设［J］．教育与职业，2012
（20）：170-171.

[52] 李树民．中等职业学校班级文化建设研究［D］．山东师范大学硕士学
位论文，2015.

[53] 李庶泉．英国职业教育学徒制的新探索［J］．职教论坛，2017
（15）：85-90.

[54] 李兴洲．一部着力提升中等职业教育质量的力作——《中职教育质
量：评价与保障》评介［J］．职业技术教育，2018（9）：74-77.

[55] 李学农．中学班级文化建设［M］．南京：南京师范大学出版社，
1999：58.

[56] 李瑶．京津冀一体化视阈下中等职业教育与区域经济协同实证研究
[D]．天津职业技术师范大学硕士学位论文，2018.

[57] 梁曦．多元智能理论在中职学校班级管理中的应用研究［D］．广东技
术师范学院硕士学位论文，2016.

[58] 廖善光，陆涓，戴天娇．新常态下高职院校班级文化建设及其路径
[J]．职教论坛，2016（32）：33-36.

[59] 林冬桂．班级教育管理学［M］．广州：广东高等教育出版社，1999：
20-28.

［60］林旭．职业学院学生顶岗实习管理系统的设计与实现［D］．湖南大学硕士学位论文，2018.

［61］刘红，徐国庆．美国职业教育发展现状——基于2014年美国"职业教育国家评估报告"的分析［J］．职教论坛，2015（28）：87-91.

［62］刘丽群，刘家伟．我国高中阶段教育普职融通困难的原因分析［J］．湖南师范大学教育科学学报，2015（2）：75-79.

［63］刘丽群，彭李．普职融通：我国高中阶段教育改革与发展的整体趋向［J］．湖南师范大学教育科学学报，2013（5）：64-68.

［64］刘素芹，陈洁洁．以生为本理念下班级精细化管理的厘定与重构［J］．教学与管理，2020（9）：59-61.

［65］刘文全，马君．新中国成立70年中等职业教育的历史使命与变迁——基于中等职业教育政策文本分析［J］．中国职业技术教育，2019（24）：28-35.

［66］刘晓，邵文琪．抗疫背景下职业院校顶岗实习助推企业复工复产现状调查——基于319名中职教师视角的分析［J］．教育与职业，2020（14）：33-39.

［67］柳景，李学杰．我国职业教育课程改革和课程体系的构建［J］．云南师范大学学报（哲学社会科学版），2007（1）：132-136.

［68］娄茜．中职学生顶岗实习的问题与对策研究［D］．南京师范大学硕士学位论文，2019.

［69］［法］卢梭．爱弥尔（上卷）［M］．李平沤，译．北京：人民教育出版社，1985：107.

［70］卢旭．中国班级：多维视角中的教育"复合体"［J］．中国教育学刊，2019（9）：48-52.

［71］陆玉梅，高鹏，马建富．基于利益博弈的现代学徒制参与行为决策分析及支持体系构建［J］．中国职业技术教育，2020（33）：24-29.

［72］栾爱春．用班主任文化激活班级管理［J］．思想理论教育，2012（18）：49-50+84.

［73］［英］洛克．教育漫话［M］．傅任敢，译．北京：教育科学出版社，1999：50+59-60.

［74］［英］洛克．人类理解论［M］．关文运，译．北京：商务印书馆，2009：1-25.

［75］乔文龙．"2.5+0.5"人才培养模式下中职生顶岗实习阶段学生管理及评价方案探究［J］．科教导刊（下旬），2019（33）：172-173.

［76］［苏］马卡连柯．马卡连柯教育文集（下卷）［M］．吴式颖，编．北京：人民教育出版社，2005：357-417.

［77］［苏］马卡连柯．马卡连柯教育文集（上卷）［M］．吴式颖，编．北京：人民教育出版社，2005：134，270-277.

［78］马生杉．银川职业技术学院顶岗实习管理系统设计与实现［D］．电子科技大学硕士学位论文，2019.

［79］马元元，刘艳飞，郝海涛．高职学生顶岗实习管理信息化改革案例研究［J］．中国职业技术教育，2020（26）：59-66.

［80］蒙俊健．中职生顶岗实习适应能力调查［J］．教育与职业，2010（4）：44-46.

［81］彭蓉．类型教育背景下职业教育专业课教材变革：困境、缘由与路径［J］．中国农业教育，2023（1）：71-78.

［82］冉云芳，石伟平．企业参与职业院校实习是否获利？——基于109家企业的实证分析［J］．华东师范大学学报（教育科学版），2020（1）：43-59.

［83］沈建萍．小学生不良行为习惯的现状分析及转化策略［D］．上海师范大学硕士学位论文，2010.

［84］沈璐．中职生顶岗实习管理存在的问题及对策研究［D］．鲁东大学硕士学位论文，2018.

［85］石泉彬，周桂香，韩振国，朱星．基于"双线并行"运行机制的顶岗实习信息化管理模式研究［J］．职业技术教育，2017（35）：46-50.

［86］史吉海．中职班主任实施学生生涯规划教育的现状及策略研究［J］．职教论坛，2017（35）：25-28.

［87］宋丽娜．中职学校实训教学评价标准设计及实施策略［J］．大连教育学院学报，2010（12）：82-84.

［88］宋庆华．构建以企业文化为导向的中职校班级活动系列化设计研究［J］．科学大众（科学教育），2018（4）：18-19.

［89］宋哲．学士学位论文质量提升对策研究——以S大学教育科学学院为例［D］．沈阳师范大学硕士学位论文，2015.

［90］孙德魁．中职学校德育课教学的现状、不足及改善对策探究［J］．中

国职业技术教育，2015（21）：75-80.

［91］孙秀庆．主题教育活动中资源的有效利用与开发——由"吃饭那些事"主题教育活动谈开去［J］.思想理论教育，2013（22）：83-86.

［92］孙艳波，王家青，王芳．量化管理模式在中职——本科衔接班级管理中的实施运用［J］.职业技术教育，2019（5）：19-22.

［93］孙媛媛，杨尚英，赵欣欣，张晓露．地方院校旅游管理学生顶岗实习感知分析［J］.中国职业技术教育，2017（32）：75-80+113.

［94］孙长坪．学生顶岗实习劳动风险化解的法律缺失与完善——基于顶岗实习劳动风险相关主体权益保护的思考［J］.中国高教研究，2012（11）：87-92.

［95］［美］泰勒．课程与教学的基本原理［M］.施良方，译.瞿葆奎，校.北京：人民教育出版社，1994：2.

［96］陶行知．中国教育改造［M］.北京：商务印书馆，2015：14-15.

［97］田建伟．基于"行动共同体"的中学民主化班级管理［J］.教学与管理，2019（7）：33-35.

［98］汪斌．推动现代职业教育高质量发展的实施方略［J］.教育与职业，2022（13）：36-41.

［99］王碧宏．高职教育"多元整合课程模式"的建构与实践［J］.中国成人教育，2013（3）：169-171.

［100］王坤．新中国中等职业教育课程政策研究［D］.西南大学博士学位论文，2014.

［101］王磊．职业教育与经济增长关系的实证检验——基于中国1998年-2007年数据的验证［J］.清华大学教育研究，2011（2）：77-82.

［102］王丽霞．班级文化建设研究［D］.山东师范大学硕士学位论文，2003.

［103］王琴．中职生顶岗实习情况调查分析［J］.职教论坛，2008（18）：57-59.

［104］王笙年，徐国庆．职业教育高质量发展的关键制度壁垒及其结构性消解［J］.高校教育管理，2023（1）：92-99.

［105］王伟．职业教育质量对经济增长影响的实证分析——基于动态面板GMM模型［J］.教育学术月刊，2017（8）：58-63.

［106］王雯波．幼儿行为习惯养成教育的实践研究［J］.宁波教育学院学

报，2008（5）：117-119.

[107] 王雁琳. 英国职业教育改革中市场和政府的角色变迁 [J]. 职业技术教育，2013（4）：84-89.

[108] 王垚芝. 新中国成立70年中职人才培养目标的发展历程与特征 [J]. 教育科学论坛，2019（12）：24-30.

[109] 王莹，王华，赵丽，贾纪萍. 高职院校顶岗实习管理模式的实践与探索——以江苏农牧科技职业学院动物药学院为例 [J]. 黑龙江畜牧兽医，2017（12）：235-236.

[110] 王宇. 高校校园环境对学生行为的影响和对策 [J]. 教育理论与实践，2002（S1）：117-118.

[111] 韦立立. 班级文化的构建策略 [J]. 教学与管理，2018（12）：66-68.

[112] 魏明. 改革开放40年我国职业教育课程改革历程审视 [J]. 中国职业技术教育，2018（28）：15-22.

[113] 魏振兴. 勒温"场论"在班级文化建设中的实践运用 [J]. 教学与管理，2016（18）：75-77.

[114] 吴康宁. 课堂教学社会学 [M]. 南京：南京师范大学出版社，1999：56.

[115] 杨昌勇，郑淮. 教育社会学 [M]. 广州：广东人民出版社，2005：295-308.

[116] 吴明隆. 班级经营与教学新趋势 [M]. 上海：华东师范大学出版社，2006：6-10.

[117] 吴志鹏. 德国"双元制"与高职顶岗实习的比较研究 [J]. 机械职业教育，2015（8）：23-25.

[118] 向先. 中等职业学校班主任工作任务分析与能力培养研究 [D]. 湖南农业大学硕士学位论文，2016.

[119] 肖甜. 中等职业教育资源空间配置的减贫效应研究 [D]. 云南师范大学博士学位论文，2022.

[120] 肖霞，贺定修. 利益相关者理论视野下的高职教育顶岗实习 [J]. 教育与职业，2016（20）：103-106.

[121] 肖振南. 班级治理：以"平等"和"对话"重构班级管理 [J]. 教育理论与实践，2016（2）：24-26.

[122] 谢维和. 班级：社会组织还是初级群体 [J]. 教育研究，1998

（11）：19-24.

[123] 谢秀梅．中职学校顶岗实习管理现状及对策研究［D］．石河子大学硕士学位论文，2020.

[124] 熊春文，王毅，折曦．"混日子"：对农民工子弟就学文化的一种理解［J］．南京工业大学学报（社会科学版），2014（2）：108-117.

[125] 徐国庆．学科课程、任务本位课程与项目课程［J］．职教论坛，2008（20）：4-15.

[126] 徐国庆．职业教育原理［M］．上海：上海教育出版社，2007：202-203.

[127] 徐国庆．中等职业教育的基础性转向：类型教育的视角［J］．教育研究，2021（4）：118-127.

[128] 徐兰，肖斌．德国双元制比较视域下我国企业主体型职业教育的框架构建［J］．实验技术与管理，2022，39（2）：210-215.

[129] 徐炜，张阳．校园文化建设与高职院校学生关键能力培养之关系辩证［J］．学校党建与思想教育，2016（20）：73-75.

[130] 徐晔．现代职业教育体系下中等职业教育功能定位研究［D］．天津大学博士学位论文，2021.

[131] 徐银香，张兄武．顶岗实习生劳动权益及其法律保障研究［J］．职教论坛，2017（10）：69-73.

[132] 许译心，沈亚强．现代职业教育体系下普职融通的困境与破解［J］．教育与职业，2015（10）：9-13.

[133] 严权．高等职业教育的课程实施［J］．教育与职业，2011（23）：12-13.

[134] 颜之推．颜氏家训［M］．桑楚，主编．北京：北京工艺美术出版社，2017：2-10.

[135] 杨娟．论班级文化建设对学生行为习惯的影响［J］．科学咨询（教育科研），2016（1）：57.

[136] 杨利静．校企合作模式下高职院校人才培养模式研究［J］．学校党建与思想教育，2021（4）：89-90.

[137] 杨茜．城乡结合部小学低段1—2年级学生行为习惯现状调查与教育策略［D］．辽宁师范大学硕士学位论文，2015.

[138] 杨雪萍．高职院校学生顶岗实习质量管理研究［D］．云南大学硕士

学位论文，2019.

[139] 叶柳．论班级文化建设的价值、策略与原则 [J]．教学与管理，2019 (12)：68-70.

[140] 叶鹏飞．超越工具理性：社会工作实习教育三重困境的反思 [J]．黑龙江高教研究，2021 (2)：34-39.

[141] 衣俊卿．文化哲学——理论理性和实践理性交汇处的文化批判 [M]．昆明：云南人民出版社，2005：12-45.

[142] 殷蕾．基于场域理论的班级文化育人研究 [J]．中国教育学刊，2018 (2)：64-67.

[143] 余友飞．高职院校顶岗实习管理制度建构与实证研究 [J]．职教论坛，2018 (4)：126-130.

[144] 袁丽英．职业教育课程评价：问题与对策 [J]．职业技术教育，2009 (34)：44-48.

[145] [美] 约翰·富兰克林·博比特．课程 [M]．刘幸，译．北京：教育科学出版社，2017：16-18.

[146] 张宝荣．基于 PDCA 循环理论的顶岗实习质量管理研究 [D]．广西师范大学硕士学位论文，2019.

[147] 张翠．中职校班级管理现状及优化策略研究 [D]．江苏师范大学硕士学位论文，2016.

[148] 张慧．贵州省中职学校旅游管理专业学生景区顶岗实习现状调查报告 [D]．贵州师范大学硕士学位论文，2019.

[149] 张建云．科学把握马克思主义基本原理体系的方法和原则 [J]．马克思主义研究，2012 (8)：112-122.

[150] 张军平．终身教育理念下现代职业教育体系构建模式与完善路径 [J]．中国职业技术教育，2019 (3)：37-40.

[151] 张丽英．职业院校学生顶岗实习成本分担与补偿机制实证研究——基于广东省中山市职业院校和企业的调查分析 [J]．职教论坛，2015 (10)：63-68.

[152] 张书娟．在班级活动中助力学生健康成长 [J]．中国教育学刊，2018 (2)：112-114.

[153] 张维维．职业学校班级文化建设现状与策略研究 [J]．苏州大学学

报，2013（5）：256-257.

[154] 张文博. 校园文化对高职学生良好日常行为养成的影响与实施 [J].
教育教学论坛，2017（2）：253-254.

[155] 张文龙，谢颖. 新中国成立 70 年中职改革发展回顾与展望——基于
中职相关政策梳理的视角 [J]. 教育科学论坛，2019（12）：17-23.

[156] 张晓文. 生态视野下班级文化建设的问题及对策 [J]. 教学与管理，
2016（30）：79-82.

[157] 张琰. 上海市中职班主任领导行为与班级氛围关系的实证分析 [D].
华东师范大学硕士学位论文，2018.

[158] 张瑜珊，贾永堂. 美国百年职业教育的三次改革浪潮 [J]. 外国教育
研究，2018（10）：88-103.

[159] 张兆诚，曹晔. 新中国成立 70 年来我国中等职业教育发展历程与成
就 [J]. 职教通讯，2019（23）：16-22.

[160] 张志新，贾亦然. 中高职学生顶岗实习权益保护现状与对策——以 H
省 P 市为例 [J]. 中国职业技术教育，2019（34）：85-91.

[161] 张作岭. 班级管理 [M]. 北京：清华大学出版社，2014：46-50.

[162] 章宏，姜汉荣，林德华，陶华山，周蒋浒. 中职班主任队伍建设：现
状、问题与对策——以江苏省为例 [J]. 中国职业技术教育，2018（27）：
70-76.

[163] 郑丽霞，王伟. 企业接纳学生顶岗实习的影响因素调查研究 [J]. 职
业技术，2017（3）：1-7.

[164] 郑钦华. 广东省中等职业教育对经济增长贡献的实证研究 [D]. 广
东技术师范大学硕士学位论文，2019.

[165] 智效民. 叶圣陶批应试教育 [J]. 中国新闻周刊，2008（48）：81.

[166] 钟启泉. 班级管理 [M]. 上海：上海教育出版社，2001：60-71.

[167] 周甜甜. 职业素养培育视角下中职班级管理模式变革研究 [D]. 华
中师范大学硕士学位论文，2015.

[168] 朱德全. 职业教育统筹发展论 [M]. 北京：科学出版社，2016：
256-258.

[169] 肖丽萍. 国内外教师专业发展研究述评 [J]. 中国教育学刊，2002
（5）：61-64.

[170] Brint S. , Karabel J. The Diverted Dream: Community Colleges and the Promise of Educational Opportunity in America, 1900-1985 [M]. New York: Oxford University Press, 1989: 25+212.

[171] Cain, Michael Scott. The Community College in the Twenty-first Century: A System Approach [M]. Boston: University Press of America, Inc. , 1999: 6-25.

[172] Corinne Angier, Hilary Povey. One Teacher and a Class of School Students: Their Perception of the Class Culture and Its Construction [J]. Educational Review, 1999 (6): 978-982.

[173] David Molyneaux. After Anderson: An Experience of Integrating Ethics into Undergraduate Accountancy Education [J]. Journal of Business Ethics, 2004 (54): 385-398.

[174] Ernst A. Hartmann, et al. Towards Permeability between Vocational and Academic Education. Experiences and Analyses from Current Initiatives in Germany [J]. European Journal of Education, 2009, 44 (3): 351-368.

[175] George Brown. Development in Australia's Vocational Education and Training System [J]. NCVER, 2000 (3): 21.

[176] Hae-Young Kim. On the Strategies of Class Culture Construction in Vocational Education [J]. The Korean Language in America, 2015: 145-152.

[177] Kaiser H. An Index of Factorial Simplicity [J]. Psychometrika, 1974 (39): 31-36.

[178] Manabu Sato. Classroom Management in Japan: A Social History of Teaching and Learning [C]//Nobuo K. Shimahara (Eds.) . Politics of Classroom Life: Classroom Management in International Perspective [M] . New York: Garland Press, 1998: 205.

[179] Manasee Mishra, Prajna Pani. Problems and Countermeasures in the Construction of Class Culture [J]. Asian Journal of Management, 2018 (1): 234-242.

[180] Parsons T. , Bales F. , Shils E. A. Working Papers in the Theory of Action [M]. Glencoe, Illionis: Free Press, 1953: 162-228.

[181] Rudolf H. Moos. Educational Climates//Educational Environments and Effects: Evaluation, Policy, and Productivity [M]. Mc Cutchan, 1979: 79-100.

[182] Sanders W. L. , Horn S. P. Research Findings from the Tennessee Value-

Added Assessment System (TVAAS) Database: Implications for Educational Evaluation and Research [J]. Journal of Personnel Evaluation in Education, 1998 (3): 247-256.

[183] Shannon Audley, Svetlana Jović. Making Meaning of Student's Social Interactions: The Value Tensions among School, Classroom, and Class Culture [J]. Learning, Culture and Social Interaction, 2020 (3): 623-630.

[184] Sharpe, Andrew James Gibson. The Apprenticeship System in Canada: Trends and Issues [R]. Ottawa: CSLS, 2005: 20.

[185] Singapore: Nanyang Polytechnic. Full Time Courses [EB/OL]. https://www.nyp.edu.sg/schools/seg/full-time-courses.html.

[186] Stefan Hummelsheim, Michaela Baur. The German Dual System of Initial Vocational Education and Its Potential for Transfer to Asia [J]. Prospects, 2014 (2): 279-296.

[187] T. Groenewald. Towards a Definition for Cooperative Education [A] // R. K. Coll, Eames (Eds.). International Handbook for Cooperative Education: An International Perspective of the Theory, Research and Practice of Work-integrated Learning [C]. Boston: World Association for Cooperative Education, 2004: 17-25.

[188] Tan J. Study on Obstacles Encountered by Higher Vocational Colleges in Order-Oriented Education Mode [M]. Springer Berlin Heidelberg, 2013: 483-489.

[189] Theodore Lowis. The Problem of Cultural Fit—What can We Learn from Borrowing the German Dual System? [J]. Compare: A Journal of Comparative and International Education, 2007, 37 (4): 464-485.

[190] 国务院关于加快发展现代职业教育的决定 [EB/OL]. 国务院, http://www.gov.cn/zhengce/content/2014-06/22/content_8901.htm.

[191] 胡锦涛. 坚定不移沿着中国特色社会主义道路前进，为全面建成小康社会而奋斗——在中国共产党第十八次全国代表大会上的报告 [EB/OL]. http://www.xj.xinhuanet.com/2012-11/19/c_113722546.htm.

[192] 2010 年全国教育事业发展统计公报 [EB/OL]. 教育部, http://www.moe.gov.cn/srcsite/A03/s180/moe_633/201203/t20120321_132634.html.

[193] 2019 年全国教育事业发展统计公报 [EB/OL]. 教育部, http://www.moe.gov.cn/jyb_sjzl/sjzl_fztjgb/202005/t20200520_456751.html.

［194］2021 年全国教育事业发展统计公报［EB/OL］. 教育部，http：//www. moe. gov. cn/jyb_ sjzl/sjzl_ fztjgb/202209/t20220914_660850. html.

［195］坚持职普比大体相当巩固中职基础地位［EB/OL］. 教育部，http：//www. moe. gov. cn/jyb_xwfb/s5147/202010/t20201015_494646. html.

［196］职业学校学生实习管理规定［EB/OL］. 教育部，http：//www. moe. gov. cn/srcsite/A07/moe_ 950/201604/t20160426_240252. html，2016-04-18.

［197］最高 595 分！深职大首年本科招生，就全都超特控线［EB/OL］. 搜狐网，https：//learning. sohu. com/a/705050046_121123818.

［198］王家源. 夯实千秋基业　聚力学有所教——新中国 70 年基础教育改革发展历程［N］. 中国教育报，2019-09-26.

［199］我校召开湖南省中等职业教育王朝霞名班主任工作室建设推进会［EB/OL］. http：//www. cscjedu. com/xyxw/xydt/content_400533.

［200］长沙财经学校双创直播基地落户浏阳永安芦塘村［EB/OL］. http：//www. cscjedu. com/xyxw/xydt/content_399388.

附　录

附录 1　顶岗实习访谈提纲

附录 1.1　教师访谈提纲

1. 学校关于顶岗实习的制度文件。
2. 学校安排顶岗实习的流程。
3. 参加顶岗实习的专业以及专业在顶岗实习上的差异。
4. 不同专业的实习生的差异。
5. 顶岗实习实施过程中的难点。
6. 实习管理老师安排及其主要工作。
7. 学校与企业的沟通及合作建立的情况与难点。
8. 企业提供的岗位、对学生的管理的情况。
9. 企业在顶岗实习过程中的管理。
10. 企业师傅的审核方法。
11. 学生的实习的评价方法。
12. 班级学生顶岗实习的情况、班级管理经验。比较有代表性的学生的情况介绍。
13. 顶岗实习需要改进的地方。

附录 1.2　学生访谈提纲

1. 是否喜欢实习及其理由。
2. 实习的工作环境。
3. 实习无聊的时候做些什么。

4. 能否胜任岗位。

5. 偏好的实习岗位及缘由。

6. 实习的适应情况。

7. 企业师傅在实习过程中的功能。

8. 对实习企业的规章制度的遵守情况。

9. 实习的收获。

10. 对未来的职业的规划。

11. 对顶岗实习的建议。

附录2 班级管理访谈提纲与调查问卷

附录2.1 教师访谈提纲

1. 学生行为规范的管理。

2. 督促学生养成学习习惯的目的。

3. 快班学生有何特点，如何进行分层次思想工作。

4. 高三快班与其他班级的教育设置及交流差异。

5. 学生成绩波动的原因与帮助学生进行情绪管理的策略。

6. 罚站决策的考量和学生理解情况。

7. 学生学习难度、睡眠与健康情况。

8. 如何看待"互相帮助"与"集体惩罚"。

9. 班级语录的由来与意义。

10. 流水账的主要内容和思想监督的目的。

11. 作为班主任的班级教育与管理要点。

12. 班干部换届的考量。

附录2.2 学生访谈提纲

1. 选择中职的情况及其理由。

2. 校区转换、班级转换的情况及难度。

3. 学习情况及学习动力。

4. 进入到快班之后的困难及其调节情况。

5. 担任快班班干部的情况及感受。

6. 升学班与就业班的区别，学习目标及期待。

7. 教师班级管理情况与学生服从管理的情况。

8. 与教师的互动情况。

9. 最喜欢或最敬佩的老师及其对自己的帮助。

10. 对班级管理的感受。

11. 高三的心境。

12. 进了技能队之后的文化课学习情况。

13. 流水账的情况。

14. 教师上课的情况、教学方法。

15. 对任课教师的看法。

附录 2.3　班主任访谈提纲

1. 所在班型的班级管理现状。

2. 班级管理的难点。

3. 中职学校班主任工作的重点。

4. 与普通高中学生相比，中职生的特点。

5. 在班级管理的过程中，针对学生的培养目标与方向，如何做到班级管理效能最优化，促进学生就业或升学。

6. 辅导员在班级管理中起的作用及其与班主任的配合。

7. 对班级管理工作的建议。

附录 2.4　班级管理情况调查问卷

亲爱的同学：

您好！这是关于您所在班级的管理情况和您个人发展的一份调查问卷。请按照问卷要求，仔细认真、实事求是地帮忙填写。这份问卷采取匿名的方式，我们对问卷内容严格保密。请您在最适合的选项序号上画"√"。

谢谢您的配合，祝您学习进步！

《中职学校发展研究》项目组

××××年

第一部分　基本信息

1. 您的性别是　　　　　　　A. 男　　　　　B. 女

2. 您所在的班型是　　　　　A. 就业班　　　B. 升学班

3. 您所在的年级是　　　　　A. 高一　　　　B. 高二

4. 您的户口是　　　　　　　A. 城市　　　　B. 农村

5. 您是否担任班干部　　　　A. 是　　　　　B. 否

第二部分　　《中职班级环境量表》调查问卷

	题目	从不如此 1	偶尔如此 2	有时如此 3	经常如此 4	总是如此 5
师生关系	同学们喜欢班主任					
	班主任鼓励同学					
	我可以信任我的班主任					
	我们的班主任亲切和蔼					
	班主任比较顾及同学的自尊心					
同学关系	同学之间缺乏友爱					
	有困难的同学会得到别人的关心和帮助					
	对班上的事，大家会一起出主意想办法					
	同学之间互相支持与鼓励					
	如果谁有心事，别的同学会关心他/她					
秩序与纪律	我们班的课堂有秩序					
	上课时同学们安静专心听讲					
	我们班的课堂比较乱					
	跟别的班级相比，我们班的秩序更好					
	同学们能够遵守课堂纪律					
竞争	同学之间竞争比较激烈					
	大家都害怕在学习上落后					
	为了不被别人超过，在学习上谁也不敢松懈					
	大家都害怕在学习上落后					
个人发展	老师讲课内容注重实用性，对我未来就业有指导作用					
	我确立了具体的职业目标或升学目标					
	我知道自己适合向哪些职业方向去发展					
	班级环境有利于提高我的个人素质					

	题目	从不如此 1	偶尔如此 2	有时如此 3	经常如此 4	总是如此 5
班级结构	我们班形成了以班干部为核心的骨干层，能够有效处理班级事务					
	我们班的班干部职权明确，我知道什么事情该找谁解决					
	我们班的班干部之间分工明确，能够互相协调工作					
	班主任在班级具有权威，拥有控制班级的能力					
班级目标	我们班有明确的思想目标——树立正确的思想舆论导向，使我们明辨是非对错					
	我们班有明确的学习目标——杜绝不及格率，通过专业课考试、文化课考试、职业资格考试等					
	我们班有明确的卫生目标——获得卫生优秀评分					
	我们班有明确纪律目标——遵守课堂纪律，保持良好的班级秩序					

附录3 "双导师制"实施调查问卷与访谈提纲

附录3.1 "双导师制"实施现状调查

亲爱的同学：

您好！非常感谢您的支持，此次问卷采用匿名方式，按照《统计法》相关规定严格保密，调查结果仅用于学术研究。您的认真回答对于我们的研究具有重要价值，请根据您的真实情况将合适的序号画"√"或在横线上填写。

《中职学校发展研究》项目组

××××年

第一部分　基本情况

1. 您的性别是：A. 男　B. 女

2. 您现在所在的专业是_____

3. 您所在专业共有校内专业老师_____人。

4. 所在专业有多少名企业师傅指导学生？

A. 3 人以内　　B. 3~5 人　　　C. 6~10 人　　　D. 11~15 人　　　E. 15 人以上

5. 当学徒期间，包含您师傅在内，有多少位企业师傅还额外对您进行了一些技能指导？（　）

A. 3 人以内　　B. 3~5 人

6. 当学徒期间，您的企业师傅指导了包含您在内多少位学生？（　）

A. 只有我一位　B. 3 人以内　C. 3~5 人　D. 6~10 人　E. 10 人以上

7. 您去企业当学徒期间，企业师傅，据了解，他（她）符合_____

A. 学历专科及以上且在本行业工作年限 4 年及以上

B. 学历专科及以上且在本行业工作年限低于 4 年

C. 学历专科以下且在本行业工作年限 4 年及以上

D. 学历专科以下且在本行业工作年限低于 4 年

8. 您是否主动与导师沟通？校内专业老师（　）　　企业师傅（　）

A. 主动　　B. 比较主动　　　C. 一般　　　D. 不太主动　　　E. 不主动

9. 您最常用的沟通方式是什么？　校内专业老师（　）　　企业师傅（　）

A. 面对面沟通　B. 电话或短信　C. 网络方式　D. 其他_____（请注明）

10. 您每次与导师交流的平均时间有多长？校内专业老师（　）企业师傅（　）

A. 约 15 分钟　　B. 约 30 分钟　　　C. 30~60 分钟　　　D. 60 分钟以上

11. 如果您和您的导师交流较少，您认为（主要）原因是：

校内专业老师（　）　　企业师傅（　）

A. 个人可以解决，没有必要去找导师　　B. 寄希望于导师主动找我们

C. 导师很忙，联系不上　　　　　　　　D. 不知道该与导师沟通什么

E. 其他（请注明）_____

第二部分　交流与沟通

您是否同意以下说法（请在合适的数字上画"√"）

1=极不同意，2=不太同意，3=不能确定，4=基本同意，5=非常同意

项目	得分				
专业老师与企业师傅之间形成了紧密的交流互动机制	1	2	3	4	5
双导师就现代学徒制问题的沟通都是临时和随机的	1	2	3	4	5
双导师在学徒培养过程中产生的矛盾容易找到化解的途径	1	2	3	4	5
专业老师和企业师傅之间会就人才培养方案和教学模式进行经常性的沟通交流	1	2	3	4	5
学校老师教的内容同企业师傅教的内容有较强的关联性	1	2	3	4	5
专业老师与企业师傅在学生教学上的对接是经过规范的安排的	1	2	3	4	5
学生在学校与企业的学习形成了紧密的衔接和有机的融合	1	2	3	4	5
企业和学校共同建立了由企业能工巧匠和学校教师组成的教学团队，共同交流教学问题	1	2	3	4	5

第三部分　教学评价

您是否同意以下说法（请在合适的数字上画"√"）

1＝极不同意，2＝不太同意，3＝不能确定，4＝基本同意，5＝非常同意

项目	得分				
企业师傅在指导技能上，会引导我充分表达自己的意见	1	2	3	4	5
企业师傅会为我提供很多实践操作机会，对我帮助很大	1	2	3	4	5
企业师傅的指导行为令我感觉受到了尊重	1	2	3	4	5
校内专业老师教学内容能在企业见习工作中发挥很大的作用	1	2	3	4	5
会引导我循序渐进地学习本专业所属行业的职业技能	1	2	3	4	5
安排的技能学习，整体感觉是精心设计的，科学系统	1	2	3	4	5
企业师傅会对我们进行职业素质或职业操守的教育	1	2	3	4	5
企业师傅给了我很多关于如何实现职业规划的建议	1	2	3	4	5
我认为企业师傅教的专业内容和我的期望一致	1	2	3	4	5
通过"双导师制"的实施，我能很清晰地了解这个行业岗位的工作内容和工作流程	1	2	3	4	5
经过学徒体验，我相信自己能设立清晰的目标	1	2	3	4	5
企业见习结束，专业老师会对我们进行技能考核	1	2	3	4	5
专业老师会在教学中采用技能和理论结合的考核方法	1	2	3	4	5

多项选择题（请在下列题目中选择与您实际相符的选项）

1. 企业师傅在我见习期间，给我带来哪些方面的积极影响？（多选）

A. 专业技能　B. 职业素养及职业规划　C. 培养学习兴趣　D. 责任心

E. 待人接物　F. 思想政治品行　　　G. 沟通交流能力

H. 自信心　　I. 没有任何积极影响　　J. 其他

2. 你希望学校通过"双导师制"在哪些方面可以帮助到你？（多选）

A. 思想政治品行　B. 培养学习兴趣　　C. 思想状态的稳定

D. 排除就业心理压力，调节心理状态　　E. 全面认识自己，确定发展方向

F. 多提供就业相关学生培训　G. 学习方法　　H. 就业竞争力的提高

I. 多参加企业岗位实践　J. 多举办专业项目类活动　K. 学习成绩的提高

L. 多加强校企老师之间的沟通　M. 人际交往　N. 其他

第四部分　实施效果满意度

您是否同意以下说法（请在合适的数字上画"√"）

1＝非常不同意，2＝不太同意，3＝一般，4＝基本同意，5＝非常同意

项目	得分				
在企业见习，您对企业师傅的指导满意程度	1	2	3	4	5
您对专业老师的指导满意程度	1	2	3	4	5
您对实训教师的实践操作能力满意程度	1	2	3	4	5
您对学校课程教学的安排满意程度	1	2	3	4	5
您对自己在"双导师制"中获得与市场接轨的技能提升感到很满意	1	2	3	4	5
企业师傅指导的教学风格令我感到满意	1	2	3	4	5
您对专业教师的教学水平满意程度	1	2	3	4	5
您对"双导师制"的实施效果满意程度	1	2	3	4	5
您对自己在专业岗位见习中的表现很满意	1	2	3	4	5

您对"双导师制"还有哪些期待？

附录 3.2　教师访谈提纲

1. 选择顶岗实习企业合作方作为见习地点的考虑。

2. 顶岗实习企业合作的资金的来源。

3. 实习企业资源的获得。

4. 学校"双导师制"的具体实施办法、规则。是否与企业共同协商确定。

5. "双导师制"运行过程中，校内与校外两个导师之间的互动与沟通情况。

6. 湖南省企业减税相关激励措施。

7. 专业老师的考核情况。

8. 企业导师的激励的方法。专业老师与企业老师之间的沟通情况。企业导师的教育教学培训情况。

9. 下企业教师的安排与考量。

10. 企业的职场化的教学环境。

11. 企业师傅的筛选和考核。

12. 企业师傅对学生的指导情况、存在的问题。

13. 学校导师的筛选和考核。

14. 学生实习期间学校的管理情况。

15. 学生实习期间企业的管理情况。

16. 教师企业交流的情况及其功能。

17. 教材的使用和设计。

18. 人才培养方案的设计。

19. 学生与企业师傅发生冲突或公司/企业发生冲突的情况及其处理。

20. 学校在与企业合作的过程中的困扰及学校与企业的解决情况。

21. 校企合作过程中的成本支出、困扰及协商。

22. "双导师制"的实施效果。

23. 在实施"双导师制"前后，教师的教学观念与教学行为的改变。

附录4　教师职后培训情况访谈提纲

1. 您能否谈一谈您的职教经历？

2. 您每年都会参加各类培训吗？哪种类型的培训比较多？

3. 对于参加省培、国培的教师有没有一定的要求？

4. 中职文化培训是单独的还是与普高一起培训？

5. 除了网络研修，还有其他什么形式的培训？

6. 文化课老师和专业课老师在培训内容和培训侧重点上是否有不同？

7. 您参加培训的目的是什么？

8. 您对中职教师培训有什么期望?

9. 您认为目前的教师培训有没有起到您预期的效果,为什么?

10. 假如没有您需要的这方面的培训,您会主动地去寻求外面的培训吗?

11. 您可以介绍一下目前您觉得最有效果的培训案例吗?

12. 如果有可能,您希望学校和上级教育部门在培训方面有什么改进?